A ORGANIZAÇÃO DO TRABALHO PEDAGÓGICO NAS CIRANDAS INFANTIS DO MST:

Lutar e brincar faz parte da escola de vida dos sem terrinha

Edna Rodrigues Araújo Rossetto

A ORGANIZAÇÃO DO TRABALHO PEDAGÓGICO NAS CIRANDAS INFANTIS DO MST:
Lutar e brincar faz parte da escola de vida dos sem terrinha

1ª edição

EXPRESSÃO POPULAR

São Paulo • 2021

Copyright © Expressão Popular, 2021

Revisão: *Cecília Luedemann e Lia Urbini*
Diagramação e capa: *Zap Design*
Impressão: *Paym*

Dados Internacionais de Catalogação-na-Publicação (CIP)

R829a	Rosseto, Edna Rodrigues Araújo A organização do trabalho pedagógico nas cirandas infantis do MST: lutar e brincar faz parte da escola de vida dos sem terrinhas. / Edna Rodrigues Araújo Rossetto—1.ed.-- São Paulo : Expressão Popular, 2021. 270 p. : fots. ISBN 978-65-5891-015-2 1. Trabalho pedagógico – Movimento Sem Terra. 2. Ciranda infantil – MST. I. Título. CDU 37.013

Catalogação na Publicação: Eliane M. S. Jovanovich CRB 9/1250

"Esta publicação foi realizada com o apoio da Fundação Rosa Luxemburgo e fundos do Ministério Federal para a Cooperação Econômica e de Desenvolvimento da Alemanha (BMZ). O conteúdo da publicação é responsabilidade exclusiva da autora e não representa necessáriamente a posição da FRL"

Todos os direitos reservados.
Nenhuma parte deste livro pode ser utilizada
ou reproduzida sem a autorização da editora.

1ª edição: março de 2021

EDITORA EXPRESSÃO POPULAR
Rua Abolição, 201 – Bela Vista
CEP 01319-010 – São Paulo – SP
Tel: (11) 3112-0941 / 3105-9500
livraria@expressaopopular.com.br
www.expressaopopular.com.br
🅵 ed.expressaopopular
🅾 editoraexpressaopopular

SUMÁRIO

LISTAS DE ABREVIATURAS E SIGLAS... 9

APRESENTAÇÃO 13
Ana Lúcia Goulart de Faria

INTRODUÇÃO 17
  Passos iniciais da pesquisa..21
  Procedimentos metodológicos 25

A CIRANDA INFANTIL EM MOVIMENTO:
"LUTAR TAMBÉM É UMA FORMA DE ESTUDAR"................................ 53
  A educação em pauta no MST – educar
  as crianças em movimento na luta pela terra..57
  Momentos históricos da Ciranda Infantil no MST – brincando,
  pulando, lutando, vamos todos cirandar..73
  O protagonismo das crianças e sua participação nas Cirandas
  Infantis dos Movimentos Sociais do Campo..85
  A Ciranda Infantil Paulo Freire no VI Congresso do MST –
  Sem Terrinha na luta pelo direito à educação..94
  A educação infantil do campo – uma política pública em construção 110

A CIRANDA INFANTIL DO ASSENTAMENTO DOM
TOMÁS BALDUÍNO E A ORGANIZAÇÃO DO TRABALHO
PEDAGÓGICO: "A LUTA FEZ BROTAR A VIDA, VIDA DIGNA"...................... 121
  A Regional da Grande São Paulo: de onde vêm esses sujeitos? 121
  O Assentamento Dom Tomás Balduíno 123
  A organização do trabalho pedagógico: o espaço,
  o tempo e a organicidade dos Sem Terrinha..131
  A organização do trabalho pedagógico: o processo de formação
  humana das crianças e a construção do conhecimento 148

OS LUTADORES E LUTADORAS, CONSTRUTORES
E CONSTRUTORAS SOCIAIS: MARCAS ESSENCIAIS NA
FORMAÇÃO DOS SEM TERRINHA 177
    A construção da identidade Sem Terrinha
    e a pedagogia da luta social 188
    A coletividade, a auto-organização e o coletivo infantil 203
    A vivência dos valores: a solidariedade e o companheirismo 221

CONSIDERAÇÕES FINAIS 235
    Reafirmando alguns desafios 238
    Reafirmando algumas possibilidades 246

REFERÊNCIAS 259

A utopia está lá no horizonte. Me aproximo dois passos, ela se afasta dois passos. Caminho dez passos, o horizonte corre dez passos. Por mais que eu caminhe, jamais alcançarei. Para que serve a utopia? Serve para isso: para que eu não deixe de caminhar.

Eduardo Galeano

E ninguém foge da luta
Mostrando o que a gente é
Enfrentando a força bruta
Remando contra a maré.
Somos como o mar revolto
Que arrasta o pescador
Somos este movimento
Por fora e por dentro
Vermelho na cor
Que se faz com a bravura
A força e a ternura
Do trabalhador.
Cada um vai encontrando a razão de ser
Homem, mulher, menino e menina lutando e cantando.
Assim se faz a história aprendendo a fazer.

Ademar Bogo

Listas de abreviaturas e siglas

ANPED – Associação Nacional de Pós-Graduação e Pesquisa em Educação

CAPES – Coordenação de Aperfeiçoamento de Pessoal de Nível Superior

CBTU – Companhia Brasileira de Trens Urbanos

CFR – Casa Familiar Rural

CECF – Conselho Estadual da Condição Feminina

CEFFAs – Centros de Formação Familiares em Alternância

CMI – Centro de Mídias Independente

CNBB – Conferência Nacional dos Bispos do Brasil

CNE – Conselho Nacional de Educação

COEDI – Coordenação Geral de Educação Infantil

CONTAG – Confederação Nacional dos Trabalhadores na Agricultura

COOPAVA – Cooperativa de Produção Agropecuária Vó Aparecida

COOPAJOTA – Cooperativa de Produção Agropecuária Padre Josimo Tavares

CPA – Cooperativa de Produção Agropecuária

CPT – Comissão Pastoral da Terra
DCNEI – Diretrizes Curriculares Nacionais da Educação Infantil
ECR – Escolas Comunitárias Rurais
EFA – Escola Família Agrícola
ENERA – Encontro Nacional dos Educadores e das Educadoras da Reforma Agrária
ENFF – Escola Nacional Florestan Fernandes
GT – Grupo de Trabalho
INCRA – Instituto Nacional de Colonização e Reforma Agrária
ITESP – Fundação Instituto de Terras do Estado de São Paulo
INEP – Instituto Nacional de Estudos e Pesquisas Educacionais
ITERRA – Instituto Técnico de Capacitação e Pesquisa da Reforma Agrária
LDB – Leis Diretrizes e Bases da Educação Nacional
MAB – Movimento dos Atingidos por Barragens,
MEC – Ministério de Educação e Cultura
MMC – Movimento de Mulheres Camponesas
MPA – Movimento dos Pequenos Agricultores
MST – Movimento dos Trabalhadores Rurais Sem Terra
MTST – Movimento dos Trabalhadores Sem Teto
MNCI – Movimento Nacional Campesino Indígena da Argentina
MTD – Movimento dos Trabalhadores por Direitos
ONGs – Organizações não governamentais
OMAQUESP – Organização das Mulheres Assentadas Quilombolas do Estado de São Paulo
PNERA – Pesquisa Nacional sobre a Educação na Reforma Agrária
PPP – Projeto Político Pedagógico
PRONERA – Programa Nacional de Educação da Reforma Agrária.

TCC – Trabalho de Conclusão de Curso
UNAC – União Nacional dos Camponeses
UNB – Universidade de Brasília
UNICEF – Fundo das Nações Unidas para a Infância
UNESP – Universidade Estadual Paulista
VC – Via Campesina Brasil

APRESENTAÇÃO

Ana Lúcia Goulart de Faria[1]

Temos em mãos mais uma arma de combate contra o individualismo e o autoritarismo reinante nesse momento trágico que vivemos no Brasil com a pandemia do vírus e a pandemia do verme no poder. Trata-se de um livro escrito por Edna Rodrigues Araújo Rossetto, oriundo de sua tese de doutorado, no qual ela discute, com aporte no materialismo histórico dialético, a educação das crianças do MST, as crianças sem terrinha.

Com pesquisa etnográfica rigorosa em duas Cirandas Infantis do Movimento dos Trabalhadores Rurais Sem Terra, Edna lança mão de 'história de vida" e investiga a organização do trabalho pedagógico desenvolvido nesses projetos educativos voltado para uma educação emancipatória desde o nascimento. Com olhos abertos para as diferenças, as crianças praticam a auto--organização em ambientes de vida promovidos pelas educadoras que (des)organizam o tempo, o espaço e os materiais que favorecem a construção das culturas infantis (como aprendemos

---

[1] Professora permanente colaboradora aposentada da Faculdade de Educação da Unicamp. Coordenadora da linha culturas infantis do Gepedisc.

com Florestan Fernandes nas suas Trocinhas do Bom Retiro) e, assim, promovem concomitantemente a participação das crianças na construção da realidade social.

Pesquisas como esta de Edna que investigam o nexo entre autonomia e dependência, a construção do pertencimento racial, de classe, de gênero mostram as formas e as práticas de dominação no interior das classes sociais e no coletivo infantil: o adultocentrismo, o machismo, o racismo, o elitismo assim como mostra formas de combatê-los no cotidiano e os ensaios de humanidade em curso (como Milton Santos denominou). Assim, Edna e o MST nos fazem o convite para reinventar novas pedagogias no campo da esquerda, com as pedagogias anticoloniais, pedagogias macunaímicas (sem nenhum carater, isso é, com todos: negros, brancos e indígenas) a fim de superar todas as formas de autoritarismo abrindo espaço para a reinvenção de outros mundos pelas crianças que nos surpreendem todo o tempo com seus imprevistos. Afinal para as crianças sem terrinha lutar e brincar também são formas de estudar, faz parte da escola da vida.

Nas palavras da própria Edna

> [...] para construir uma educação emancipatória, não basta a intencionalidade de transformação social na programação do cotidiano, ou no projeto político-pedagógico, estes conteúdos devem também ser vinculados a um projeto de transformação da sociedade e alimentados cotidianamente mediante práticas de transformação da realidade. (ver adiante, p. 235)

> [...] Observando o processo histórico do MST, percebemos que as crianças, aos poucos, foram conquistando espaços significativos na organização. As crianças Sem Terra, enquanto sujeitos que constroem sua participação histórica na luta pela terra e que desenvolvem e assumem o sentido de pertença a esta luta, enquanto crianças do campo, vêm reconstruindo a noção de criança e infância do campo; numa perspectiva emancipatória, demons-

> trando que as crianças da classe trabalhadora têm capacidade de lutar, defender seus direitos e construir um projeto de sociedade sem perder a dimensão lúdica e revolucionária da sua classe, inclusive reeducando o olhar dos adultos com relação a esses aspectos. (ver adiante, p. 196)

Finalizo esta breve apresentação parafraseando uma ideia do saudoso professor Maurício Tragtenberg, a qual Edna partilha: sou otimista, acredito na contradição social. A mesma sociedade que cria o adesismo cria uma reação contra isso. O importante é procurar um nível de coerência entre pensar e fazer. Não é fácil. É um dos exercícios mais difíceis que se tem diante de si, mas do qual não se pode fugir.

Agradeço à Edna e à Editora Expressão Popular por nos munirem para a luta anticapitalista (como nos alerta Krenac) com este primeiro livro com análise marxista sobre a educação de crianças do MST sempre voltada para a transformação social e combatendo todas as formas de opressão. Uma educação que explicitando a origem da desigualdade oferece às crianças ferramentas para viver a vida e que saberão praticar à sua moda, reinventando novas formas de vida, a transgressão e a resistência. O leitor e a leitora são provocados/as por profundas reflexões que principalmente nesta obra revolucionam a formação docente.

Leitura imprescindível!

18 de novembro de 2020

Introdução

> A ciranda rodava no meio do mundo,
> No meio do mundo a ciranda rodava.
> E quando a ciranda parava um segundo,
> Um grilo, sozinho no mundo, cantava.
> *Mário Quintana*

Esta pesquisa foi realizada em um contexto sócio-histórico marcado por profundas contradições e crises – não apenas em sentido conjuntural, mas também estrutural, na base do funcionamento do sistema capitalista –, as quais se refletem nas políticas governamentais e provocam tensões nas relações sociais.

No campo, o modelo de produção agrícola, massivamente adotado pelas empresas capitalistas, torna a agricultura um negócio para acumulação de riqueza e de renda sob o controle do grande capital. O avanço dessas empresas solidificou esse modelo, que passou a ser denominado agronegócio. Este, bloqueia terras improdutivas reservando-as para a expansão de suas atividades, e dificulta que sejam obtidas para a reforma agrária, colocando a luta pela terra em outro patamar.

Isso por que essa luta não é mais somente contra o grande latifúndio, mas também contra as grandes empresas do agronegócio, que vêm expulsando famílias inteiras de suas pequenas propriedades. É importante ressaltar, que esse modelo de produção, ao longo do seu desenvolvimento, foi deixando dívidas não resolvidas para as gerações presentes e futuras. Dívidas que são frutos das contradições do próprio sistema capitalista para as quais os movimentos sociais vão buscando saídas e soluções. Este contexto é também marcado pela criminalização dos movimentos sociais do campo. A luta pela terra é apenas o primeiro passo para a transformação da estrutura social, econômica e política, e a isso é preciso acrescentar a importância da formação dos seres sociais que a realizam, que é norteada pelas necessidades de superação das contradições atuais e de construção de possibilidades, uma vez que o horizonte desse processo é a transformação ampla da sociedade.

Nesse sentido, faz-se necessário entender a *realidade* como aquilo que existe concretamente, e a *possibilidade* como aquilo que se pode produzir quando as condições são propícias. Por exemplo: a luta básica do Movimento dos Trabalhadores Rurais Sem Terra (MST) é pelo rompimento da propriedade privada da terra, mas é, ao mesmo tempo, pela propriedade socializada. Ao se apropriarem da terra, os integrantes do MST propõem a cooperação e, para que esta seja possível, é preciso que haja a propriedade da terra. Assim, ao mesmo tempo que o MST luta pela propriedade da terra, ele luta também para que ela seja coletivizada, ou seja, luta pela superação da propriedade individualizada.

Segundo Cheptulin (1982, p. 311), as contradições podem ser divididas em antagônicas e não antagônicas. Ainda segundo o autor, são antagônicas quando seus polos superam um ao outro, por exemplo, quando o modo de produção capitalista "é substituído pelo modo de produção socialista ou por uma nova unidade de produção, ou seja, há um imprescindível interesse de classe que torna mais agudos seus aspectos constitutivos". Assim, podemos observar que uma característica das contradições antagônicas é que a sua resolução acarreta o desaparecimento e a destruição de um de seus polos, ou seja, um modo de produção é substituído por outro, gerando novas contradições. As não antagônicas, para Cheptulin (1982, p. 312), são "as contradições entre as mesmas classes ou entre os grupos sociais que têm interesses comuns em questões fundamentais da vida e interesses opostos em questões não fundamentais particulares"; como por exemplo a contradição entre a classe operária e os camponeses na sociedade socialista, que não são antagônicas. Sobre isso, Freitas (2006, p. 35) afirma que:

> Cidade e campo não estão em uma contradição que tenha a mesma natureza da contradição capital/trabalho. Por quê? Porque eu não supero por um dos polos. Não se trata de a cidade vencer ou do campo vencer. O campo não destrói a cidade ou a cidade destrói o campo! Não é assim que nós queremos a superação. A contradição entre a cidade e o campo foi criada a mando de um sistema social, que é o sistema capitalista.

Essa contradição cidade/campo é superada sem conflitos de classe, ela é resolvida com base na unidade moral e política de toda a sociedade. Com essa compreensão, e considerando a *realidade*, a *possibilidade* e as *contradições* é que escolhemos os instrumentos metodológicos de um Movimento que há 30 anos vem desenvolvendo a luta pela terra, pela reforma agrária e pela transformação da sociedade: o MST.

É importante salientar que a luta dos/as camponeses/as pela terra sempre esteve presente na história do Brasil. Eles e elas, de alguma forma, sempre encontraram maneiras de resistência por meio da participação organizada em movimentos sociais a fim de reivindicar o direito à terra, e assim, superar a exclusão que lhes foi imposta historicamente. Dessa maneira, mesmo após serem duramente massacradas pelo golpe civil-militar de 1964, as lutas pela terra se reiniciaram, ainda que de forma desarticulada, em várias partes do Brasil na década de 1970. A necessidade de sobrevivência forjou as lutas e transformou em ação o sonho de trabalhar a terra. A partir dessas ações desarticuladas, os camponeses foram se organizando melhor, e formando vários movimentos de luta pela terra e pela reforma agrária.

O MST, em janeiro de 2014, completou 30 anos de luta e resistência contra a política de exclusão sofrida pelos trabalhadores e trabalhadoras, rurais e urbanos, por parte do sistema capitalista. Ele se caracteriza como um movimento contra-hegemônico, que para materializar essa contraposição, desenvolve ações em vários setores, dentre as quais destacamos o investimento em projetos educacionais como elemento tático para a construção do projeto histórico-socialista. Segundo Freitas, (2012, p. 142):

> Um projeto histórico aponta para a especificação de um determinado tipo de sociedade que se quer construir, evidencia formas para chegar a esse tipo de sociedade e, ao mesmo tempo, faz uma análise crítica do momento histórico presente. Os partidos políticos (embrionários ou não) são os articuladores dos projetos históricos. A necessidade de um projeto histórico claro não é um capricho. É que os projetos históricos afetam nossa prática política e de pesquisa, afetam a geração dos próprios problemas a serem pesquisados.

Essa pesquisa foi marcada por vários momentos difíceis na vida da pesquisadora, entre eles a perda de um ente querido, a mãe tão linda, tão bela e tão sábia em seus quase 90 anos, quanta saudade! Como também foi marcada por encontros e desencontros – encontros com as gerações de crianças que frequentam e as que já frequentaram as Cirandas nas diversas atividades do MST; desencontros das várias atividades adiadas pelo MST, por não ter as condições materiais para realizá-las. Dessa forma, essa pesquisa talvez apresente alguns limites, que podem ocorrer pelos próprios limites da pesquisadora para compreender uma realidade tão complexa, ou por conta das contradições que apresenta a sociedade capitalista.

Passos iniciais da pesquisa

Desde a década de 1990, em minhas primeiras participações no setor de Educação do MST, sempre tive como principal responsabilidade a condução do debate sobre a infância Sem Terra. Assim, durante toda minha formação acadêmica, – desde o magistério até a pós-graduação – tive como foco as crianças, buscando compreender melhor esse ser social e contribuir nas formulações sobre o tema.

No mestrado, sistematizei a experiência da Ciranda Infantil no MST,[1] e agora no doutorado, procuro analisar a organização do trabalho pedagógico, buscando entender o processo de formação das crianças Sem Terra – os chamados *Sem Terrinha*. Num primeiro momento, esta pesquisa seria realizada na regional de Itapeva do MST, mesmo local onde foi realizada a investigação do mestrado. Essa região fica no sudeste de São Paulo, próxima à divisa com o Estado do Paraná, a aproximadamente 350 km da capital paulista. Sem as condições materiais propícias para o estudo nessa região, e em comum acordo com o orientador, mudamos o local da pesquisa.

O estudo, então, foi realizado principalmente na Ciranda Infantil permanente do Assentamento Dom Tomás Balduíno[2] – localizado na regional da Grande São Paulo,[3] no município de Franco da Rocha – com 40 crianças de 3 a 12 anos; mas

---

[1] A Ciranda infantil no MST é um espaço organizado para as crianças Sem Terra. Desde 1996 essa experiência vem sendo implementada nos assentamentos e acampamentos do Movimento Sem Terra.

[2] Esse assentamento, existente há 13 anos, abriga 63 famílias, totalizando cerca de 400 pessoas, das quais 75 são crianças, boa parte nascidas no próprio assentamento. Dentre estas, apenas 40 participam da ciranda infantil.

[3] Essa regional tem quatro assentamentos e uma comuna urbana e em todos esses espaços funcionam as Cirandas Infantis. É importante salientar que a escolha dessa regional foi em função dos trabalhos que já vêm sendo realizados com as crianças desde o início dos acampamentos.

também na Ciranda Infantil itinerante Paulo Freire do VI Congresso Nacional do MST, realizado em fevereiro de 2014, com a participação de 850 crianças. Além dessas experiências, para melhores reflexões sobre a organização do trabalho pedagógico, observei outras atividades com as crianças, como por exemplo os Encontros dos Sem Terrinha.[4]

Desta forma, o que era tão familiar tornou-se muito desconhecido, e precisei iniciar um novo processo. O meu primeiro contato foi com a direção da regional, para marcar uma reunião com os dirigentes do setor de educação do local. Depois disso, entrei em contato com as educadoras da Ciranda Infantil no Assentamento Dom Tomás Balduíno e apresentei a proposta da pesquisa, o objetivo e sua importância para a melhor compreensão do processo de formação dos Sem Terrinha.

Assim, realizamos várias reuniões com as educadoras da Ciranda Infantil; com as crianças – que ocorreram em dois momentos diferentes, primeiro com os maiores, acima de 6 anos, e depois com os menores de 6 anos –; e uma reunião com as famílias das crianças para apresentar a proposta da pesquisa e solicitar autorização para que pudessem participar.

Todas autorizaram, mas muitas pediram para não revelar o nome dos filhos. Portanto, os nomes citados das crianças são fictícios e foram elas próprias que escolheram. Muitas foram adotando os nomes de seus colegas, outras como gostariam de ser chamadas ou de serem reconhecidas na pesquisa. Esta foi a forma que encontrei de protegê-las, mas também considerá-las sujeitos de direto, com possibilidade de autoria e participação na pesquisa. Para Barbosa (2012), "a pessoa que realiza pesquisa com crianças cria espaços comuns, quando o adulto desenvolve uma relação respeitosa com os modos de ser das crianças e se

---

[4] São Encontros realizados anualmente com as crianças sem terra.

interessa por aquilo que elas pensam, desejam". Ainda segundo a autora, (2012, p. 244):

> [...] é essencial dizer que laços sociais requerem responsabilidade ética. Construir olhares diferentes para o grupo social infância – bebês e crianças – e as suas instituições de acolhimento é visibilizar e discutir seus direitos de produzir conhecimento, abrir portas para ampliar novas concepções de infância que incluam, também, as ideias das próprias crianças. [...] para que se produza uma compreensão e transformação nos modos de produzir infâncias, as culturas infantis e afirmar o empoderamento das crianças. Afinal as crianças são vistas como sujeitos ativos na contínua produção e na reprodução da vida cotidiana, na cultura infantil e na sociedade.

Com esse entendimento ético, respeitoso, e acima de tudo tendo a clareza de que as crianças são sujeitos ativos, protagonistas, lutadores, lutadoras, construtores e construtoras de uma sociedade, é que os Sem Terrinha, de idade de 3 a 12 anos, da Ciranda Infantil, participaram deste estudo. É importante salientar que, durante todo o processo de observação, a frequência na Ciranda Infantil Dom Tomás variava de 30 a 40 crianças.

Portanto, este trabalho teve por objetivo analisar a organização do trabalho pedagógico desenvolvido nas Cirandas Infantis do MST, verificando em que medida esse trabalho contribui, ou não, no processo de formação humana das crianças Sem Terrinha numa perspectiva da transformação da sociedade. Considerando esse objetivo geral, algumas questões impulsionaram a pesquisa: a organização desse trabalho pedagógico – nos assentamentos, centros de formação, marchas, reuniões, congressos etc. – contribui para a formação das crianças Sem Terrinha na perspectiva da emancipação humana? As atividades pedagógicas que são desenvolvidas nas Cirandas Infantis contribuem ou não para a formação humana dos Sem Terrinha? Quais os valores vivenciados pelos meninos e meninas Sem Terra? Quais são os traços/marcas essenciais da formação humana dos Sem Terrinha numa perspectiva da classe trabalhadora? Refletindo sobre estas questões, delimitei os três objetivos específicos desta pesquisa, a saber:

- analisar e descrever a organização do trabalho pedagógico desenvolvido nas cirandas infantis, buscando refletir sobre o processo de formação humana vivenciado pelas crianças Sem Terra para além da escolarização;
- refletir sobre a organização do trabalho pedagógico nas cirandas infantis, buscando identificar traços essenciais para compreender as possibilidades e contradições de uma formação humana das crianças numa perspectiva emancipadora;
- compreender as possibilidades e as contradições, analisando em que medida a organização do trabalho pedagógico contribui ou não para educar as novas gerações de lutadores e lutadoras sociais, de acordo com a realidade em que estão inseridos.

A organização do trabalho pedagógico nas cirandas infantis é realizada em meio a uma série de conflitos e contradições, refletindo em parte as contradições do modelo de sociedade capitalista, na qual a ciranda e o assentamento estão inseridos. Para isso, faz-se necessário considerar as relações sociais estabelecidas pelas crianças no conjunto da sociedade – como elas veem o mundo, como pensam a evolução e a transformação da sociedade. Freitas (2012, p. 98) afirma que:

> A organização da vida social e material, nos diversos momentos históricos, determina características próprias do trabalho. Atualmente a forma de trabalho apresenta-se como trabalho assalariado, o que orienta também a concepção de conhecimento e sua forma de apropriação, gerando a dicotomia entre teoria e prática. Há razões poderosas para enfatizar esses aspectos: é que a organização do trabalho (mesmo o trabalho pedagógico, em seus vários sentidos) se dá no seio de uma organização social histori-

camente determinada. As formas que essa organização assume, na escola, mantêm ligação com tal tipo de organização social.

Diante da complexidade do tema, busquei compreender as crianças como sujeitos protagonistas na construção do processo histórico do Movimento Sem Terra. Assim, fiz uma opção por uma pesquisa qualitativa de cunho etnográfico, entendendo que, dessa forma, poderia captar a essência da realidade e compreender a sua complexidade de relações, o que permite analisar e descrever as situações a partir das relações e interações que se estabelecem num contexto.

Procedimentos metodológicos

A pesquisa qualitativa é a que oferece melhores condições para estabelecer uma relação constante e dinâmica entre as perguntas da pesquisa e o trabalho de campo, e os objetivos a serem alcançados, sempre fazendo uma reflexão a respeito do contexto no qual os sujeitos estão inseridos. Essa modalidade de pesquisa também permite um contato direto com o campo de estudo, considerando as visões de mundo e as relações entre os sujeitos pesquisados e a pesquisadora. Permite, além disso, analisar a organização do trabalho pedagógico, verificar como se dá o processo de formação das crianças Sem Terrinha pelas Cirandas Infantis, as suas múltiplas dimensões político-pedagógicas e apontar suas contradições e possibilidades. Segundo André e Lüdke (1986, p. 20):

> A pesquisa qualitativa procura dar respostas aos aspectos da realidade que não podem ser quantificados. Trabalha com o universo de significados, motivos, aspirações, crenças, valores e atitudes, pois as informações qualitativas permitem conhecer o significado que as pessoas atribuem aos fenômenos.

No processo de produção do conhecimento, os procedimentos metodológicos foram sendo delineados; buscando refletir as questões e objetivos dessa pesquisa. Assim, os instrumentos que utilizei nesse estudo foram: a *entrevista semiestruturada*, a *observação participativa* e a *análise de documentos*.

A entrevista semiestruturada, por admitir certa flexibilidade nas respostas obtidas, visa assegurar o cumprimento dos objetivos da pesquisa pela abordagem do tema e das questões propostas sem se prender a um roteiro pré-determinado, deixando que os entrevistados falem mais livremente sobre o assunto proposto. No intuito de facilitar a compreensão das questões pelos e pelas participantes, as entrevistas foram realizadas na perspectiva de uma conversa organizada em alguns blocos temáticos, no intuito de facilitar a compreensão das questões pelos e pelas participantes. Os blocos norteadores foram: 1) a organização do trabalho pedagógico da ciranda infantil; 2) as dificuldades e os desafios; 3) as brincadeiras das crianças e 4) como se dá participação das crianças na luta pela terra. Alguns detalhes relevantes, que aconteceram durante as entrevistas, foram anotados no caderno de campo para posteriores reflexões e análises.

As entrevistas foram realizadas com os dirigentes do MST, com as crianças (de 3 a 12 anos) e com as educadoras e educadores que atuam nas cirandas infantis, tanto nas permanentes como nas itinerantes. Todas as entrevistas foram previamente agendadas, porém muitas delas precisaram ser remarcadas, principalmente as que foram previstas para acontecer em atividades do MST que por algum motivo foram canceladas ou adiadas.

A escolha dos dirigentes para serem entrevistados teve como critério o seu envolvimento com o trabalho na Frente da Infância dentro do MST.[5] É importante salientar que dois desses dirigentes, hoje no setor de formação do movimento, iniciaram suas

---

[5] Frente da Infância dentro do MST um coletivo do setor de educação que tem a tarefa de pensar e organizar a educação da infância no MST.

atividades no MST como educadores da ciranda infantil. Essas entrevistas foram todas realizadas durante atividades na Escola Nacional Florestan Fernandes (ENFF).[6]

Os educadores e as educadoras foram entrevistados nas seguintes situações: cursos realizados também na ENFF, o VI Congresso Nacional do MST e nas próprias cirandas infantis observadas. A seleção dos entrevistados levou em consideração o envolvimento nos trabalhos com as crianças Sem Terrinha de um modo geral. Vale destacar que alguns já tinham participado dos primeiros encontros das crianças há alguns anos, e hoje atuam nas cirandas infantis como educadores ou educadoras.

Foram entrevistadas, também, as crianças/jovens entre 10 e 16 anos que passaram pela ciranda infantil, no sentido de analisar como a organização do trabalho pedagógico contribuiu para sua formação. A importância de entrevistar esse grupo, especificamente, está na possibilidade de ter acesso à visão da própria criança sobre o aprendizado que vivenciou.

> Estudo semelhante a este agora apresentado foi realizado por Fagundes (1997), que fez uma série de entrevistas a ex-usuários da Creche da Unicamp (Universidade Estadual de Campinas). Essas entrevistas tinham o propósito de reconstruir a história da creche e compreender as questões que a rotina de trabalho colocava para esse espaço. A autora mapeou 21 jovens da primeira turma, de 14 e 15 anos de idade, entrando em contato com apenas dez, por considerar um número suficiente para atender os objetivos da pesquisa. Ao final, cinco jovens foram entrevistados. Sobre a metodologia dessas entrevistas, ela afirma (1997, p. 25): Ao organizar o encontro com as crianças/jovens ex-usuários da creche, além do roteiro para entrevistas procurei reunir outros elementos que pudessem atuar como desencadeadores da memória, como: as fotografias, a planta da creche e os 'trabalhinhos'

---

[6] É um espaço organizado pelo Movimento Sem Terra para a formação da militância sem terra.

feitos pelas crianças, os quais foram trazidos para a entrevista pelos próprios entrevistados.

Esses elementos foram sendo trabalhados nos encontros para que os jovens fossem se lembrando da história e a memória começasse a fluir.

Observando essa metodologia, também senti necessidade de realizar entrevistas com os meninos e as meninas maiores, com o propósito de observar o processo de formação humana vivenciado por eles e elas na Ciranda Infantil. Essas entrevistas foram organizadas por blocos temáticos, nos quais os participantes fizeram comentários e deram sua opinião. Os blocos temáticos foram três: 1) lembranças sobre as atividades das Cirandas; 2) os Encontros dos Sem Terrinha e 3) a participação na luta pela terra. Foi perceptível, durante as entrevistas, que as crianças maiores refletiam sobre sua vida, sua trajetória, brincadeiras, participação na luta, enfim sobre o seu cotidiano durante a infância na Ciranda Infantil, cheias de recordações, às vezes muito próximas, e outras distantes, mas ainda latentes.

A escolha dos adolescentes para serem entrevistadas também seguiu alguns critérios, tais como: ter participado de cirandas itinerantes ou permanentes, dos encontros dos Sem Terrinha, ou ter participado das cirandas desde que o setor de educação organizou as primeiras, em 1998. Com os critérios elaborados, localizei e contatei 15 adolescentes em diversos Estados do Brasil. Ao todo, foram dez entrevistas, sendo oito destas gravadas durante atividades dos Sem Terrinha e duas responderam às perguntas por escrito. Segundo Demartini (2005, p. 11):

> Ao analisarmos os relatos das crianças precisamos compreender como pertencentes de um grupo social, uma escola, uma rua, um grupo de brincadeiras, de uma classe social, entendendo que elas fazem parte de um conjunto heterogêneo, com relação à idade, e de um contexto maior.

Essa estratégia metodológica de entrevistar os adolescentes foi a maneira que encontrei para acessar alguns fatos vivenciados por eles quando crianças na Ciranda Infantil, num dado momento histórico, os quais somente os documentos escritos não poderiam revelar com a riqueza de detalhes, dos sentimentos vivenciados por elas. Para que os adolescentes se lembrassem de alguns acontecimentos, utilizei fotos, que passaram por uma seleção conforme o período em que cada uma delas vivenciou a Ciranda Infantil nos assentamentos ou nos encontros dos Sem Terrinha, e estas foram enviadas previamente às entrevistadas e aos entrevistados.

Muitas entrevistas foram realizadas na presença das mães e estas, muitas vezes, ajudavam os adolescentes a se lembrarem de alguns fatos ocorridos no período. Foi interessante esse instrumento de coletas de dados, pois os adolescentes começaram, em geral, pelo tema com que mais se identificavam; lembraram-se dos amigos, dos encontros e reencontros entre eles. Fonseca (1998 p. 63), em seus estudos sobre metodologia de pesquisa com abordagem etnográfica, chama atenção para o fato de que, ao cruzar os dados, precisamos "comparar diferentes tipos de discurso, confrontar falas de diferentes sujeitos sobre a mesma realidade, constrói-se a tessitura da vida social em que todo valor, emoção ou atitude está inscrita". Ainda segundo a autora, sem esses recursos corre-se o risco de "fazer análises simplificadas da realidade pesquisada".

Na pesquisa de campo realizada na Ciranda Infantil Dom Tomás Balduíno, procurei escutar atentamente à 40 crianças com idade entre 3 e 12 anos que frequentavam a Ciranda, e participei ativamente de suas brincadeiras, assim pude estabelecer laços de confiança, o que possibilitou que elas falassem sobre seus sonhos, suas brigas, suas lutas, suas conquistas etc. Demartini (2005, p. 12), chama atenção para a importância de "estabelecermos um certo grau de respeito e intimidade", para que haja abertura na realização da pesquisa.

A Ciranda Infantil Dom Tomás Balduíno conta com cinco educadoras, sendo uma delas responsável pela alimentação das crianças – que cursava graduação em Pedagogia no momento da pesquisa – outra pela produção de alimentos no roçado e realização de atividades pedagógicas nesse espaço– com ensino médio técnico em Agroecologia –; e três educadoras com a função de coordenação das atividades pedagógicas entre outras – todas com nível superior e especialização (Pedagogia com especialização em educação do campo; Filosofia com especialização em estudos latinos e Letras com especialização em artes e linguagem respectivamente).

No início do trabalho, somente observei as crianças brincando, mas a todo momento elas me convidavam para participar. Muitas vezes usavam como desculpa que estava faltando alguém, no entanto, apenas queriam que eu participasse das suas brincadeiras. Essa atividade com as crianças tornou-se reveladora de seus sonhos, conquistas, medos, alegrias etc. Prado (2005) aponta que, nas brincadeiras junto com as crianças, aprendemos com elas e esse espaço permite o fazer junto, numa construção compartilhada.

Ao terminar cada atividade, buscava fazer as anotações das falas das crianças. Depois de certo tempo, já mais próxima delas, senti necessidade de introduzir outro elemento nessa coleta de dados, o gravador. Pedi autorização às crianças e às educadoras, bem como aos pais e mães para gravar áudios durante o período da observação e para fotografá-las. Isso ampliou a possibilidade de captação de detalhes que certamente ficariam comprometidos se eu usasse somente as anotações no caderno de campo

Outro elemento interessante é que conhecer os meninos e as meninas pelo nome fez toda a diferença, pois era clara a satisfação deles ao serem chamados assim. Isso também facilitou minha participação nas brincadeiras, tais como: cobra cega, corre cotia, passa anel, pular corda, pique, esconde-esconde e etc. É importante salientar que uma primeira rodada das gravações das brincadeiras ocorreu ao longo de nove sábados, entre os meses de março e maio de 2012, pois ocorreu de, em alguns, não ter atividade na ciranda Infantil.

No segundo período de junho a setembro de 2013 retomei as observações e realizei uma segunda rodada de gravações, que totalizou 12 sábados, e, assim como no primeiro período, também tivemos de cancelar alguns encontros. Ao todo foram 21 sábados em que participei em atividades na ciranda infantil no Assentamento Dom Tomás Balduíno. Cada encontro teve a duração de 6 horas, totalizado 126 horas de observação.

O registro fotográfico foi outro instrumento que incorporei, pois senti a necessidade de registrar algumas cenas e fatos significativos que foram acontecendo durante a pesquisa. As fotografias nessa pesquisa estão sendo consideradas como documentos, situadas num contexto histórico que contribui nas reflexões e análises da realidade pesquisada. Elas permitiram a interação e o diálogo, aproximando diferentes universos, e são reveladoras das diferentes formas de como as crianças Sem Terrinha vêm participando da luta pela terra. Segundo Lisboa e Pires (2010, p. 79):

> A fotografia ajuda-nos a tomar posse das coisas transitórias que têm direito a um lugar nos arquivos de nossa memória. Assim, a possibilidade de olhar para a imagem congelada, motiva-nos a ver e rever inúmeras vezes a cena retratada, aguçando a memória, a imaginação, a criação e a reconstituição da própria história vivida, pelas imagens e nas imagens.

Gobbi e Finco (2011, p. 52) no projeto *Todos na Foto* realizado também na Ciranda Infantil Dom Tomás Balduíno afirma que "as fotografias feitas pelas crianças tornaram-se um rico material para a compreensão de suas infâncias, sendo um elemento possibilitador da compreensão de suas linguagens, daquilo que elas nos dizem, mesmo sem o uso de palavras". Durante a pesquisa, fui me aproximando cada vez mais dos Sem Terrinha, fazendo parte do grupo e tornando natural a minha participação em suas brincadeiras. Corsaro (2005, p. 452), em seus estudos em uma escola de educação infantil em Bolonha, na Itália, conta que, por ser falante nativo de inglês, a dificuldade que tinha com a língua italiana foi o elemento que o aproximou das crianças:

> Para minha surpresa, minha aceitação pelas crianças italianas foi muito mais fácil e rápida que pelas crianças americanas. Para as crianças italianas, assim que começava a falar meu limitado italiano, tornava-me esquisito, engraçado e fascinante. Era não apenas um adulto atípico, mas também um adulto incompetente – não apenas uma criança grande, mas uma espécie de criança grande simplória.

As crianças, ao perceberem sua dificuldade se esforçavam para compreendê-lo e ensiná-lo, isso possibilitou sua aproximação delas. Segundo o autor (2005, p. 463):

> Com o tempo, tornei-me um membro ativo desse grupo de crianças, parte da primeira série, depois da segunda e assim por diante. À medida que os aspectos de sua cultura de pares se desenvolviam e mudavam, eu era aceito em novas rotinas, atividades e conversas de uma cultura de pares que era mais compartilhada e avaliada. Isto é, as crianças falavam entre si e comigo de suas amizades, atividades, visões dos trabalhos escolares e das professoras e de suas famílias.

Um episódio interessante que vale relatar é que, como as crianças sabiam da pesquisa e uma das suas atividades na ciranda infantil era a elaboração de um jornal, um dia uma das crianças propôs: "Vamos brincar de fazer jornal: quem vai ser o repórter? Quem quer ficar na roda para ser entrevistado?". E já foi organizando o espaço para a realização da brincadeira: colocou algumas cadeiras em círculo e uma no meio, e todas as crianças começaram a ocupar os lugares. Depois disso, começaram as perguntas. Eu tive a oportunidade de gravar todas as falas das crianças, e muitas delas uso neste estudo. Para Prado (1999, p. 105):

> As crianças, nas suas brincadeiras revelam um espaço de cultura, espaço da totalidade das qualidades e produções humanas, distinto do mundo natural e possuidor de uma unidade axiológica que produz e veicula projetos da vida humana. Nas brincadeiras elas apropriam-se das coisas do mundo, atribuindo-lhes sentidos e significados, construindo sua condição humana como ser social em sua dimensão individual e coletiva.

Poder contar com o gravador na hora das brincadeiras foi fundamental, não só para registrar as vozes das crianças, mas porque seria difícil recordar tudo aquilo que foi dito por elas. Com esse recurso, além de ouvir as falas, pude escutar os gritos, os choros, os combinados entre as crianças na hora de se esconder, as batidas de palmas e o silêncio, todos esses elementos foram considerados importantes para a pesquisa, pois cada um tem seu significado especial para todos nós que estávamos na ciranda infantil naquele dia e horário. Por isso, como pesquisadora, fiquei vigilante a todos eles.

Tive também o cuidado de socializar com as crianças a gravação de suas falas, momentos que pareciam uma festa, pois algumas riam ouvindo suas próprias vozes, e outras, às vezes, ficavam caladas, pensativas. Alguns me procuravam posteriormente e diziam: "Sabe, eu queria complementar o que está no gravador, eu posso?". Ou, ao contrário, queriam retirar o que tinha sido gravado. Claro que cada pedido das crianças foi atendido. Sempre escutava as suas falas junto com as educadoras, para que elas não ficassem na dúvida sobre o que tinha sido gravado, pois entendo que, mais do que dar voz às crianças é preciso escutá-las, saber quais os seus desejos, seus movimentos, entender suas peraltices, suas brincadeiras etc. Demartini (2005, p. 2) afirma que "cada vez mais, se faz necessário aprender a escutar as crianças". Quinteiro (2005, p. 21), outra estudiosa dessa temática, afirma que: "pouco se escuta e pouco se pergunta às crianças e, ainda assim, quando isto acontece, a 'fala' apresenta-se solta no texto, intacta, à margem das interpretações e análises dos pesquisadores". Abramowicz (2003, p. 20), por sua vez, afirma que:

> A fala da criança é legítima tanto quanto qualquer outra voz pertencente às ordens discursivas e, quando achamos que, de fato, as crianças têm o que dizer e de que suas falas não são infantis, temos que aguentar a voz e o desejo delas. O outro fala coisas de que muitas das vezes não gostamos, e as crianças, muitas vezes falam coisas e dizem de interesses com que não concordamos e que não gostaríamos que tivessem, mas deixar o outro falar é isso.

Para Freire (1991, p. 135). "Escutar vai além da possibilidade auditiva de cada um. Escutar, significa a disponibilidade permanente por parte do sujeito que escuta para a abertura à fala do outro, ao gesto do outro, às diferenças do outro". Em suas pesquisas com bebês, Oliveira (2011, p. 104) também chama atenção para essa escuta das vozes infantis. Ela afirma:

> As vozes infantis não verbais fomentam o desejo de expressão das crianças que, mesmo sem o domínio da linguagem verbal, sentem-se encorajadas a se expressar tendo no adulto um parceiro de escuta, um interlocutor que acolhe e torna verbais seus pensamentos e desejos.

Nesse sentido, minha participação nas brincadeiras possibilitou uma troca de experiência com as crianças, o que resultou em dados esclarecedores sobre os aspectos vivenciados por meninos e meninas no assentamento e contribuiu para análises de dados desta pesquisa.

Além disso, tive a oportunidade de participar de outras atividades que envolviam as crianças, como por exemplo, os Encontros dos Sem Terrinha. Ao todo foram três encontros: Um ocorrido no dia 12 de outubro de 2012, na cidade de Osasco, o segundo realizado no dia 17 de outubro de 2013, em Jundiaí – ambos na regional da Grande São Paulo, envolvendo aproximadamente 300 crianças – E o terceiro aconteceu na regional de Itapeva, no dia 11 de outubro de 2013, na Escola Laudenor de Souza, envolvendo mais de 400 crianças. Esses encontros foram importantes nas reflexões da organização do trabalho pedagógico durante o processo da pesquisa.

Outra parte importante do trabalho de campo se realizou na Ciranda Infantil Paulo Freire, no VI Congresso Nacional do MST, de 10 a 14 de fevereiro de 2014, com 850 crianças de todos os Estados do Brasil em que o MST está presente. Nessa oportunidade, fiz a observação procurando analisar a organização do trabalho pedagógico e buscando refletir sobre o processo de formação humana dos Sem Terrinha, como foi citado anteriormente. Observei, também, a mobilização das crianças no MEC e toda a organização da ciranda infantil. Em todas essas oportunidades, procurei registrar as falas das crianças no caderno de campo, para reflexões posteriores.

Além disso, acompanhei algumas reuniões de educação e cursos de formação com as educadoras, espaços em que houve o debate sobre a infância Sem Terra, as cirandas infantis, e a proposta de educação do MST, atividades estas que se realizaram ao longo de todo o período da pesquisa de campo e da consequente coleta de dados.

Com relação às fontes utilizadas na pesquisa, no MST foram produzidos vários documentos sobre o processo educativo das Cirandas Infantis, como cartilhas, cadernos, relatórios diversos, fotografias, vídeos etc., os quais são considerados fontes documentais nesta pesquisa. Neste sentido, realizei uma seleção dos materiais que estabeleciam um diálogo com o meu objeto de estudo, procurando identificar as marcas essenciais do processo de formação das crianças Sem Terra.

Assim, optei por documentos que apontam como se dá a organização do trabalho pedagógico nas cirandas infantis, e aqui destaco dois deles: O Projeto Político Pedagógico da Ciranda Infantil Dom Tomás Balduíno (2011) e o seu Planejamento Anual (2012). O Projeto Político Pedagógico explicita, em seu texto, a organização coletiva das crianças e destaca algumas concepções como: criança, identidade Sem Terrinha e auto-organização, que considero importantes nesta pesquisa:

- *Criança* é um ser social e histórico, protagonista, um sujeito de direitos que produz culturas, visando à autonomia, a liberdade, um sujeito de um movimento social na construção de um projeto de sociedade;
- *Identidade Sem Terrinha* é construída no processo de luta pela terra pelas crianças, fortalece o pertencimento à classe trabalhadora, em movimento na luta pela transformação da realidade;
- *Auto-organização* é uma das formas de organizar a participação coletiva das crianças na vida da ciranda infantil é uma forma das crianças vivenciarem o projeto político dos trabalhadores e trabalhadoras, e também os processos produtivos e educativos numa coletividade.

Considerando que os movimentos sociais na atualidade vêm contribuindo, também, para a construção de um projeto e que o tema da reforma agrária não é novo na produção do conhecimento, busquei, por meio do levantamento bibliográfico da pesquisa, associar essas temáticas com a da educação, o que é algo mais recente na formulação do movimento, aparecendo somente na metade da década de 1990. Também busquei me restringir à educação infantil, mais recente ainda, já que no MST as primeiras pesquisas sobre esse tema só apareceram em 2001. É importante salientar que as ciranda infantis no MST vem sendo organizadas desde o final da década de 1990, nas cooperativas de assentamentos, portanto, essa experiência tem cerca de 20 anos.

Além disso, fiz um levantamento bibliográfico de dissertações e teses produzidas sobre o tema: "Ciranda Infantil e infância Sem Terra", objeto de estudo dessa pesquisa, e localizei: Alves (2001), Silva (2002) e Correia (2004), que desenvolveram estudos com as crianças de acampamentos; Ferreira (2002), sobre o lúdico nos encontros dos Sem Terrinha; Felipe (2009) que realizou sua pesquisa sobre a infância e suas leituras; Moraes (2010) que analisou como as crianças fazem parte de um movimento que luta pela terra, um direito que vem sendo negado aos povos do campo; Barros (2013), que analisou o jornal e a revista Sem Terrinha produzida pelo MST; Martins (2006), que desenvolveu sua pesquisa sobre as linguagens e os desenhos das crianças; e Bihain (2001), Rossetto (2009), Lüedke (2013) e Freitas (2015), que desenvolveram suas reflexões sobre as Cirandas Infantis do MST.

Em minha pesquisa de mestrado (Rossetto, 2009), intitulada *Essa ciranda não é minha só, ela é de todos nós:* a educação das crianças Sem Terrinha no MST, analisei as cirandas infantis como um espaço de educação não formal, mantidas por cooperativas, centros de formação e pelo próprio MST, que procura construir – com as crianças Sem Terra – um trabalho educativo que prima por sua luta. Nesta investigação, observei as contradições, possibilidades e limites desse trabalho a partir do contexto histórico da educação do Movimento e da luta pela reforma agrária, observando os dois tipos de ciranda organizadas pelo MST: a Ciranda Infantil Itinerante e a Ciranda Infantil Permanente. Na análise, considerei as relações sociais estabelecidas pelas crianças no conjunto da sociedade, como elas veem o mundo; o Movimento como fruto das contradições geradas pelo capitalismo; e as contradições de uma educação para a alienação da classe *versus* uma educação emancipatória, proposta pelo Movimento.

Na pesquisa de Bihain (2001), *A trajetória da Educação Infantil no MST:* de ciranda em ciranda aprendendo a cirandar, a autora aborda a ciranda infantil como espaço próprio da criança de 0 a 6 anos. Ela pesquisou duas cirandas permanentes, uma no acampamento Viamão e outra na Cooperativa de Produção Agropecuária no Assentamento Nova Santa Rita, no estado do Rio Grande do Sul. De acordo com a autora, apesar da precariedade dos espaços e das limitações na formação dos educadores e educadoras, a ciranda infantil possibilita as relações entre as crianças e reconhece as necessidades e especificidades dos Sem Terrinhas.

A pesquisa de Lüedke (2013), *A formação da criança e a Ciranda Infantil do MST no Paraná*, foi realizada numa ciranda infantil no centro de formação em Rio Bonito do Iguaçu, no estado do Paraná. A autora analisa as atividades cotidianas, as brincadeiras e os processos educativos realizados pelos educadores. Afirma que a Ciranda Infantil é um espaço educativo, no qual são compartilhadas experiências de um modo de viver e que as brincadeiras se constituem como instância importante para isso. Lüedke (2013, p. 114) afirma que: "Olhar com mais atenção para os 'novos' sujeitos sociais deste momento histórico e compreender os elos entre o mundo adulto e o mundo infantil pode ser um momento importante para conhecer as crianças, suas brincadeiras". Ela afirma que a Ciranda Infantil representa uma conquista e traz a possibilidade de oferecer elementos que permitem contribuir para os estudos e debates sobre a educação infantil para o campo.

Mais recente, a pesquisa de Freitas (2015), *Educação Infantil Popular:* possibilidades a partir da Ciranda Infantil do MST, foi realizada na Ciranda do Pré-assentamento Elizabeth Teixeira. O autor busca analisar o formato, a organização e a dinâmica da ciranda e a maneira pela qual se constituiu, especificamente, como uma proposta de educação infantil popular. Ele afirma que ela se insere na trajetória da Educação Popular como uma educação vinculada aos interesses da classe trabalhadora no interior da luta de classes. Também está vinculada a um movimento social organizado, que visa a emancipação dos sujeitos. A Ciranda Infantil, dessa maneira, se apresenta como espaço de encontro do coletivo infantil e de produção de culturas infantis, reconhecendo as crianças como sujeitos da história.

Ainda, para maior aprofundamento teórico, ampliei esse levantamento bibliográfico buscando ver outras pesquisas sobre as crianças Sem Terrinha e a infância no MST, tais como: Martins (2006), numa pesquisa de mestrado intitulada *A criança do Movimento em movimento:* linguagem, mística e desenho, na qual são observadas as práticas de educação desenvolvidas nos espaços de organização coletiva que envolvem as crianças pequenas no MST no estado do Espírito Santo. A autora afirma que, nas múltiplas linguagens, as crianças expressam um devir humano, engajado na construção e reconstrução de sua história, dando cor e movimento a cada "capítulo" dessa história vivida. Para Martins (2006, p. 100), "as crianças do MST são participantes de todo um processo de luta, assim, o desejo pela terra, pela moradia, pelo alimento, é real, faz parte do seu dia a dia, aqui não se separa adultos de crianças, ambos lutam pela mesma causa". Conforme apontado pela autora, as crianças do MST não são simples figurantes, mas são protagonistas da luta e que, nos diferentes espaços, com voz, com vez, com sonhos, com sofrimento e com muitas brincadeiras, elas produzem culturas construindo sua identidade de Sem Terrinha.

Em *As experiências educativas das crianças no acampamento Índio Galdino, do MST,* em Santa Catarina, Alves (2001) tem como objetivo principal compreender a infância como uma condição social, em vários contextos e momentos históricos, reportando a discussão para o meio rural e para os acampamentos do MST. Ela afirma que as experiências vividas no acampamento são educativas, mediadas pelo MST, e traduzem o movimento político que forma as crianças na ocupação, na mística, na organização, nos enfrentamentos e no cotidiano do acampamento.

A pesquisa de Correia (2004), *Os filhos da luta pela terra: significados atribuídos pelas crianças moradoras de um acampamento rural ao fato de pertencerem a um movimento social,* foi realizada no Acampamento Dois de Julho, no município de Betim, estado de Minas Gerais. A pesquisadora acompanhou as atividades cotidianas e participou das brincadeiras, aprendendo mais sobre as vidas das crianças tendo a compreensão de que elas são sujeitos socioculturais. Além disso, ela analisa o movimento social como um grupo que se organiza na busca de libertação, ou seja, para superar alguma forma de opressão e para atuar na produção de uma sociedade transformada, e essa luta é assumida por todos os membros da família. Silva (2002), na sua pesquisa de mestrado *A educação da infância entre os trabalhadores rurais sem terra,* no Acampamento Oziel Alves, no estado de Goiás, realizou um estudo descritivo e analítico apontando as preocupações, as inquietações, as tensões e os conflitos vividos pelas crianças nesse acampamento, e mostra as crianças organizadas na luta, juntamente com suas famílias, por melhores condições de vida. Além disso, apresenta como o MST concebe e pensa o processo de educação das crianças.

A pesquisadora Felipe (2009), em seu doutorado – única pesquisa encontrada nessa titulação –: *Entre campo e cidade: infâncias e leituras entrecruzadas* – um estudo no Assentamento

Palmares II, estado do Pará, afirma que o modo de viver a infância neste assentamento se constrói no cruzamento de tempos plurais, combinação do contemporâneo com as reminiscências da tradição, e é sob esta mesma combinação que se organizam práticas de leitura. A autora (2009, p. 189) afirma que "a experiência social das crianças pode colaborar com a reinvenção dos lugares inventados para educar e promover a infância enquanto sujeito-criança que elabora a sua participação no mundo".

Moraes (2010) apresenta em sua dissertação de mestrado, *A infância pelo olhar das crianças do MST:* ser criança, culturas infantis e educação – realizada no Assentamento Mártires de Abril, no estado do Pará –, que a criança no MST está vinculada à sua comunidade, tendo o direito de conhecer todos os seus processos e neles contribuir. O MST possibilita visualizar a infância a partir de seu enraizamento social, cultural e histórico. As crianças fazem parte de um movimento que luta pela terra, um direito que vem sendo negado aos povos do campo, e possuem a marca cultural desta luta ao serem testemunhas da mesma. Ainda segundo Moraes (2010, p. 12), "Todo o arcabouço de experiências em espaços diferentes é que constitui o sujeito Sem Terrinha e que possibilita que eles criem e recriem sua cultura específica". Os Sem Terrinha constroem suas culturas infantis em um espaço rico de possibilidades para as brincadeiras: o assentamento.

A pesquisa de Ferreira (2002), *O lúdico e o revolucionário no Movimento dos Trabalhadores Rurais Sem Terra:* A experiência pedagógica no Encontro dos Sem Terrinha, analisa o lúdico no Encontro dos Sem Terrinha e na escola do Assentamento Catalunha, no estado de Pernambuco. Ele analisa as manifestações lúdicas expressas nas práticas pedagógicas no Encontro, abordando contradições e possibilidades. Destaca algumas contradições como alienação e desalienação; submissão e conscientização de classe; as manifestações lúdicas, o reacionário e o revolucionário. Ainda segundo o autor, (2002, p. 116):

> O lúdico como forma de trabalho humano – não mais limitado ao mundo do lazer – contribui com o processo de transposição do transformar a natureza em transformar o homem, acredito que se elevará a concepção de práxis total humana. Neste sentido, o lúdico poderá ser apreendido como uma forma de práxis revolucionária.

Ferreira aponta que se a formação dos educadores tiver como horizonte o projeto histórico socialista, as práticas lúdicas revolucionárias podem ampliar a consciência de classe das crianças e jovens.

Barros (2013), em sua dissertação intitulada *Os sem terrinha: uma história da luta social no Brasil (1981-2012)*, analisa a história dos Sem Terrinha em face da construção de uma identidade coletiva. Para esse trabalho ela examina as singularidades históricas de intensos conflitos sociais, marcados pela violência do latifúndio no estado do Ceará. Suas fontes têm como referência a dimensão singular da infância sem terra no *Jornal* e *Revista Sem Terrinha*, ressaltando as práticas da leitura nos espaços educativos de luta social das crianças, a saber, as escolas de educação do campo, os encontros, os congressos, as jornadas de luta e nas cirandas infantis. Barros (2013, p. 126) afirma que: "As crianças participam da vida e das ações nos acampamentos e também depois da terra conquistada nos assentamentos e apresentam também suas próprias reivindicações, principalmente no campo da educação".

No conjunto das pesquisas citadas, observei que somente as pesquisas de Bihain (2001), Rossetto (2009), Lüedke (2013) e Freitas (2015) têm em suas análises o foco na Ciranda Infantil do MST. As demais focalizam suas análises em diferentes atividades que envolvem os Sem Terrinha. É importante salientar que cada pesquisa é realizada dentro de um contexto, em um tempo determinado, e é produzida conforme as condições materiais e a realidade que cada pesquisador ou pesquisadora dispõe, portanto pode até haver semelhanças entre as análises, mas dificilmente serão iguais entre si.

Dialogando com meus dados – coletados a partir das entrevistas semiestruturadas, observações de campo, análises de documentos e pesquisas –, procurei compreender a realidade pesquisada, construindo, assim, um maior conhecimento por meio das exposição e interpretação dos dados a fim de atingir o objetivo proposto para o estudo. Para isso, organizei todo o material coletado, isto é, as transcrições das entrevistas, os documentos, os relatos de observação e as demais informações adquiridas durante o processo de investigação, entendendo que analisá-los é interpretar, comparar, valorizar, generalizar e sistematizar, a partir de todo o material coletado na pesquisa. Segundo André e Lüdke (1986, p. 23):

> A análise dos dados tem por objetivo organizar e sumariar os dados de forma tal que possibilitem o fornecimento de respostas ao problema proposto para a investigação, e a interpretação dos dados tem como objetivo a procura do sentido mais amplo das respostas, o que é feito mediante sua ligação a outros conhecimentos anteriormente obtidos.

A construção de um processo de análise de dados que possibilite dialogar com as informações coletadas e refletir sobre elas, proporciona uma análise mais apurada. Assim, ao organizar e classificar todo o material coletado optei por realizar a análise dos dados por meio de categorias. Segundo Cheptulin (1982, p. 259), "as categorias de análise são ideias fundamentais que fazemos a partir do material coletado e também como o resultado de um esforço de síntese no processo de uma pesquisa". O autor afirma, ainda, que existem categorias universais, como a historicidade, a totalidade, a contradição, as possibilidades etc., e existem as categorias específicas, de conteúdo, que dizem respeito à investigação, aos objetivos traçados e às questões levantadas conforme o recorte e a delimitação do tema pesquisado.

As categorias que emergiram na pesquisa de campo foram sendo agrupadas em unidades de análise, que dialogam entre si e com o referencial teórico dessa pesquisa, num esforço de ir além das aparências, do nosso olhar já acostumado com o cotidiano, buscando compreender as relações mais complexas da realidade social, e produzindo um conhecimento teórico que visa alcançar a essência da pesquisa.

Com esse entendimento, organizei as unidades de análise como: a identidade de Sem Terrinha e a luta pela terra; a auto-organização; o coletivo infantil; a organicidade; e por fim os valores de companheirismo e solidariedade. É importante salientar que essas unidades de análise estão relacionadas com o contexto das cirandas infantis, com a luta pela terra, pela reforma agrária e pela transformação da sociedade. Cabe ainda reafirmar que, entre elas, existe um movimento interligando umas com as outras na historicidade e na totalidade.

Analisando todos esses trabalhos anteriormente descritos, e considerando o processo histórico das cirandas infantis e sua relevância social para o MST, foi que me propus a pesquisar a organização do trabalho pedagógico desenvolvido nesses espaços, analisando em que medida esse trabalho pedagógico contribui, ou não, no processo de formação humana das crianças Sem Terrinha, numa perspectiva de construção da sociedade socialista. Ao propor essa investigação, levei em consideração que o Movimento tem um projeto de educação que está sendo construído, com todas as contradições existentes, numa sociedade capitalista, buscando construir possibilidades de uma educação para a emancipação humana.

A Ciranda Infantil é uma experiência vinculada ao projeto de educação do MST, que, ao organizar esse trabalho, leva em conta as diferentes matrizes da sua teoria pedagógica, que contribuem na formação dos Sem Terra, colocando em movimento todas as dimensões humanas. Ao contrário dessa concepção vemos a educação que está posta pela sociedade capitalista, como coloca Godói (2006, p. 32):

> A educação oferecida por esta sociedade capitalista reduz o processo de construção dos conhecimentos à memorização de conteúdos escolares e fragmentados, separa a cabeça e o corpo do indivíduo, valorizando apenas o cognitivo e desvalorizando o corpo. É importante ressaltar que na nossa sociedade, a concepção de cognitivo é reduzida a aquisição de alguns conhecimento e habilidades. Entendemos que esse conceito é mais amplo e que abrange outras dimensões humanas, como o lúdico, o jogo, a brincadeira, a fantasia, a criatividade, o sonho, o movimento etc. No entanto, não são valorizadas, tanto na sociedade, quanto nos espaços educativos.

Dessa forma, o MST foi organizando a luta pela educação junto com a luta pela terra, e cada escola implantada nos assentamentos veio de uma luta realizada para sua conquista. Como afirma Freitas (1991, p. 12):

> Não podemos cruzar os braços à espera de alterações sociais mais profundas. No entanto, nessa tarefa de apontar novos caminhos para a organização do trabalho escolar, devemos saber distinguir entre as alterações destinadas a prolongar as atuais relações sociais, daquelas destinadas a transformar estas mesmas relações. Isto é possível se tivermos claro um projeto histórico alternativo.

A organização do trabalho pedagógico vivenciado pelas crianças na Ciranda Infantil do Movimento baseia-se na prática da coletividade, na realidade e no meio em que elas estão inseridas, ou seja, esses fatores possibilitam às crianças viverem no coletivo, construindo valores como solidariedade, companheirismo, amor pela terra etc. Para Freitas (2012, p. 94):

A organização do trabalho pedagógico pode ser entendida em dois níveis: a) como trabalho pedagógico que, no presente momento histórico, costuma desenvolver-se predominantemente na sala de aula; e b) como organização global do trabalho pedagógico da escola, como projeto político pedagógico da escola.

A organização do trabalho pedagógico é tudo o que acontece no cotidiano da ciranda infantil como, por exemplo, as brincadeiras; a organicidade; o funcionamento do coletivo infantil; a participação das crianças na comunidade e nas lutas; o jeito de se organizar para brincar; a relação dos educadores e educadoras com as famílias e as relações entre as próprias crianças.

Dessa forma, pensar a organização do trabalho pedagógico nas cirandas infantis no MST significa, também, pensar o processo de formação humana das crianças na sua plenitude, com suas necessidades, contradições e possibilidades. A matriz que orienta a concepção de formação humana, nesta pesquisa, está numa perspectiva de educação mais ampla, para além da escolarização, na medida em que consideramos os vínculos que constituem a realidade das cirandas infantis dos assentamentos e acampamentos, compreendendo que um dos grandes objetivos do MST é formar sujeitos históricos, capazes de lutar pela transformação da sociedade e pela sua auto-transformação (pessoal e coletiva) emancipatória. Segundo Caldart (2014, p. 98):

> Esta concepção coloca a educação no plano da formação humana, e não apenas da instrução ou mesmo do acesso ao conjunto da produção cultural, pois a pedagogia do Movimento coloca as matrizes pedagógicas em movimento ao tratar essa formação como um processo educativo, reafirmar uma concepção de formação humana, que não é hegemônica na história do pensamento ou das teorias sobre educação (e que não está também na base de constituição da instituição escola): trata-se de uma concepção de base histórico-materialista-dialética para a qual é preciso considerar centralmente as condições de existência social em que

cada ser humano se forma, a produção da existência e a produção ou formação do ser humano são inseparáveis.

A educação, nessa perspectiva, é um processo que busca o desenvolvimento *omnilateral* do ser humano, unindo atividades manuais e intelectuais e trabalhando diferentes dimensões do ser humano. A palavra omnilateral indica uma busca do processo de formação humana, entendido como totalidade, que não é apenas a soma da atuação em diferentes dimensões, mas a articulação que visa coerência na atuação do ser humano no mundo. Frigotto, (1996, p. 157) afirma que:

> Formar hoje para uma perspectiva omnilateral, e dentro de uma concepção de que as pessoas vêm em primeiro lugar, pressupõe tornar-se senso comum de que as relações capitalistas são incapazes, por natureza intrínseca, de prover minimamente o conjunto de direitos fundamentais a todos os seres humanos, a começar pelo direito à vida digna, à saúde, à educação, habitação, emprego, lazer etc., sem o que o humano se atrofia.

Uma das matrizes que fundamentam a pedagogia do MST é o Trabalho, que permite a reprodução da vida, que é a própria vida humana na sua relação com a natureza, na construção do mundo. Segundo Caldart (2014, p. 102):

> A matriz pedagógica do Trabalho produz cultura e produz também a classe trabalhadora capaz de se organizar e lutar pelo seu direito ao trabalho e pela superação das condições de alienação que historicamente o caracterizam. Trabalho emancipado é condição de emancipação humana, mas não é apenas depois de emancipado que o trabalho passa a ser educativo, transformador do ser humano: a educação acontece na dialética entre a transformação das circunstâncias e a autotransformação que este processo provoca e exige (acontece na práxis).

Segundo o MST (2004), a Ciranda Infantil tem por objetivo trabalhar as várias dimensões de ser Sem Terrinha, como sujeitos de direitos com valores, imaginação e fantasia, vinculados às vivências do cotidiano, às relações de gênero, à cooperação, à criticidade e à autonomia. É importante ressaltar que a Ciranda é um espaço educativo intencionalmente planejado, no qual as crianças aprendem, em movimento, a ocupar o seu lugar na organização da qual fazem parte. Considerando que a educação ainda não é a mesma para todos nesta sociedade capitalista, caberia perguntar: quem define o modelo de formação e a quem cabe proporcioná-la? Para Gramsci (2004, p. 101) o modelo adequado seria:

> Uma escola humanista [...] uma escola de liberdade e de livre iniciativa e não uma escola de escravidão e mecânica. Uma escola onde os filhos dos proletários devem usufruir de todas as possibilidades, todos os campos livres para poder realizar a sua própria formação no melhor sentido e, portanto, no modo mais produtivo para eles e para a coletividade. Uma educação vinculada aos interesses da classe trabalhadora.

Gramsci (2004) ainda chama atenção para esse processo de formação dos filhos do proletariado, que deve produzir conhecimento a partir das relações de trabalho, mas o Trabalho concebido em sua dimensão ontológica, como condição de vida, de humanização, já carregando consigo o interesse da classe trabalhadora como possibilidade de emancipação e formação humana. Ele aponta que é preciso pensar que a mudança da sociedade passa por construir uma prática educativa contra-hegemônica.

Marx (2010, p. 51) falava de uma formação humana que contribuísse para a emancipação humana, uma formação que possibilitasse cada indivíduo desenvolver "todas as suas relações humanas com o mundo – visão, audição, olfato, gosto, percepção, pensamento, observação, sensação, vontade, atividade, amor – em síntese, todos os órgãos da sua individualidade" e, consequentemente, os sentidos já constituiriam uma relação humana objetiva a si mesma e ao homem, e vice-versa.

Para Paulo Freire (1997), a emancipação é sempre um processo autorreflexivo, autoexecutável e autocrítico, para uma mudança dos sujeitos que seja fruto da ação deles próprios. Segundo o autor (1997, p. 100):

> A emancipação forma uma nova cultura, uma ética livre, a real cidadania. Quando homens e mulheres, ao longo da história, [...] inventamos a possibilidade de nos libertar na medida em que nos tornamos capazes de nos perceber como seres inconclusos, limitados, condicionados, históricos. Percebendo, sobretudo, também, que a pura percepção da inconclusão, da limitação, da possibilidade, não basta. É preciso juntar a ela a luta política pela transformação do mundo. A libertação dos indivíduos só ganha profunda significação quando se alcança a transformação da sociedade.

Dessa forma, a emancipação humana só seria alcançada com a transformação da sociedade. Segundo Mészáros, (2005, p. 53), "a emancipação humana só será alcançada em conjunto, com uma firme determinação e dedicação dos indivíduos para alcançar a emancipação da humanidade", questão esta que caracteriza um grande desafio teórico e prático. Marx (2010), em seu texto *Para a Questão Judaica*, faz uma dura crítica a Bruno Bauer, expondo a diferença entre a emancipação política e a emancipação humana, discutindo a problemática do povo judeu. Para Marx (2010, p. 38):

> A emancipação política do judeu, do cristão, do homem religioso de modo geral consiste na emancipação do Estado em relação ao judaísmo, ao cristianismo, à religião como tal. O Estado se emancipa da religião, emancipando-se da religião do Estado, isto é, quando o Estado como Estado não professa nenhuma religião, mas, ao contrário, professa-se Estado. A emancipação política em relação à religião não é a emancipação já efetuada, isenta de contradições, em relação à religião, porque a emancipação política ainda não constitui o modo já efetuado, isento de contradições, da emancipação humana.

Tonet (2010, p. 27) afirma que:

> A emancipação política, expressa pela cidadania e pela democracia é, sem dúvida, uma forma de liberdade superior à liberdade existente na sociedade feudal, mas, na medida em que deixa intactas as raízes da desigualdade social, não deixa de ser ainda uma liberdade essencialmente limitada, uma forma de escravidão. A inclusão dos trabalhadores na comunidade política não ataca os problemas fundamentais deles, pois eles podem ser cidadãos sem deixarem de ser trabalhadores (assalariados), mas não podem ser plenamente livres sem deixarem de ser trabalhadores (assalariados).

Marx (2010, p. 41) ressalta que: "Não há dúvida que a emancipação política representa um grande progresso. A emancipação política é a revolução da sociedade burguesa. Todavia, não tenhamos ilusões quanto ao limite da emancipação política". Lessa (2007, p. 8) afirma que: "A emancipação política é um 'enorme progresso' de constituição histórica da sociabilidade regida pela propriedade privada burguesa". A emancipação humana pretendida por Marx (2010) só seria possível com a superação da propriedade privada, o que para ele significava a emancipação total de todas as qualidades humanas:

> A emancipação humana só será plena quando o homem real, individual, tiver em si o cidadão abstrato; quando como homem individual, na sua vida empírica, no trabalho e nas suas relações individuais, se tiver tornado um ser genérico, e quando tiver reconhecido e organizado as suas próprias forças [*forces propres*] como forças sociais, de maneira a nunca mais separar de si esta força social como política. (Marx, 2010, p. 54).

Lessa (2007, p. 9) agrega:

> A emancipação humana é a superação da propriedade privada e a constituição de uma sociabilidade comunista. Somente podemos pensar que a emancipação política é uma etapa histórica no caminho da emancipação humana no preciso sentido de que o comunismo apenas pode vir a ser a partir do patamar do desen-

volvimento das forças produtivas possibilitado pelo capitalismo. Será, no dizer de Lukács, uma 'autêntica' conexão ontológico-histórica, entre o indivíduo liberto das alienações que brotam da propriedade privada burguesa e o gênero humano emancipado da regência do capital. A emancipação humana é a superação histórica a mais completa e radical do mundo da emancipação política.

Para Marx (2010), a emancipação humana decorre de um processo de relações históricas e não de um ato de pensamento sem considerar as condições reais de vida das pessoas. Observando as contradições que a sociedade capitalista apresenta hoje, concordo com Ribeiro (2012, p. 306) quando afirma que:

> Na atualidade a emancipação humana se coloca como imprescindível, não somente para se superar a desumanização produzida pela sociedade capitalista, mas também para garantir as condições essenciais à manutenção da vida no planeta.

Dessa forma, cabe à classe trabalhadora se organizar e fazer as lutas necessárias, que permitam ir construindo alternativas, como por exemplo, montar seus projetos de educação que ajudem a compreender a luta pela transformação da sociedade. Com esse entendimento, formulei a minha hipótese de pesquisa de que a organização do trabalho pedagógico, que inclui as dimensões da organicidade, a auto-organização e a participação na luta pela terra, cumpre um papel fundamental na formação humana dos meninos e meninas Sem Terra. Não no sentido de serem ou não futuros militantes ou dirigentes, mas de irem se apropriando de elementos fundantes para pensar, lutar e entender a sociedade hoje, e como sujeitos históricos participarem da construção de uma nova sociedade.

Com essas indagações é que surgiram as inquietações desta pesquisa. O MST tem se preocupado com a formação humana dos Sem Terrinha numa perspectiva da emancipação humana? Como tem organizado esse processo de formação humana das crianças Sem Terra? Dessa forma, para melhor trabalhar os temas desta pesquisa, o texto foi dividido em quatro capítulos.

No primeiro, A Ciranda Infantil em movimento: Lutar também é uma forma de estudar –, busco atualizar o debate sobre o modelo de desenvolvimento do campo brasileiro e contextualizar a discussão sobre o projeto de educação do MST, discutindo a Ciranda Infantil Itinerante, sua trajetória e sua contribuição para as Cirandas Infantis da Via Campesina, bem como a participação das crianças na luta pelo direito à educação.

No segundo, A Ciranda Infantil no Assentamento Dom Tomás Balduíno e a organização do trabalho pedagógico: A luta fez brotar vida, vida digna – descrevo e analiso a organização do trabalho pedagógico da Ciranda Infantil Dom Tomás Balduíno, refletindo sobre a formação das crianças, a organização dos tempos e dos espaços da ciranda infantil, o *Jornal Sem Terrinha* e os Encontros Regionais dos Sem Terrinha, ou seja, a prática educativa com as crianças na ciranda infantil como um lugar de encontro, de luta, de brincadeiras, de peraltices e também de formação humana.

No capítulo terceiro, Os lutadores e lutadoras, construtores e construtoras sociais: marcas essenciais na formação dos Sem Terrinha – continuo as análises das categorias que emergiram na pesquisa, construindo, assim, uma compreensão de formação humana na perspectiva ontológica, e também reconhecendo os Sem Terrinha como lutadores e lutadoras, construtores e construtoras de um projeto de sociedade, produzindo, na luta pela terra, suas culturas infantis.

Nas Considerações Finais, retomo o percurso da pesquisa, os objetivos, hipóteses, problemas e a pergunta a ser respondida durante o processo da pesquisa, e, sem a pretensão de esgotar o tema, e apresento alguns limites e possibilidades numa perspectiva de novas investigações com as Crianças Sem Terra.

A ciranda infantil em movimento: "lutar também é uma forma de estudar"

> Lá vai o menino rodando e cantando,
> Cantigas que façam o mundo mais manso,
> Cantigas que façam a vida mais justa,
> Cantigas que façam os homens mais crianças.
> *Thiago de Mello*

Atualmente, a luta pelo acesso à terra e pela permanência nela vai além da disputa com o latifúndio, pois aparecem nesse cenário, com muita força, as empresas multinacionais que expulsam os trabalhadores do campo. Conforme afirmado no documento *Programa Agrário do MST* (2013), as 50 maiores empresas agroindustriais de capital estrangeiro e nacional passaram a controlar praticamente todo o comércio das *commodities* agrícolas no Brasil. Geralmente, uma mesma empresa controla as sementes, os fertilizantes, os agroquímicos, o comércio e a industrialização de produtos agrícolas, a produção e o comércio de máquinas agrícolas. Entre 2003 e 2010, as grandes propriedades passaram de 95 mil para 127 mil unidades. A área controlada por elas passou de 182 milhões para 265 milhões de hectares em apenas oito anos. Os grandes e médios proprietários, que representam o agronegócio, controlam 85% das terras e praticamente toda produção de *commodities* para exportação, e estima-se que as empresas estrangeiras devem controlar mais de 30 milhões de hectares de terras no Brasil.

Estes números, por si só, mostram como o capitalismo tem agido no campo, promovendo a expropriação dos trabalhadores de seus direitos à terra e ao trabalho. No Brasil, mais de 5 milhões de famílias encontram-se sem terra. Soma-se a isso a presença de trabalho escravo; a brutal concentração de terras – 56% das terras agricultáveis em nosso país pertencem a 1% dos proprietários, o que leva à mercantilização da reforma agrária e ao aumento dos conflitos, com morte de camponeses. Segundo Araújo (2007, p. 72):

> O modelo de produção agrícola para os que teimam em permanecer no campo é ditado na atualidade pela monopolização das grandes empresas multinacionais que produzem sementes e defensivos agrícolas. No aspecto da engenharia genética fica evidente o monopólio da Monsanto, empresa norte norte-americana especializada em biotecnologia agrícola. Esta empresa uniu-se à Cargill, maior processadora de produtos agrícolas, visando a explorar o grande mercado latino-americano, principalmente do Brasil, Argentina, Chile e México. No Brasil, a Monsanto comprou a Agroceres, grande produtora de sementes, e adquiriu ainda o grupo Holandês Unilever, que atua na Europa.

É importante ressaltar que o avanço do agronegócio é um dos pilares de sustentação da política econômica do atual governo brasileiro, e beneficia as multinacionais em detrimento do mercado interno, do desenvolvimento econômico nacional, da criação de postos de trabalho e da redistribuição de renda para os trabalhadores e trabalhadoras. Segundo Fernandes (1998, p. 33), "essas transformações econômicas e tecnológicas que aconteceram na agricultura brasileira geraram o crescimento econômico concentrado das riquezas e a miséria de milhões de brasileiros". É importante compreender que as forças da classe dominante no campo não são mais as do "latifundiário atrasado", pouco produtivo, mas as modernas forças capitalistas, o capital financeiro e as inovações técnico-científicas a serviço do capital internacional que controla a agricultura no mundo. Isso tem uma relevância grande quando se pensa a Educação do Campo na atualidade, pois esse modelo de desenvolvimento que está sendo implantado pela sociedade capitalista está gerando mais desigualdades sociais no campo.

Segundo Araújo (2007, p. 136):

> Analisar esse modelo de produção se faz necessário para a construção de uma educação contra-hegemônica como propõe o MST: vinculada à luta pela terra e pela reforma agrária, voltada para a formação de novas coletividades, para a transformação social e o desenvolvimento da sociedade socialista. Pois esse modelo de produção gera mais desigualdades sociais no campo, ele expropria os camponeses do acesso a terra, do acesso a educação, fraciona, divide, explora e violenta crianças, jovens, homens e mulheres do campo.

Dalmagro (2010, p. 97) afirma que: "o capitalismo se apropria, controla e domina os recursos naturais e humanos, numa corrida insana para acumular e concentrar sempre mais riquezas". Entender este processo se faz necessário porque o ritmo e o avanço do modo de produção capitalista não permitem que se faça uma análise linear do modelo de educação em curso, como também das alternativas de educação propostas pelos movimentos sociais do campo, pois é sabido que esse processo atinge diretamente a educação. Dessa forma, refletimos que há uma alteração na correlação de forças e uma mudança qualitativa na luta de classes no campo.

Esse modelo reflete diretamente na educação. Em 2005 foi realizada a Pesquisa Nacional de Educação na Reforma Agrária (PNERA) em 5.595 assentamentos e 8.679 escolas, num universo de 2,5 milhões de pessoas. Essa pesquisa apresenta dados alarmantes, tais como: 40% das escolas não possui energia elétrica; 75% não possui nenhum meio de comunicação de massa e menos de 1% tem acesso à internet; 22% não tem banheiro; 12% possui horta ou outro tipo de espaço para práticas agropecuárias; menos de 8% possui refeitório e menos de 6% quadra de esportes. Apenas 17% possui sala para professores; menos de 1% tem laboratório de ciências e 2% tem laboratório de informática; mais de 70% não possui aparelho de som ou de TV e geladeira; 78% não tem bebedouro; 91% não tem nenhum instrumento agrícola; 47% ainda não possui mimeógrafo; 24% não oferece merenda escolar; 80% ensina apenas até a 4ª série; e, destas, 70% funciona em turmas multisseriadas.

Além disso, predomina no campo um modelo educacional que reproduz e fortalece as desigualdades econômicas e socioculturais. Essas condições educacionais produzem não apenas um ensino de péssima qualidade, mas também excluem as trabalhadoras e os trabalhadores das possibilidades de uma vida digna no campo. Esse cenário tem influência direta nas políticas públicas implementadas, principalmente no que se refere à infraestrutura para a educação escolar. Segundo dados do Censo Escolar do Inep (2013), em um período de dez anos foram fechadas 37.776 escolas no meio rural, ou seja, cada vez mais as crianças do campo são empurradas para estudar nas escolas das cidades.

Para minimizar esse número, em 2014 o MEC tinha previsão de construir 3 mil escolas junto às prefeituras que apresentassem projetos arquitetônicos com 2, 4 ou 6 salas de aula, quadras poliesportivas, módulo de administração, salas específicas para educação infantil e alojamento para os docentes. Apesar de muito modesta diante do número altíssimo de fechamento de escolas do campo, a meta já sinaliza um começo, caso essas escolas sejam realmente construídas. Em 27 de março de 2014, o MEC publicou a Lei n. 12.960 alterando a Lei

n. 9.394, de 20 de dezembro de 1996 (LDB), que estabelece as diretrizes e bases da educação nacional. A partir dessa mudança, consta a exigência de manifestação de órgão normativo do sistema de ensino para o fechamento de escolas do campo, indígenas e quilombolas, como vemos a seguir:

> Parágrafo único. O fechamento de escolas do campo, indígenas e quilombolas será precedido de manifestação do órgão normativo do respectivo sistema de ensino, que considerará a justificativa apresentada pela Secretaria de Educação, a análise do diagnóstico do impacto da ação e a manifestação da comunidade escolar. (Brasil, Lei n. 12.960, 2014, p. 1).

A lei entra em vigor na data de sua publicação e é acompanhada de mobilizações dos movimentos sociais do campo contra o fechamento de mais escolas por meio do lançamento da campanha *Fechar escola é crime*.

Analisando os dados da PNERA de 2005 e da concentração de terra na atualidade, pode-se dizer que eles estão diretamente vinculados ao modo de produção que vem sendo implementado pelo sistema capitalista no país. Esse projeto expulsa cada vez mais os pequenos agricultores do campo em função dos interesses econômicos do agronegócio, inchando as periferias das cidades. Os efeitos desse modo de produção são destruidores em muitas áreas rurais do país, o que permite afirmar que, ao mesmo tempo que o Estado cria políticas públicas para a educação do campo, o próprio Estado, ao implementar o seu projeto de desenvolvimento, fecha as escolas do campo.

A educação em pauta no MST – educar as crianças em movimento na luta pela terra

Foram as crianças que colocaram a educação na agenda do Movimento Sem Terra antes mesmo da sua fundação em 1984. Isso se deu pelo fato de que os Sem Terrinha já estavam acampados, junto a suas famílias, no Encruzilhada Natalino,[1] Rio Grande do Sul, em 1981. Kolling (2012 p. 503) afirma que:

> A educação entrou na agenda do Movimento dos Trabalhadores Rurais Sem Terra pela infância, isso se fez pela necessidade do cuidado pedagógico das crianças no acampamento de luta pela terra, aliada à necessidade de acesso ao conhecimento como um direito de todos. Portanto são as crianças que fizeram surgir o trabalho com educação no MST.

No início da formação do MST, na década de 1980, os primeiros debates eram em torno da garantia do direito à educação fundamental para crianças e adolescentes. Em um segundo momento, porém, o MST começou a se preocupar também com a formação dos professores, como coloca Kolling (2014, p. 22):

> Também fomos pressionados a avançar na formação de professores, porque à medida que as escolas foram sendo legalizadas dentro dos assentamentos, o Estado colocava professores contrários à reforma agrária para lecionar. Os filhos voltavam da escola preocupados, pensando que seus pais eram ladrões de terra. Tivemos casos em que as professoras eram esposas ou filhas de latifundiários, que faziam a batalha contrária ao MST dentro da escola.

Camini (2014, p. 3) afirma que:

> O MST, uma organização de trabalhadores, excluídos historicamente dos direitos básicos fundamentais da vida humana, sem saber que chegaria aos 30 anos de história, chama para si a tarefa de cuidar da infância, desde as primeiras ocupações de terras, na década de 1980.

Em 1984 o MST teve a sua primeira escola reconhecida pelo poder público, nomeada Margarida Maria Alves, no assentamento de Nova Ronda Alta/RS. Na década de 1990, a necessi-

---

[1] Em 1981, o acampamento Encruzilhada Natalino, se tornou símbolo da luta de resistência à ditadura militar, agregando em torno de si a sociedade civil que exigia um regime democrático.

dade era a alfabetização de jovens e adultos, por conta da organicidade dos primeiros assentamentos e acampamentos, ou seja, da implementação das cooperativas nos assentamentos. Nesse mesmo período, surgem as primeiras creches (que mais tarde passariam a ser chamadas de Cirandas Infantis) nos assentamentos onde já estava organizado o trabalho coletivo nas cooperativas. Em 1996, surgem as primeiras experiências do movimento de ensino médio técnico, cursos superiores e de pós-graduação.

Em 1987 o MST criou um setor interno para fazer o debate dessa demanda das crianças. Assim, o Setor de Educação nasce com o propósito de elaborar uma proposta de educação por meio do debate coletivo de uma concepção de educação que identificasse o processo de formação humana vivido pela coletividade Sem Terra. A pergunta que orientava os debates, nesse período, era: que escola e que educação queremos para as crianças em áreas de reforma agrária? Outro elemento que essa concepção tinha em seu horizonte era a formação de lutadores e construtores de novas relações sociais. Segundo Kolling (2012), isso levou à reflexão sobre o conjunto de práticas que faz o dia a dia dos Sem Terra, e como se pode aprender com as pedagogias que permitem qualificar a intencionalidade educativa no MST, pondo em posição central as diferentes matrizes constituidoras do ser humano, tais como: o trabalho, a luta social, a organização coletiva e a cultura, elementos que vêm fazendo parte da construção do conhecimento dos sujeitos Sem Terra.

A luta pela terra e pela reforma agrária não se limita à conquista da terra, porém esta é uma das primeiras lutas que se faz, uma luta muito árdua para garantir a sobrevivência e o direito do trabalhador do campo. Nesse processo de luta, o Movimento vem desenvolvendo ações em vários setores, dentre os quais se destacam os projetos educacionais para a construção de uma educação vinculada à vida humana, e isso é considerado como elemento tático para a construção do projeto histórico-socialista. O trabalho de educação com as crianças no MST tem buscado estabelecer referências teóricas e práticas, construindo uma escola aberta para a vida em todas as dimensões sociais e políticas dos trabalhadores e trabalhadoras do campo.

O Projeto Político Pedagógico de Educação do MST, como o próprio nome já expressa, está vinculado ao projeto político do Movimento – que tem por objetivos a luta pela terra, a luta pela reforma agrária e a luta pela transformação da sociedade –, procurando potencializar todas as práticas educativas presentes na luta cotidiana, que nessa concepção se constitui como a grande escola formadora da consciência de classe para emancipação humana.

Com isso, o MST almeja uma educação que tenha no seu centro as pessoas, uma educação preocupada com várias dimensões desses sujeitos, voltada para a cooperação, para os valores humanistas e socialistas e com profunda crença no seu processo de formação e transformação. Essa proposta de educação do MST está delineada em vários documentos produzidos coletivamente pelo Setor de Educação que expressam uma concepção orientada de acordo com os interesses da classe trabalhadora, fazendo com que a implantação da proposta educativa do MST seja permeada por contradições e possibilidades.

A educação é um dos processos de formação humana por meio do qual as pessoas se inserem numa determinada sociedade, transformando-se a si mesmos e a esta sociedade. Nesse sentido é importante reafirmar que a educação deve estar ligada a um determinado projeto político e a uma concepção de mundo. Assim, faz-se necessário ressaltar que, embora o projeto educacional do MST esteja delineado, não está pronto e acabado, mas em permanente construção, sendo vivenciado e recriado no dia a dia nos seus espaços educativos. Conforme o MST (1998), "os processos educativos da sua base social são orientados pelo seu projeto educativo tendo em vista os princípios filosóficos e pedagógicos do Movimento que compõem sua proposta de educação".

Princípios são convicções, formulações, balizas, marcos e referências para o trabalho de educação no MST. Considerando que o Movimento tem uma atuação em quase todo o território nacional (exceto em alguns estados da região Norte); há diferenças significativas a depender da realidade de cada região e de cada estado, mas são os princípios que garantem unidade a essa diversidade. Os *princípios filosóficos* – que são educação para a transformação social; educação para o trabalho e a cooperação; educação voltada para as várias dimensões do ser humano; educação com/para valores humanistas e socialistas; e educação como um processo de formação e transformação humana – dizem respeito à visão de mundo que o Movimento defende, a sua concepção de sociedade, de ser humano e a educação que pretende construir. Os *princípios pedagógicos* – relação entre teoria e prática; combinação metodológica entre processos de ensino e de capacitação; a realidade como base da produção do conhecimento; conteúdos formativos socialmente úteis; educação para o trabalho e pelo trabalho; vínculo orgânico entre processos educativos e processos políticos; vínculo orgânico entre processos educativos e processos econômicos; vínculo orgânico entre educação e cultura; gestão democrática; auto-organização dos/das estudantes; criação de coletivos pedagógicos e formação permanente dos educadores/educadoras; atitude e habilidade de pesquisa; combinação entre processos pedagógicos coletivos e individuais – referem-se ao jeito de pensar e pôr em prática os princípios filosóficos da educação do Movimento, ou seja, é basicamente a reflexão metodológica dos processos educativos que acontecem nos assentamentos e acampamentos.

Estes princípios pedagógicos são essenciais para a implementação da proposta de educação do Movimento, especialmente na parte metodológica dos processos educativos desenvolvidos. Para o MST (1998, p. 17), "a educação deve contribuir para a transformação da sociedade, bem como para a construção de uma nova ordem social, baseada nos pilares da justiça social e nos valores humanistas e socialistas". Dessa maneira, seu projeto educativo apresenta algumas características como:

- educação de classe: uma educação que se propõe em seu projeto educativo a desenvolver a consciência de classe e a consciência revolucionária;
- educação de qualidade: ou seja, na sua trajetória histórica, busca desenvolver uma formação integral dos trabalhadores;
- educação organicamente vinculada ao movimento social: ou seja, uma educação da classe trabalhadora;
- educação aberta ao mundo: que não se fecha na sua própria realidade, ou seja, parte desta para compreender um contexto mais amplo, projetando uma nova sociedade na perspectiva da transformação social;
- educação para a ação: que seja capaz de preparar os sujeitos para intervir na realidade de maneira que transcendam da consciência crítica (denúncia e discussão de problemas) à consciência organizativa (da crítica à ação organizada para intervir na realidade);
- educação aberta ao novo: que possibilite aos sujeitos a construção de novos valores e novas relações sociais.

Além das características citadas, a proposta de educação do MST tem sua centralidade no *Trabalho* como princípio educativo, alimentando as várias dimensões do ser humano. Frigotto (1985, p. 179) afirma que:

O trabalho como princípio educativo deriva do fato de que todos os seres humanos são seres da natureza e, portanto, têm a necessidade de alimentar-se, proteger-se das intempéries e criar seus meios de vida. É fundamental socializar, desde a infância, o princípio de que a tarefa de produzir a subsistência e outras esferas da vida pelo trabalho que é comum a todos os seres humanos, evitando-se, desta forma, criar indivíduos ou grupos que exploram e vivem do trabalho de outros. Estes, na expressão de Gramsci, podem ser considerados – mamíferos de luxo – pessoas que acham natural viver do trabalho dos outros, explorando-os.

Portanto, o *Trabalho*, como princípio educativo, não se resume a uma técnica didática ou metodologia do processo de aprendizagem, mas situa-se na perspectiva da produção social da vida, a qual exige a participação de todas as pessoas na produção de bens materiais, culturais e simbólicos. Nesse sentido, Kosik (1986, p. 72) afirma que "o trabalho é um processo que permeia todo o ser do homem e constitui a sua especificidade". Considerando o trabalho como *práxis*, aquele que possibilita criar e recriar não apenas no plano econômico, mas no âmbito da cultura; criando e recriando o mundo como resposta às múltiplas necessidades humanas. Sobre isso, Freitas (2012, p. 99) chama atenção para os seguintes elementos:

[...] o trabalho produtivo, enquanto uma categoria social e prática social geralmente são desvinculadas da organização pedagógica da escola. Seja porque a concepção que orienta a organização do trabalho na escola separou o sujeito do objeto, a teoria da prática, e cria coisas distorcidas da realidade, ou às vezes um trabalho pedagógico ideal, mas irreal [...], ou porque a escola tem função de legitimar hierarquias sociais através de hierarquias escolares.

Já Lessa e Tonet (2011, p. 18) argumentam que:

Por meio do trabalho, os homens não apenas constroem materialmente a sociedade, mas também lançam as bases para que se construam como indivíduos. A partir do trabalho, o ser humano se faz diferente da natureza, se faz um autêntico ser social, com leis de desenvolvimento histórico completamente distintas das leis que regem os processos naturais.

Ainda sobre a questão do trabalho, Shulgin (2013, p. 90) afirma que o trabalho pedagógico dever ser conforme "as forças dos adolescentes e das crianças e com as particularidades da sua idade e as potencialidades das crianças para que o trabalho tenha efeito e resultado pedagogicamente". Conclui-se, portanto, que nem todo trabalho é um trabalho social. Sobre esse tema, o autor afirma (2013, p. 188):

> No trabalho social as crianças vão aprender no processo, por isso é preciso pesquisar aqueles tipos de trabalhos que são acessíveis, que ensinam, é preciso colocar numa ordem metodologicamente correta para que as crianças experimentem uma diversidade de experiências.

Nesse sentido, pensar e realizar uma educação na qual as crianças e jovens participem de tarefas – compatíveis com sua idade – da produção da vida individual e coletiva, é pensar uma educação das novas gerações numa outra perspectiva. Essas práticas sociais e coletivas para a construção de novas relações de trabalho como produção da vida contrapõem-se à separação feita pela sociedade capitalista entre o trabalho manual e intelectual, separação esta que legitima a exploração de uma classe sobre a outra, por isso não pode se reduzir a uma metodologia didático-pedagógica em sala de aula.

A partir desse entendimento o MST foi traçando uma concepção de que a educação acontece em diversos espaços, como por exemplo, nas marchas, assembleias, escolas e ocupações, compreendendo que cada espaço é educativo e cada escola conquistada é resultado das lutas e mobilizações que o Movimento vem desenvolvendo ao longo da sua história. O ponto de partida desse processo educativo, portanto, é a produção da existência material da vida, que está aliada às experiências de luta. Segundo Araújo (2007, p. 58):

O ato de ocupar e trabalhar a terra, de marchar, de lutar pelo acesso à escola pública, é uma práxis, e essas ações possibilitam à base social do MST a construção de uma identidade coletiva, alterando a situação da propriedade privada. Assim, a prática social das crianças, filhos e filhas de assentados e acampados, bem como a dos seus pais, serve de matéria-prima no processo de educação. A trajetória individual e coletiva das famílias no processo de luta e conquista da terra, os problemas passados, presentes e as perspectivas de futuro permeiam as atividades pedagógicas.

Assim sendo, faz-se necessário considerar as relações sociais e contradições geradas pelo capitalismo – e consequentemente pela luta de classes – como produtoras das contradições de uma educação realizada para a alienação da classe, concepção esta que se opõe a uma educação emancipatória, proposta pelo Movimento. Para o MST, investir em educação é tão importante quanto o gesto de ocupar a terra, compreendendo que educar é um aprendizado coletivo das possibilidades da vida, e as dores e as vitórias são faces e contra faces do mesmo processo. Para a Freitas (2010, p. 97), a escola deve se abrir para a vida:

Se quisermos formar lutadores por uma nova sociedade, haverá que formá-los a partir da realidade das lutas sociais que se encontram na prática social. Teremos que abrir a escola para a 'vida' e impedir o isolamento da escola em relação a esta. Do ponto de vista metodológico, deve emergir desta decisão um procedimento que retire a centralidade da sala de aula e da aula no ambiente formativo do aluno. A sala de aula e a aula são um refúgio seguro contra a vida. A nova forma escolar deve, portanto, estar baseada na vivência da vida, vivência com propósitos formativos e na criação de seus instrumentos de inserção.

Nesse sentido, os princípios que norteiam a proposta de educação do Movimento Sem Terra, além de conceberem a educação de forma ampla, propõem superar a concepção oficial de escola, principalmente se pensarmos no sistema educacional que tem "inclusão" e "subordinação" como faces de um mesmo processo, como coloca Freitas (2010, p. 91):

> A inclusão só é autorizada sob sua forma complementar de subordinação – e para subordinar-se não é necessário que o conteúdo escolar tenha sido sequer assimilado, bastando a vivência e 'adaptação' à forma escolar vigente. A simples inclusão na escola já ensina a partir das relações de poder vivenciadas. Quanto ao conteúdo escolar, está presente em um certo nível que qualifique o aluno como consumidor e, a partir daí suas realidades de classe se incumbem de criar um campo de várias possibilidades de inclusão/exclusão ao longo do sistema educacional.

Antônio Miguel, em seu artigo Infâncias e Pós-Colonialismo também analisa essa questão, afirmando que (Miguel, 2014, p. 863):

> [...] Seria, pois, difícil sustentar que em processos interativos interculturais se possa preservar a pureza original de quaisquer práticas, o que não significa defender ou justificar a aceitação pacífica da subordinação, da imposição e da homogeneização culturais que acompanham práticas imperialistas de certas comunidades em relação a outras.

Essas questões aparecem nas escolas dos assentamentos, pois apesar destas serem escolas do Movimento, estão vinculadas aos estados, municípios, e seu sistema educacional, estabelecendo relações antagônicas e confrontando-se diariamente com a proposta de educação do MST, que contraria a ordem social vigente ao se colocar a serviço dos interesses da classe trabalhadora do campo e vinculada ao projeto de sociedade que esse Movimento vem discutindo.

Observando a proposta de educação do MST, vê-se que esta aponta para a *inclusão* e isso fica claro, por exemplo, quando o Movimento em suas lutas reivindica escolas para todos e todas as Sem Terra, faz parcerias com universidades etc. Além disso, ao *incluir*, a proposta do Movimento também deixa claro, em sua concepção de educação, a possibilidade de libertação, formação e emancipação humana, elementos que não combinam com a subordinação da educação capitalista. Partindo dessa reflexão, pode-se afirmar, então, que existe nas escolas dos assentamentos uma tensão entre o projeto de educação de uma sociedade capitalista e os elementos do projeto de educação e de sociedade que o MST vem construindo na sua base social.

Para Freitas (2010, p. 96), isso ocorre porque:

> Para as classes que dominam, o mundo é adequado e está pronto – devendo apenas ser aperfeiçoado dentro de seus parâmetros atuais de funcionamento. Esta visão contrasta, é claro, com a daqueles que sofrem com a sociabilidade vigente e negam os princípios de funcionamento do sistema capitalista e, para quem, a juventude deve ser preparada para construir uma outra realidade social. Aqui, portanto, o problema é bem mais profundo do que tornar um conteúdo escolar 'mais crítico', ou mais complexo do que 'assegurar acesso ao conhecimento historicamente acumulado pela humanidade'. Criticar o conhecimento e garantir seu acesso é necessário, afinal as classes dominantes sempre se empenharam em sonegar tal conhecimento às classes trabalhadoras, mas está longe de ser suficiente, hoje. Há que se garantir tudo isso, entretanto, fora dos parâmetros da subordinação previstos na escola capitalista para os filhos dos trabalhadores, pois, afinal, queremos formar sujeitos históricos, portanto, com capacidade para lutar (por uma nova sociedade) e construir (a partir de agora tal sociedade nos limites das contradições sociais existentes).

Essas contradições identificadas devem ser compreendidas no contexto de hegemonia da escola capitalista e das inúmeras limitações que ela nos coloca ao pensar uma nova forma de organizar a escola. Desse modo, o aprofundamento teórico aliado à luta social são condições imprescindíveis para a superação das limitações com que hoje o MST se depara em seu projeto de educação. Para Araújo (2007, p. 316):

> Na luta para organizar a educação escolar, o MST esbarra numa série de condições institucionais imposta pelo estado burguês. No contexto atual não se submeter a tais condições é organi-

zar-se sem a tutela do Estado, o que deixa o Movimento numa condição de substituição do Estado em suas funções públicas. Ocorre que o Estado é um provedor de direitos, o que significa dizer que ele garante o direito, mas não garante a emancipação. Assim, ao limitar a luta pelo acesso à educação escolar no âmbito apenas dos direitos, os esforços do MST se encerram nos limites dos direitos e não na emancipação.

Nesse sentido, a proposta de educação do MST vem produzindo uma pedagogia própria que põe em movimento diversas matrizes pedagógicas. Para Caldart (2000), a Pedagogia do Movimento é uma teoria pedagógica ligada à vida e à organização social das massas, como também à vida social dos trabalhadores, que é marcada por tensões, conflitos e contradições próprios da formação cultural de uma sociedade pautada pela valorização do capital e não das pessoas. Caldart (2000, p. 87), define a Pedagogia do Movimento Sem Terra como:

> o jeito através do qual o Movimento Sem Terra vem, historicamente, formando o sujeito social de nome Sem Terra e que, no seu dia a dia, educa as pessoas que dele fazem parte, cujo sujeito educador principal é o próprio movimento. Olhar para este movimento pedagógico nos ajuda a compreender e a fazer avançar nossas experiências de educação.

A autora chama atenção para outras dimensões educativas para além da escola quando fala no Movimento como educativo, isto é, sugere que a educação se dá em vários espaços para além da escola: no cotidiano de trabalho e convivência nos assentamentos e acampamentos, nos processos de luta, na participação nas várias instâncias do Movimento, encontros, assembleias, marchas, indo além dos espaços e das práticas educativas sistematizados, organizadas e planejadas, como a escola, e os cursos. Caldart (2000), em seu estudo sobre o MST, afirma que o Movimento, na sua trajetória histórica de luta pela terra, pela reforma agrária e pela transformação da sociedade, ao colocar em movimento a sua pedagogia, aciona várias matrizes pedagógicas, as quais listamos abaixo:

A matriz da pedagogia da luta social

Tudo se conquista com luta e a luta educa as pessoas. Ser Sem Terra significa estar em permanente luta, e a luta pela terra é marcada pelo confronto direto, e é neste confronto coletivo que vai se consolidando um aprendizado coletivo. Nos estudos de Caldart (2000, p. 87), ela afirma que "os Sem Terra se educam à medida que se organizam para lutar, se educam também por tomar parte de uma organização que lhes é anterior, quando considerados como pessoa ou família específica". Nesta perspectiva, a pedagogia da luta social se consolida na medida em que está intimamente vinculada à pedagogia da organização coletiva, de modo a se tornar uma cultura do coletivo que ultrapassa a vida da organização e a esfera da luta política, atingindo a vida social dos indivíduos em sua totalidade.

A matriz da pedagogia da organização coletiva

Essa matriz perpassa a organização do trabalho pedagógico das escolas dos assentamentos do MST, garantindo que as experiências de lutas dos educandos sejam incluídas nas atividades de ensino, pesquisas e vivências educativas, porém, ela, constitui um desafio para as inúmeras escolas do Movimento espalhadas pelo Brasil afora, que são permanentemente bombardeadas pelas políticas educacionais mercadológicas, implementadas pelos governos estaduais e municipais. Apesar disso, consideramos que os processos de transformação social são os que fazem a história, e eles são obra de sujeitos coletivos, ou seja, enraizados em uma coletividade, e não apenas indivíduos. Portanto, esta matriz pedagógica apresenta também as diferentes formas de cooperação desenvolvidas nos acampamentos e assentamentos, a partir dos princípios, valores e objetivos da organização, visando trabalhar e lutar por um novo jeito de fazer o desenvolvimento do campo.

A matriz da pedagogia da terra

Essa matriz é a dimensão de como os Sem Terra do MST se educam na sua relação com a terra, com o trabalho e com a produção. A terra é ao mesmo tempo o sentido da luta do Movimento e de existência dos sujeitos da luta política. A terra que se quer conquistar é lugar de trabalhar, produzir sua existência, morar, viver e morrer (voltar à terra) e também cultuar os mortos, principalmente aqueles feitos na própria luta para conquistar a terra. Assim, a Pedagogia da Terra vincula-se também à tradição do trabalho como práxis educativa, visando superar a relação com a terra e o trabalho apenas como fontes de sobrevivência imediata, ou seja, produzir para se alimentar. Segundo Dalmagro (2010, p. 70):

> O esforço do Movimento tem sido no sentido de organizar os trabalhadores rurais para reatualizar a práxis do trabalho e sua relação com a terra, a saber, não reproduzindo as práticas e usos dos agrotóxicos, uso da monocultura, e cuidado com as sementes como patrimônio da humanidade.

Nesse sentido, o Movimento está permanentemente encharcado de contradições, e não tem sido fácil explicar para os trabalhadores uma nova forma de produção, como por exemplo as experiências de produção orgânica e agroecológica, bem como a organização da produção coletiva. Aqui se situa mais um desafio para o Movimento, que consiste em intensificar o processo de humanização das relações sociais com a produção de alimentos nos assentamentos e acampamentos.

A matriz da pedagogia da cultura

Ela se materializa no jeito como os Sem Terra se educam, produzindo um modo de vida defendido pelo Movimento. De acordo com Caldart (2000), a Pedagogia da Cultura se traduz no modo de vida, na coletividade reproduzida e refletida nos acampamentos e assentamentos, nas marchas, escolas, ocupações, encontros, cursos de formação etc. Esta cultura está marcada pela prática dos valores, das relações sociais, da mística, pela simbologia expressa na arte, nos gestos, apontado no projeto educativo do Movimento. Esse vínculo com a questão da cultura se entrelaça com os princípios educativos e experiências de organização dos trabalhadores.

O MST reafirma a necessidade de haver intencionalidade em todas as atividades educativas. Em seu desenvolvimento histórico, o Movimento buscou superar os limites de ser apenas uma organização de massas, buscou um trabalho político-organizativo como força cultural, objetivando formar *intelectuais orgânicos*, qualificando militantes e dirigentes trabalhadores e trabalhadoras, seus filhos e suas filhas, ou seja, toda sua própria base social. Atualmente, o processo de escolarização da base social do Movimento, principalmente em nível superior, vem sendo organizada por intermédio de convênios com instituições públicas.

O MST e outras organizações que compõem a Via Campesina[2] têm diversos cursos em convênio com várias universidades do Brasil, dos quais podemos citar como exemplos: 17 cursos de Pedagogia da Terra (7 finalizados e 10 em andamento no momento da pesquisa); 1 curso de Ciências Agrárias; 2 cursos de História da Terra; 3 de Direito da Terra; 1 de Geografia; 3 de Agronomia; 4 de Letras; 1 de Veterinária; 3 de Licenciatura em Educação do Campo; 1 especialização em Educação do Campo; 1 especialização em Educação de Jovens e Adultos. Além destes, destacam-se aqueles de nível Médio, como: Magistério,

---

[2] Via Campesina é uma organização internacional de camponeses composta por movimentos sociais e organizações de todo o mundo. A organização visa articular os processos de mobilização social dos povos do campo em nível internacional.

Agroecologia e Saúde, com 10, 6 e 3 cursos respectivamente. Para Morissawa (2001, p. 239):

> A continuidade da luta exige conhecimentos tanto para lidar com assuntos práticos, como financiamentos bancários e aplicações de tecnologias, quanto para compreender a conjuntura política, econômica e social. Arma de duplo alcance para os sem terra e os assentados, assim a educação tornou-se prioridade no Movimento.

Neste sentido, os processos de organização e luta do MST pela democratização da propriedade da terra – o que inclui o acesso à educação a seus membros –, permite a formação de *intelectuais orgânicos* da classe trabalhadora, processo este que faz parte da essência do Movimento. Embora essa formação seja realizada em um contexto contraditório, como já apontado, ela pode acumular elementos para a construção de outra ordem social distinta da sociedade capitalista.

Segundo Mészáros (2008, p. 48), "apenas a mais ampla das concepções de educação nos pode ajudar a perseguir o objetivo de uma mudança verdadeiramente radical, proporcionando instrumentos de pressão que rompam a lógica mistificadora do capital". Essa luta do MST pelo acesso ao conhecimento socialmente acumulado, como já adiantamos, caminha lado a lado com a luta pela terra, como um bem necessário à sobrevivência e resistência dos homens, mulheres, jovens e crianças do campo e, nesse contexto, é importante ressaltar que o acesso ao conhecimento acumulado não desvincula os militantes do Movimento de suas funções de dirigentes, mantendo viva a cultura da organização e o seu projeto histórico a partir da luta de classes.

A matriz da pedagogia da história

É uma matriz pedagógica que brota do cultivo da *memória* para a valorização da *história, sendo* um esforço coletivo para registrar e cultivar esses dois elementos. A reflexão parte de que o Movimento em seu processo de formação vem trabalhando o resgate histórico da luta do povo, não apenas porque precisa ter conhecimento de todas as lutas já realizadas, mas que delas serão extraídas lições, contradições, possibilidades, aprendizados, acertos, e erros para aproveitar o saber acumulado no processo de formação das novas gerações. Assim, estudar a história é enraizar-se nela, saber que ela existe e fazer-se parte dela. Araújo (2011, p. 108) afirma que:

> A Pedagogia do MST se constrói no movimento concreto das ações com crianças, jovens, homens e mulheres sem terra em luta. Ela articula a educação no seu sentido amplo, com um novo projeto de campo e de sociedade buscando fortalecer as possibilidades criativas e emancipatórias, e busca romper com valores que legitimam os interesses das classes dominantes que constrói e reproduz relações de opressão, subordinação e exploração produzindo uma sociedade mais desigual de toda a história da humanidade.

É com esse entendimento que o MST vem desenvolvendo algumas experiências educativas, e entre elas as Cirandas Infantis, no sentido de ir construindo alternativas que atendam às necessidades das crianças, que sempre estão colocando a educação no debate do Movimento e da classe trabalhadora. Assim, o processo de formação vivenciado pelas crianças nas cirandas infantis está vinculado ao projeto de educação do MST na prática da coletividade e na realidade vivenciada pelas crianças.

Momentos históricos da Ciranda Infantil no MST – brincando, pulando, lutando, vamos todos cirandar

O Movimento Sem Terra começou a organizar as Cooperativas de Produção Agrícola (CPAs) nos assentamentos entre os anos de 1989 e 1996. Para isso, todas as pessoas dos assentamentos eram convidadas a participar do processo, sendo a renda da cooperativa dividida entre os seus sócios conforme o número de horas trabalhadas de cada um. No início deste trabalho, foram organizados os laboratórios de produção.[3] O trabalho dos laboratórios de produção era realizado por frentes, como por exemplo: o trabalho no pomar, na horta, no roçado, na administração e no cuidado com os animais.

Estas frentes de trabalho eram organizadas conforme a realidade de cada assentamento. Como o objetivo maior era gerar renda paras as famílias, houve um debate sobre a participação das mulheres nos laboratórios de produção. Para propiciar a participação feminina no processo de produção dos alimentos, alguns setores foram reivindicados pelas mulheres, como por exemplo: o refeitório coletivo e a creche para os Sem Terrinha. Faria (2006, p. 284), que realizou um estudo sobre a pequena infância, educação e gênero, afirma que:

> é o ingresso em massa das mulheres no mercado de trabalho e o movimento feminista que vai exigir creches para dividir com a sociedade a educação de seus filhos e filhas, articulado aos movimentos sindicais e das esquerdas. Num primeiro momento, nos anos 1970, a luta é por uma creche para nós, as mulheres: 'tenho direito de trabalhar, estudar, namorar e ser mãe. Sem creche não poderei curtir todos eles'. O prazer do convívio das crianças nas primeiras creches (ditas) selvagens, italianas e francesas, por exemplo, levou pesquisadoras feministas a observarem como são as crianças quando estão fora da família, o que levará, nos anos 1980, o próprio movimento feminista a levantar a bandeira também de creches para as crianças pequenas e não só para suas mães trabalhadoras. A primeira orientação para a educação das crianças em creches realizada no Brasil foi feita pelo Conselho Nacional dos Direitos da Mulher (CNDM) e pelo Conselho Estadual da Condição Feminina (CECF) denominada 'Creche-urgente'.

---

[3] De acordo com Clodomiro S. Morais (1986), o laboratório de produção, é um ensaio prático e real no qual se busca introduzir em um grupo social a consciência organizativa, de que se necessita para atuar em práticas organizadas coletivamente.

> Hoje, conquistamos, já no papel, tanto o direito trabalhista dos 'trabalhadores e trabalhadoras, rurais e urbanos' para que seus filhos e filhas sejam educados/as em creches e pré-escolas, como o direito de todas as crianças de 0 a 6 anos de serem, por opção de suas famílias, educadas fora da esfera privada por profissionais formadas para isso (e não antecipar a escola obrigatória).

Para Faria (2005), a creche era uma conquista para as mulheres que desejavam, além da maternidade, o direito de viverem outras experiências. Nas palavras destas mulheres, a creche era vista como um local que favoreceria a concretização destes desejos. Segundo a autora (2005, p. 132) "é a creche que vai garantir o direito de ser mãe, trabalhar, estudar e namorar e, para as crianças, a creche representa um local que possibilita o convívio com as diferenças, tanto em relação a seus pares quanto em relação aos adultos".

Assim, do ponto de vista do MST, é a participação das mulheres na produção de alimentos que cria a necessidade de viabilizar um espaço próprio para as crianças. É importante salientar que, nesse período, a centralidade do debate nas cooperativas no interior do Movimento não eram as crianças e nem as mulheres, mas o debate econômico, ou seja, a necessidade de integrar o trabalho das mulheres nas cooperativas, as quais reivindicaram a necessidade de "creches".

Segundo Arelaro (2005), nessa luta pelas creches, as mulheres do campo, que levam suas crianças para o local de trabalho, também já demonstram sua insatisfação. A autora (afirma (2005, p. 43):

> As mulheres do campo têm cobrado do poder público uma posição mais explícita em relação aos direitos mínimos das crianças do campo. Tem cobrado um local para levar suas crianças quando as mesmas estão no trabalho. Elas nos 'checam' ao perguntar se nossas pesquisas indicam que é culturalmente interessante, e do ponto de vista pedagógico recomendável, que uma criança

com menos de um ano de idade permaneça debaixo de uma bananeira, com fralda de pano, sem espaço e condições de trocada, sem água nem alimentação, permanecendo o tempo todo na cestinha, não podendo se mexer ou brincar, para que a mãe cortadora de cana ou colhedora de algodão dê conta de suas tarefas.

Com esse entendimento de que as crianças precisam ter um lugar próprio para brincar, se relacionar etc., é que nas cooperativas foram criados os setores de creches e refeitórios, para dar condições às mulheres Sem Terra participarem do trabalho coletivo, viabilizando o processo produtivo do assentamento. cabe ressaltar que a experiência de cooperativas se deu mais acentuadamente nas regiões Sul e Sudeste do país.

O Movimento, em seu processo de organização da produção de alimentos, foi desenvolvendo várias experiências de cooperação e, segundo Neto (2003, p. 85-86), esse processo apresentou as seguintes etapas:

— *Núcleos de Produção:* são as formas de produção mais primárias em que os meios de produção, a terra e o planejamento ainda são basicamente individuais;

— *Grupo Coletivo:* é um estágio mais avançado, pois a terra, os meios de produção e o planejamento do trabalho ficam sob o controle do coletivo;

— *Associação:* nesta forma de organização a ação se dá basicamente na prestação de serviços em que, por exemplo, as máquinas são adquiridas em grupos. A terra permanece individual e os meios de produção são mistos;

— *Cooperativa de Prestação de Serviços:* servem para comercializar, prestar assistência técnica, viabilizar os serviços com as máquinas, oferecem cursos de formação política e capacitação técnica para organizar e beneficiar a produção. Nesta organização os meios de produção estão sob o controle da cooperativa;

– *Cooperativa de Produção Agropecuária:* diferem das outras na sua essência, pois é uma empresa de gestão, produção e trabalhos coletivos. A terra fica sob o controle do coletivo e a cooperativa deve estar localizada em área estratégica e ter um plano de desenvolvimento. Todos os meios de produção estão sob o controle da cooperativa e é esta que centraliza o plano de produção.

Em entrevista realizada em abril de 2013 Delwek Matheus, dirigente nacional do MST do Estado de São Paulo afirma:

> Todas estas etapas de organização coletiva foram experimentadas pelas famílias assentadas, tinha grupos que se organizaram para a compra de máquinas, outros para viabilizar a comercialização ou compra de sementes, todas as famílias participavam de alguma forma da cooperação agrícola. Somente a partir de 1989 que criou as CPAs, ou seja, as Cooperativas de Produção Agropecuária.

Bihain (2001, p. 27) relata que, no início, as cirandas infantis aconteciam em:

> uma casa sem divisórias e sem o mínimo de estrutura para acolher as crianças, para alimentá-las, para oferecer-lhes seus horários de sono, seus momentos de lazer e de brincar. Enfim, era um espaço sem atrativos, sem ocupações, sem conforto. O atendimento era feito por crianças maiores e algumas jovens educadoras leigas.

No Estado de São Paulo foram realizados dois laboratórios de produção: um deles em 1994, quando se instalou a Cooperativa de Produção Agropecuária Vó Aparecida (Copava), na regional de Itapeva. Essa cooperativa, bem como a ciranda infantil, se encontra em pleno funcionamento. O outro laboratório ocorreu em 1992 na regional de Promissão onde se deu a fundação da Cooperativa de Produção Agropecuária Padre Josimo Tavares (Coopajota). Essas duas experiências tiveram a implementação da ciranda infantil como um dos setores da cooperativa.

É importante ressaltar que nesse período MST vivia um momento histórico muito difícil, pois a prioridade era construir coletivamente uma infraestrutura, manter as pessoas nos assentamentos e construir uma organicidade viável, através da qual sua base social pudesse participar das tomadas de decisões do Movimento.

Por esse contexto, o debate interno no MST se centrava em outros temas que não necessariamente a participação das crianças na coletividade, apesar de haver uma preocupação com essa questão. Em algumas cooperativas isso era visível até pelo espaço que era reservado para a creche, sempre o que sobrava, ou seja, o que não servia para nada. Às vezes, os educadores e as educadoras precisavam pintar, lavar, bater o chão quando não tinha piso, tampar os furos das paredes, e outros reparos para deixar o espaço mais habitável para receber as crianças. No entanto, é importante ressaltar que, mesmo com toda essa dificuldade, os educadores e as educadoras participavam do debate da cooperativa e tinham consciência dos objetivos da organização, e que assim, o trabalho com as crianças já tinha como norte a coletividade.

As educadoras, em sua maioria, eram mães e sócias das cooperativas, com escolarização até o ensino médio, algumas vezes incompleto. Como não havia um espaço muito adequado para as crianças, a sombra de uma árvore, a pracinha do assentamento, o campo de futebol e o parquinho sempre eram disputados por meninos e meninas para se divertir e inventar novas brincadeiras. Por conta da falta de espaço adequado, a maior preocupação dos educadores e das educadoras nesse período era proteger as crianças para não se machucarem, caírem, brigarem etc.

No período de 1996 a 2000, o MST avança no debate de sua proposta de educação. É um período intenso, tanto de elaboração quanto de formação dos educadores e educadoras das escolas de assentamento. Assim, em 1996, numa reunião do Setor Nacional de Educação, em Santos/SP, quando a 5ª turma do magistério estava concluindo seu curso, foram realizadas as primeiras discussões sobre a educação infantil no MST.

Nessas discussões, surgiu a necessidade de formar um coletivo para conduzir esse debate e ir elaborando alguns materiais que ajudassem na prática educativa das cirandas infantis. Também houve uma grande preocupação com a formação dos educadores e educadoras, para que conhecessem algumas propostas educativas que mais se aproximavam do ideário pedagógico que o Movimento vinha desenvolvendo.

Assim se formou a Frente de Educação Infantil. O MST organizou a ida das pessoas que compunham essa frente a Cuba, para conhecerem a experiência de educação infantil daquele país. A prática pedagógica de Cuba foi uma das inspirações para o início do trabalho com as crianças no setor de educação em muitos estados. Todo esse período foi anterior à definição de como se chamariam esses espaços, que chegaram a ser denominados de *Círculos Infantis*, inspirados na experiência cubana.

Entre os anos de 1996 e 1997, muito foi debatida nos estados a proposta de educação infantil e também o nome que levaria o espaço dedicado à educação das crianças. Foi em uma reunião do Setor de Educação Nacional, no ano de 1997, que se decidiu que esse espaço se chamaria Ciranda Infantil.

O nome de Ciranda Infantil foi sendo construído coletivamente, e a justificativa que fortaleceu essa escolha foi que o termo *ciranda* remete à cultura popular, presente nas danças, nas brincadeiras e nas cantigas de rodas. Remete também à cooperação e à força simbólica do círculo, vivenciada pelas crianças no coletivo infantil. Assim sendo, as creches dos assentamentos e acampamentos foram, aos poucos, sendo substituídas tanto nos projetos político-pedagógicos quanto na identificação por Cirandas Infantis. Nas discussões que se seguiram, foram definidos dois tipos de Cirandas: as Cirandas Infantis Permanentes e as Cirandas Infantis Itinerantes. Segundo Bihain (2001, p. 30):

> O nome Ciranda Infantil não surge por acaso, ele surge expressando aquilo que o MST sonhava para as crianças das áreas de assentamento e acampamentos no que se refere aos processos educativos para essa faixa etária. O nome ciranda nos lembra criança em ação. E essa ação dá-se na brincadeira coletiva. Vai além do brincar junto, pois é um espaço de construção de relações através de interações afetivas, de solidariedade, de sociabilidade, de amizade, de fraternidade, de linguagem, de conflitos e de aprendizagem.

Definido o nome de Ciranda Infantil, o Movimento Sem Terra passou a refletir sobre os próximos desafios a serem superados, como por exemplo, pensar no material pedagógico no sentido de orientar a prática dos educadores e educadoras em uma proposta político-pedagógica infantil e, também, na formação dos educadores. Segundo Caldart (1997, p. 56-57):

> No caso da educação infantil no MST as educadoras geralmente mulheres (mas já com alguma presença masculina) têm sido pessoas da própria comunidade, que voluntariamente ou através das discussões coletivas, passam a organizar um espaço educativo para as crianças pequenas, tentando superar uma prática da 'creche como depósito de crianças'. Não costumam ter escolarização maior do que o 1º grau completo e na maioria das vezes iniciam um trabalho sem um processo de formação específico até pelo engatinhar dessa frente no setor de educação do MST.

No intuito de superar esses desafios, foram organizadas várias oficinas de produção de materiais, tais como, livros de histórias infantis, músicas infantis, brinquedos, e grandes encontros de educadores e educadoras infantis nas cinco regiões do país, onde iniciamos a elaboração da proposta pedagógica da educação infantil no MST. Neles, produzimos alguns materiais para a orientação da prática pedagógica e aprofundamos o debate sobre a educação no MST, como por exemplo, o *Caderno de Educação n. 12,* sobre a educação infantil, lançado em 2004.

Com a participação das mulheres na luta, instâncias, direções, cursos, reuniões, congressos, marchas, enfim, no processo de luta pela terra, surge a necessidade de organizar as Cirandas Itinerantes. O estado do Ceará foi um dos primeiros a iniciar esta experiência. As reuniões do Setor de Educação e da Direção Estadual eram compostas, em sua grande maioria, por mulheres que tinham filhos. A saída encontrada pelo MST do estado, portanto, foi organizar a Creche Itinerante Paloma, cuja prática impulsionou as Cirandas Itinerantes no movimento em geral.

De 28 a 31 de julho de 1997, ocorreu o 1º Encontro Nacional dos Educadores e das Educadoras da Reforma Agrária (Enera) no *campus* da Universidade de Brasília (UnB). A organização teve a seguinte formatação: em um período, ocorriam as grandes plenárias, nas quais se discutiram os temas centrais do encontro, e, no outro, aconteciam os trabalhos em miniplenárias, organizadas por frentes do Setor de Educação, para discussões específicas. Em cada Grupo de Trabalho (GT), havia a presença de educadores especialistas nas áreas de trabalho para ajudar na reflexão de cada tema e no debate. Assim, projetou-se o trabalho de cada frente do Setor de Educação.

O lema trabalhado no Enera foi: "Movimento Sem Terra: com escola, terra e dignidade". Este lema assumiu, com mais força, a educação como um direito a ser construído e conquistado pelos assentados e acampados. A partir do encontro, alguns desafios foram apontados, tais como:

- A organização do espaço, no sentido de melhorar o desenvolvimento das atividades pedagógicas;
- Desencadear a formação dos educadores e educadoras: estes revelaram que pouco conheciam sobre o mundo da

criança e que tinham uma dificuldade imensa para as brincadeiras, as cantigas de rodas etc.;

– O planejamento feito pela coordenação para ser desenvolvido na ciranda foi praticamente abandonado. Tal ação gerou a discussão de que, para as próximas cirandas, o planejamento deveria ser elaborado com os educadores e educadoras.

Alguns debates importantes se fizeram necessários na implementação das cirandas infantis como um todo. Rossetto (2011, p. 90) aponta três questões importantes presentes nesses debates:

> A primeira questão diz respeito à participação das mulheres no trabalho, pois neste momento, especialmente o Setor de Produção era composto quase que somente por homens. Esta experiência leva o Movimento a discutir a participação da mulher no trabalho e na organização.
>
> A segunda questão a ser analisada, nas cooperativas, é a vivência no coletivo, pois até então, os assentados tinham experimentado no Movimento algumas ações coletivas, tais como: mutirões para as construções de moradias, plantio, colheita. Assim, se formavam os grupos coletivos e se organizavam as atividades. Ao vivenciar e ajudar a organizar as cooperativas, os assentados passaram também a vivenciar mais a coletividade.
>
> A terceira questão refere-se ao trabalho coletivo, pois, até então, os assentados na sua maioria, realizavam o trabalho individual nos seus lotes. Com a implementação das cooperativas, as pessoas assentadas são levadas a trabalhar coletivamente. Isso implica em planejamento da produção, o planejamento dos gastos e as decisões sobre o que plantar.

A experiência da Ciranda Infantil surge lado a lado com o debate de temas importantes como gênero, trabalho e coletividade. É assim que ela vai se tornando um lugar de referência para as crianças, para as famílias, mas principalmente para as mães trabalhadoras dos assentamentos. Também é importante frisar que é por meio da participação no coletivo infantil que as crianças se sentem parte do MST e participam do processo de luta pela terra. Segundo Lüedke (2013, p. 78-79):

> A Ciranda é um espaço de referência para as crianças que permite a compreensão do projeto de sociedade que o MST vem construindo, através dos valores, da luta, da coletividade, da intencionalidade pedagógica, por meio dos quais elas se sentem parte do Movimento. O envolvimento das crianças pequenas no MST [...] permite que elas passem de testemunhas da luta para sujeitos do processo, com uma identidade própria de crianças dentro da identidade do sem terra.

É importante ressaltar que as crianças Sem Terra trazem as marcas, sinais e influências vivenciadas nessa sociedade capitalista, mas ao mesmo tempo demonstram, na sua participação na luta pela terra juntamente com suas famílias, possibilidades de transformação dessa sociedade. A Ciranda Itinerante tem sua origem na participação das mulheres nas instâncias, direções, cursos, reuniões, congressos, marchas, enfim, no processo de luta pela terra. nos quais as crianças participam junto com seus responsáveis. A Ciranda Itinerante possibilita a participação das crianças na luta pela terra, como afirma Alves (2001, p. 205):

> A luta pela terra é uma luta em família, e a presença das crianças cria novas necessidades para a organização do Movimento. Assim, o espaço e a vivência no acampamento passam, obrigatoriamente, a envolver não somente adultos, mas, necessariamente, novos sujeitos: as crianças. Todo esse processo vai materializando a preocupação do Movimento e do Setor de Educação com esses novos sujeitos, que não são passivos, muito ao contrário, aprendem a mobilizar-se e a indignar-se com o sofrimento e a luta de seus pais e passam, também, a incorporá-la; certamente que não na mesma dimensão que os adultos.

Retomando, então o histórico traçado neste trabalho, durante o processo de constituição das Cirandas Infantis permanentes e itinerantes no MST, alguns fatos podem ser destacados no processo histórico dessa prática educativa com os Sem Terrinha, como mostra o quadro a seguir.

Resumo dos fatos históricos que foram constituindo a Ciranda Infantil no MST

Ano	Fato Histórico
1987	Fundação do Setor de Educação Nacional do MST em reunião no Espírito Santo
1990	Criação de creches nas cooperativas – Região Sul e Sudeste
1992	Criação da Copajota e a Creche de Promissão/SP – que funcionaram até em 1997
1994	Criação da Coopava e da Creche em Itapeva/SP, (atualmente Ciranda Ana Dias) – Tanto a cooperativa quanto a Ciranda funcionam até os dias de hoje
	I Congresso infanto-juvenil no Rio Grande do Sul
1996	Primeira discussão sobre a educação infantil no MST, em Santos/SP, na última etapa da 5ª turma do Magistério.
	Criação da Frente de Educação Infantil no MST
	Aprendizado com a experiência dos círculos infantis cubanos
	I Encontro dos Sem Terrinha, no Estado de São Paulo
	I Creche Itinerante no Ceará – Paloma
	Definição do nome desse espaço – as Cirandas Infantis.
1997	I Enera – Encontro Nacional de Educadores e Educadoras da Reforma Agrária e I Ciranda Infantil Itinerante, com 80 crianças.
	Publicação do Boletim de educação Educação n. 7, com o título Educação infantil: Construindo uma nova criança.
	Iterra – criação da Ciranda Infantil "Pequeno Colibri".
1997/98	Seminários e oficinas de formação de educadores e educadoras infantis, em cinco grandes regiões do Brasil.
1998/99	Construção dos parques infantis alternativos inicialmente no estado de Pernambuco e logo em outros estados.
1998	I Conferência de Educação do Campo – Ciranda Infantil com 85 crianças vindas de diversos movimentos sociais do campo.
	I Turma de Pedagogia da Terra – Turma Salete Strozake – e Ciranda Infantil Sementinha da Terra.
2000	IV Congresso do MST e II Ciranda Infantil Itinerante, com 320 Sem Terrinhas.
2003	ENFF – criação da Ciranda Infantil "Saci Pererê".
2005	Marcha Nacional –e Ciranda Infantil "Pezinhos na Estrada", com 130 crianças.
	II Conferência de Educação do Campo – Ciranda Infantil com 122 crianças do campo vindas de diversos movimentos sociais que lutam pela terra.
2007	I Seminário Nacional da Infância do MST, na ENFF, com o tema: Qual é o lugar da infância Sem Terra? – Participaram diversos setores do movimento como o de frente de massa, produção, formação gênero, cultura e juventude.
	V Congresso do MST – Ciranda Infantil Paulo Freire (1000 crianças).
2008	Publicação do I Jornal Sem Terrinha.
2009	I Revista Sem Terrinha.
	Diretrizes Curriculares Nacionais para a Educação Infantil, no parágrafo 3º do artigo 8 explícita a educação infantil do campo.

2010	Ciranda Infantil Dom Tomas Balduíno – São Paulo, com 75 crianças.
	I Seminário Nacional de Educação Infantil do Campo.
2011	Publicação do Caderno da Infância n. 1 Educação da Infância Sem Terra.
	Acampamento Nacional da Via campesina – Ciranda Infantil Paulo Freire.
2014	Lançamento do CD 3 – Plantando Cirandas.
	VI Congresso do MST – Ciranda Infantil Paulo Freire, com 800 Sem Terrinha.
2015	II Enera – Ciranda Infantil Paulo Freire, com 45 crianças.
	I Feira Nacional da Reforma Agrária – Ciranda Infantil Paulo Freire, 25 crianças.

O protagonismo das crianças e sua participação nas Cirandas Infantis dos Movimentos Sociais do Campo

Como já mencionado, na Marcha Nacional pela Reforma Agrária realizada em maio de 2005, de Goiânia a Brasília, participaram 130 crianças de diversos Movimentos Sociais, na *Ciranda Itinerante: Pezinhos na Estrada, Sem Terrinha estudando.* Nessa caminhada, as educadoras e educadores enfrentaram diversas dificuldades, dentre as quais o número insuficiente de educadores e a infraestrutura precária para atender às necessidades e aos deslocamentos. Sobre isso Pires (2011, p. 43) coloca:

> Uma das características fundamental da Ciranda Itinerante é a superação das adversidades, da própria condição de precariedade enfrentada pelos Sem Terra, tanto nos espaços físicos como na dificuldade de formação dos educadores. Mesmo com essas intempéries, o conteúdo produzido no cotidiano da luta, instrumentaliza os educadores sem terra a lidarem com as dificuldades minimizando-as em função de uma questão maior e mais concreta: a formação dos Sem Terrinha.

Ainda que com essas dificuldades, as crianças participaram da ciranda da marcha, caminhando junto com seus pais e criando um significado todo especial para a luta. Ângelo, dirigente do Setor de Formação do MST resume o significado da experiência em entrevista no dia 27 de setembro de 2013, realizada na Escola Nacional Florestan Fernandes (ENFF):

Para mim a experiência da ciranda da marcha foi inédita, pois não sei se já aconteceu uma experiência dessas, na história do Brasil. Imagine 12 mil pessoas e crianças marchando. Isso só foi possível porque foi organizada a Ciranda para que, no fim do dia, não tivesse caso de crianças perdidas; isso quer dizer que crianças, para o MST, é coisa séria. Por mais que a Ciranda teve muitos problemas, vejo que essa ciranda foi um caso inédito até para nós do MST, pois foi naquele momento, que nós enquanto dirigentes, nos demos conta que as crianças também eram sujeitos que construíam a marcha junto com nós, ou seja, a marcha não era só com os adultos, as crianças estavam lá fazendo história.

Edgar Kolling, dirigente nacional do setor de educação do MST, em entrevista realizada em 12 de dezembro de 2013, também na ENFF, afirma que o MST não tinha se preparado para receber tantas crianças, e isso foi um limite para a organização naquele momento. Segundo ele:

Nossa infraestrutura para a ciranda estava muito a desejar, talvez pensando que não fossem aparecer crianças na marcha, mas ao contrário, tinha bastante. Isso deu um choque no MST. Mas o impacto maior não foi tanto a falta de infraestrutura, pois nos acampamentos não é muito diferente, mas o que impactou muito os dirigentes do MST foram os maus-tratos sofridos pelas crianças, pois ficou visível para a organização o cuidado que os pais tinham com as crianças. Isso projetou o seminário e o debate no conjunto do MST sobre a infância sem terra. Nesse sentido, considero que a ciranda da marcha de 2005 foi um fato que levou o Movimento a olhar com mais cuidado para as crianças Sem Terrinha e pensar ações para essa infância em movimento, isso não só no Setor de Educação, mas no conjunto da organização.

Para Rosana Fernandes, dirigente nacional do setor de educação, entrevistada em 14 de setembro de 2013, na ENFF, a ciranda da marcha de 2005 deixou várias lições, especialmente que:

Precisamos cuidar fisicamente e politicamente das crianças, pois os sinais de maus-tratos nas crianças da marcha eram visíveis e fiquei perguntando o que estão fazendo com as crianças em nossos acampamentos? O Movimento não deu conta de organizar uma infraestrutura para a quantidade de crianças que estava na marcha; o que tinha era insuficiente, por isso no processo, o Movimento teve que correr atrás, mas isso deixou uma lição para nós: que o Movimento não pode mais organizar qualquer que seja uma atividade e não pensar a Ciranda Infantil, pois hoje no MST as crianças vêm e esperam que tenham um espaço organizado com qualidade para elas. Por isso, vejo que precisamos manter esse debate sobre infância sem terra, pois compreendemos que a Ciranda Infantil possibilita que as crianças desde bem pequenas sintam-se sujeitos desse processo na luta pela terra.

As dificuldades vivenciadas pelas crianças que foram evidenciadas na ciranda itinerante da Marcha de 2005, levaram o Movimento a olhar mais para os Sem Terrinha e a se perguntar qual o lugar deles no MST. Para Arenhart (2007, p. 10):

> Uma vez que a condição de sem terra envolve toda família, no MST o lugar da criança não é outro se não o da própria luta; e é nesse contexto educativo que se engendram também grande parte das experiências de suas infâncias. Desse modo, pensar a infância no MST requer admitir que não existe uma realidade homogênea que a caracteriza, uma vez que condicionantes como classe, etnia, cultura e gênero colocam as crianças em confronto com diferentes experiências socioculturais [...]. Contudo, pode-se identificar que alguns elementos são comuns na constituição das experiências socioculturais das crianças que estão envolvidas na luta pela terra, como a condição de viverem suas infâncias no contexto do mundo rural, pertencerem à classe trabalhadora e fazerem parte do MST. Esse último elemento talvez seja o que mais as identifica enquanto coletividade e mais as diferencia em relação às outras crianças – que também vivem no meio rural e da mesma forma pertencem à classe trabalhadora. Mais do que ser filho e filha de acampados e assentados, a participação vai possibilitando também a construção de uma identidade coletiva, quando passam a perceber-se como Sem Terrinha.

Com esse entendimento foi que o MST começou um debate mais aprofundado sobre a infância sem terra em suas instâncias: Direção Nacional, Coordenação Nacional e nos vários setores, como: frente de massa; cultura; saúde; produção, cooperação e meio ambiente; comunicação; educação etc. A realidade vivenciada pelas crianças na ciranda infantil da marcha, portanto, contribuiu para que o debate da educação fosse, mais uma vez, colocado na agenda do MST.

As crianças sem terra, muitas vezes, chamam atenção pela sua fragilidade (desnutrição), gerando a morte nos primeiros anos de suas vidas. Ou, em outros momentos, nos confrontos com a polícia, nos despejos violentos, ou ainda, sendo motivo para desencadear campanhas de arrecadação de alimentos para que elas não morram de fome. Segundo Barros (2013, p. 177):

> As crianças moram, vivem, brincam, pulam e choram nos acampamentos do MST, desde o início de sua organização, são vítimas de intensa violência por parte do Estado brasileiro [...] como também pela polícia e pelos grandes latifundiários que se diziam donos das terras ocupadas pelas crianças e suas famílias. A história da luta pela terra no Brasil é também a história das crianças dessa luta.

Assim, observa-se que cirandas itinerantes têm um papel fundamental para a participação das crianças na luta pela terra, mesmo quando apresentam várias limitações e desafios, mas os valores da solidariedade, do companheirismo, do respeito pela vida, e do trabalho coletivo, valores estes vivenciados no coletivo infantil nas cirandas, mostram sua viabilidade e importância.

De acordo com Pires (2011, p. 42-43):

> Esse processo de formação humana fornece contribuições para a educação, atestando que o processo de apreensão e construção dos conhecimentos resulta de saberes socialmente construído e, por vezes, ressignificados pelo sujeito, imerso na luta cotidiana. [...] O Movimento dos Trabalhadores Rurais Sem Terra 'gesta', efetivamente, uma nova forma de educar baseado em valores como a solidariedade, companheirismo, a cooperação, respeito à natureza. Esse processo de formação é vivenciado pelo Sem Terrinha, desde tenra idade, para entenderem o momento histórico

e as suas causas sociais, políticas e econômicas que configuram em nosso país.

Os Sem Terrinha têm na sua realidade a presença pedagógica do Movimento, que no processo educativo e formativo vai dando elementos para que as crianças se constituam enquanto sujeitos do processo histórico. É com essa realidade que os movimentos sociais do campo vêm se preocupando, principalmente com esse tempo da vida infantil e, nesse sentido, vão construindo espaços pedagógicos onde as crianças possam se encontrar, criar, brincar, inventar. Rossetto (2009, p. 94) afirma que:

> A Ciranda Infantil se configura como um espaço de encontro, de criação, de invenção, de recriar, de imaginar, como também se configura em espaço de construção do coletivo infantil, no qual as crianças aprendem a dividir o brinquedo, o lápis, o lanche, a luta, a compartilhar a vida em comunidade. Assim, as crianças vão se constituindo como sujeitos lúdicos, ressignificando seu brincar e suas relações sociais.

A Ciranda Infantil do MST tornou-se uma referência nacional e internacional para as organizações campesinas. Com as experiências dos cursos de formação (formais e informais) realizados em vários espaços da organização, o MST procura garantir a ciranda infantil e, assim, ela se tornou uma referência para outros movimentos sociais como: o Movimento dos Atingidos por Barragens (MAB), o Movimento dos Pequemos Agricultores (MPA) e o Movimento dos Trabalhadores Sem Teto (MTST). Passou a ser referência, também, para alguns movimentos que compõem a Via Campesina Internacional como: o Movimento Nacional Campesino Indígena (MNCI), da Argentina, e a União Nacional dos Camponeses (UNAC), de Moçambique. Ramos (2013, p. 21) afirma que "ter se tornado uma referência reforça o caráter de criação de novas formas de relação intergeracional com a infância, que extrapolam o âmbito do MST e orientam os demais movimentos no trato com a infância".

Os cursos formais realizados pelo MST em conjunto com os movimentos sociais que compõem a Via Campesina, e em parceria com as universidades, também criaram a possibilidade desses outros movimentos começarem a olhar para suas crianças e organizar o espaço da Ciranda Infantil.

No curso da Pedagogia da Terra, realizado em conjunto com a Universidade Federal de São Carlos (Ufscar), as estudantes da Organização das Mulheres Assentadas Quilombolas do Estado de São Paulo (Omaquesp) começaram a organizar a ciranda infantil em seu assentamento e outros a ciranda itinerante em suas reuniões, cursos, encontros etc. "Organizar a Ciranda foi um desafio, mas conseguimos mobilizar as mães e os pais das crianças e no fim tudo deu certo, pois todos colocaram a mão na massa em prol do espaço das crianças" (Gisele e Jeniffer).[4] Segundo elas, só conseguiram restaurar o espaço da *Ciranda Formiguinhas*, graças à mobilização de algumas mães e pais, que mostraram a importância desse espaço infantil e conseguiram o apoio da Prefeitura Municipal para garantir a merenda escolar e materiais pedagógicos, como também conseguiram envolver várias pessoas da comunidade, que se dispuseram a realizar atividades pedagógicas com as crianças. Gisele e Jeniffer disseram: "Estamos no início, sabemos dos desafios, por isso, precisamos buscar ajuda mais especializada para pensar este processo de formação das crianças". É importante ressaltar que nesse assentamento não existe escola, assim, a Ciranda torna-se peça fundamental para esse processo de formação, segundo Maria Estélia, é dirigente do Setor de educação do estado de Rondônia e edu-

---

[4] Gisele e Jeniffer eram estudantes da I turma do curso de Pedagogia da Terra em parceria com a Ufscar. Anotações de caderno de campo durante a apresentação dos seminários dos estágios de educação infantil, em fevereiro de 2011. Atualmente estamos com a II turma de Pedagogia da Terra, com 50 estudantes, em parceria com a mesma universidade.

cadora infantil do MST entrevistada no dia 14 de setembro de 2013, na ENFF:

> A Ciranda, além de ser esse espaço educativo, é um espaço formativo, a criança que passa pelas cirandas se apropria de elementos da luta mais do que crianças que não passaram pela ciranda mesmo em conhecimentos gerais. Para mim, ela é esse espaço da invenção, criação de brinquedos e brincadeiras de trabalho coletivo organizado. É na Ciranda Infantil que as crianças têm contato com os primeiros elementos da formação, numa perspectiva da emancipação humana.

Outro elemento a ser trazido é que outros movimentos também incorporaram a prática das cirandas para dentro de suas organizações. As Cirandas Infantis que acontecem nas atividades da Via Campesina, nesse sentido, são um grande desafio para o MST, que se converteu em referência para outras organizações e suas crianças, que também começam a participar de forma mais organizada da luta pela terra, consolidando um processo de formação das novas gerações. O Movimento dos Atingidos por Barragens (MAB) em seu *Caderno Pedagógico* (2008, p. 43), afirma que a organização desse espaço cria a possibilidade de "participação das mães e das crianças nos encontros, pois enquanto os adultos participam das discussões e pensam as intervenções necessárias para um novo projeto de sociedade, as crianças encontram no mundo lúdico um momento de descontração e também de formação".

No Encontro Nacional do MAB, realizado entre os dias 2 e 5 de setembro de 2013, no estado de São Paulo, teve a presença de aproximadamente 2.800 atingidos e atingidas por barragens de 17 estados do Brasil, além de organizações internacionais de 20 países. Na ciranda infantil do encontro estiveram presentes aproximadamente 150 crianças entre 0 e 12 anos de idade. Segundo Daiane Carlos, dirigente do setor de formação do MAB entrevistada no dia 14 de setembro de 2013, na ENFF, as crianças contribuíram para a construção do Encontro, pois, em seus dias na Ciranda, "Os pequenos passaram os dias do encontro brincando, se divertindo, pintando e também pensando, dentro de seus pontos de vista da infância, o que querem para um mundo melhor. Elas foram a energia do Movimento".

Para as crianças, a ciranda foi uma festa, como podemos ver nas falas de Ana Paula e Mariana respectivamente, durante o encontro em entrevista no dia 2 de setembro de 2013:

> Hoje já brinquei de roda, pulei corda, brinquei de boi, joguei peteca, pintei, ouvi histórias, ah, e comi um lanche delicioso.
> Eu estou adorando a Ciranda, gostaria que na minha comunidade tivesse esses encontros para nós crianças poder brincar juntas.

Daiane Carlos, ainda na entrevista citada, afirma que "durante os quatro dias de encontro discutiu-se com as crianças a importância da água e da energia para que elas, desde pequenas, compreendam que a energia é um bem público, é um bem de todos". Fazia parte, portanto, das atividades pedagógicas da ciranda proporcionar o contato das crianças com os debates e pautas do movimento do qual fazem parte. É importante salientar que o discurso das grandes empresas ao construírem uma barragem, é que esta será para o desenvolvimento do país, entretanto, as famílias atingidas não têm acesso a esse desenvolvimento. Ao contrário, depois da construção de barragens muitas famílias perdem suas casas e seguem sem acesso a eletricidade ou pagando altas tarifas; assim, as promessas de desenvolvimento para todos da região não se concretizam, são para poucos.

Dessa forma, as crianças percebem o avanço das grandes empresas no campo, colocando, do jeito delas, como veem este fato: "Antes tinha as árvores para subir, a escola, as casas, o parquinho, agora não tem mais; as árvores estão caídas, não têm escolas, não têm mais nem crianças para brincar porque a barragem tomou conta de tudo".

Ao refletir sobre esse processo, pode-se afirmar que o avanço das grandes empresas no campo afeta diretamente a vivência da infância, período tão importante da vida. Com esse entendimento, as crianças escreveram uma carta onde apontam seus direitos, pedem ajuda aos adultos e dizem que estarão sempre por perto.

A *Carta das Crianças Atingidas por Barragens* afirma:

> Nós, crianças atingidas por barragens, participando do Encontro Nacional, vindos do norte, nordeste, centro-oeste, sudeste e sul, deste imenso Brasil, queremos dizer que o encontro também é nosso. Na Ciranda, nestes dias, fizemos muitas atividades, muitas brincadeiras e muita diversão. Também discutimos os direitos das crianças atingidas por barragens. Nesta carta queremos expressar a importância das crianças e de seus direitos:
> 1. Educação de qualidade;
> 2. Na escola ter merenda boa e educadores para nos ensinar;
> 3. Alimentação saudável, sem agrotóxicos, com muita fruta, verdura e de vez em quando uns docinhos;
> 4. Ter terra para plantar e casa para morar. Que tenha espaço para a gente brincar do mesmo jeito ou melhor do que a gente tinha antes da barragem;
> 5. Precisamos ter parquinhos para a gente se divertir;
> 6. Nossos rios livres e limpos para podermos nadar e brincar muito.
> Então, pedimos que vocês, que são grandes, nos ajudem e nos ensinem como garantir esses direitos e outros mais. E podem contar com as crianças atingidas que estaremos por perto e, claro, lá na ciranda.
> São Paulo, 4 de setembro de 2013.
> (Crianças do MAB a lutar por um projeto energético popular).

Com toda essa riqueza, verifica-se que cada ciranda infantil organizada pelos movimentos sociais é uma conquista, no sentido de potencializar o processo de formação das novas gerações, pois a participação das crianças na luta também é um espaço de formação para meninos e meninas desses movimentos sociais, que afirmam e reafirmam o seu compromisso com a transformação social desde bem pequenos. Marcos, sem terrinha do Paraná, em entrevista no dia 29 de setembro de 2013, diz:

> A Ciranda é um espaço de fazer novos amigos, de conhecer outros estados, até com crianças de outros países. Na Ciranda nós temos a possibilidade de participar mais ativamente da vida do Movimento, pois os temas estudados e as brincadeiras fazem a gente entender melhor como nosso Movimento é organizado, faz a gente entender a sociedade, entender também a bandeira de luta do MST.

É no dançar a ciranda, de mãos dadas, dedos entrelaçados, e com um emaranhado de ideias, que as crianças se juntam para fazer girar a história. Seja através de brincadeiras, seja na contação de histórias, seja na participação na luta, as crianças interagem entre elas e com os adultos, expressam as suas opiniões sobre a luta, sobre a escola, sobre a ciranda infantil, enfim, sobre a sociedade, dando pistas das mudanças necessárias a serem feitas, pensando na transformação da realidade.

A Ciranda Infantil Paulo Freire no VI Congresso do MST – Sem Terrinha na luta pelo direito à educação

Considerando a relação já explicitada entre os processos formativos da Ciranda Infantil e a sua inserção na luta pelo direito à educação, se faz relevante mencionar algumas manifestações realizadas pelo Movimento no Ministério da Educação (MEC), em Brasília, com a participação das crianças. A primeira foi uma audiência com o então ministro da educação, Paulo Renato de Souza, durante o governo de Fernando Henrique Cardoso, em março de 1999. Essa audiência ocorreu como parte das atividasdes do Encontro dos Sem Terrinhas, e foi aberta com uma fala da sem terrinha Joelma, expressou: "queria pedir para vocês, por favor, que olhem com carinho esta pauta de reivindicações que nós, Sem Terrinhas, trouxemos hoje para o MEC".

Uma segunda audiência acorreu como parte das atividades da Ciranda Itinerante Paulo Freire, no V Congresso do MST, que ocorreu de 11 a 15 de junho de 2007. Nessa situação, as crianças foram recebidas pelo então ministro da educação, Fernando Haddad. Segundo Rossetto (2009), nessa audiência as crianças apresentaram as demandas da Educação do Campo, tais como: Cirandas, parques infantis, escolas em assentamentos, melhoria dos prédios das escolas etc. E cantaram os gritos de ordem: "Bandeira, bandeira, bandeira vermelhinha, o futuro da nação está nas mãos dos Sem Terrinha", e "Brilha no céu a estrela do Che, nós somos Sem Terrinha do MST!". Rossetto (2009, p. 109) relata que:

> Uma comissão de crianças leu a pauta e entregou ao ministro e, antes mesmo deste se pronunciar, formou-se uma fila de crianças pedindo a palavra para falar sua reivindicação. Como exemplos, destacamos: Matheus (6 anos) reivindicou a construção de Cirandas Infantis nos assentamentos e denunciou a dificuldade de acesso às escolas. Lucas (9 anos), reivindicando a construção de vias (estradas) de acesso às escolas, além de recursos para a educação de jovens e adultos. Maria Clara (6 anos) queria área de lazer, brinquedoteca, parque infantil e quadras de esporte no assentamento onde vive. Paula (8 anos), reivindicou construção de mais escolas nos assentamentos, e pediu mais recursos para educação de jovens e adultos.

As crianças colocaram do seu jeito as dificuldades enfrentadas no seu dia a dia, as péssimas condições dos ônibus, as discriminações sofridas, as limitações na formação dos professores, como elas eram tratadas nas escolas, e reivindicaram que escolas sejam construídas nos assentamentos dentro outras já citadas.

Esse fato foi uma grande lição para os próprios educadores da Ciranda Infantil, pois, muitas vezes, os adultos duvidam da capacidade das crianças e querem prepará-las e orientá-las sobre como elas devem se comportar nesses momentos, principalmente em se tratando de uma reunião com uma autoridade para negociar a pauta de reivindicação, e esquecem que as crianças vivem essa realidade todos os dias.

Outro episódio a ser citado foi o dia 25 de agosto de 2011, quando as crianças que estavam acompanhando seus pais no Acampamento Nacional da Via Campesina – que tinha como objetivo intensificar a luta pela terra e cobrar do governo a realização da reforma agrária – dirigiram-se para a terceira audiência com o Ministério da Educação para exigir melhorias na educação do campo. O então ministro, também Fernando Haddad, recebeu uma comissão de crianças que colocou suas dificuldades para estudar e pediu medidas do governo para impedir o fechamento de escolas e a construção de novas unidades no campo. Segundo Ramos,[5] "nessa audiência as crianças colocaram a pauta de reivindicação delas, mas não sentimos nenhuma sensibilidade por parte do ministro, com toda essa realidade vivida pelas crianças no campo".

Refletindo sobre as três audiências, embora cada uma tenha sido bem diferente da outra, podemos afirmar que todas elas foram pensadas pelo MST e Via Campesina no sentido de dar voz e escutar as crianças. Apesar disso, nessa terceira audiência o Poder Público, representado pelo ministro da educação, ignorou a pauta de reivindicações, a voz, e o protagonismo das crianças do campo.

---

[5] Márcia Mara Ramos é dirigente do setor de educação do estado de São Paulo; Trecho de entrevista realizada na Secretaria Nacional do MST, no dia 29 set. 2013.

Após o histórico de audiências com o MEC já relatado, nos centraremos agora no VI Congresso do MST, realizado em fevereiro de 2014, onde foi montada a Ciranda Itinerante Paulo Freire, com 850 crianças de 0 a 12 anos e 300 educadores e educadoras. Como parte da preparação para essa atividade, foi organizado um curso de formação com todas as pessoas que fizeram parte da coordenação da ciranda infantil. Vale destacar que a infraestrutura para a ciranda favoreceu a organicidade de seus núcleos de base. Assim, os educadores e educadoras tiveram melhores condições para pensar em atividades para essa coletividade, tendo como princípio o processo da formação humana.

Dessa forma, foram planejadas atividades pedagógicas específicas para cada núcleo de base e atividades coletivas para todas as crianças, tais como: assistir peças de teatro, tarde cultural, aniversário dos 30 anos do MST, lançamento do CD *Plantando Ciranda 3* e uma ocupação do MEC – que será melhor descrita adiante. Os temas trabalhados foram os mesmos do VI Congresso, expressos no lema: *Lutar! Construir a Reforma Agrária Popular*, contemplando a temática do pertencimento ao MST, a identidade do movimento e, a luta pela reforma agrária. Esses temas foram trabalhados de diferentes formas pela ciranda, como peças de teatro, músicas, poesias, desenhos, brincadeiras, painéis e cartazes. Em todas essas atividades foram retratadas a realidade do campo e trabalhou-se muito com as crianças a ideia do direito de viver e estudar no campo. Além dessas atividades, as crianças produziram um manifesto à sociedade, reproduzido a seguir:

MANIFESTO DOS SEM TERRINHA À SOCIEDADE BRASILEIRA

Nós somos Sem Terrinhas de acampamentos e assentamentos de todo o Brasil e estamos participando do VI Congresso Nacional do MST e da Ciranda Infantil Paulo Freire. Viemos protestar pelos nossos direitos, por Reforma Agrária e lutar por um Brasil melhor.

Tem gente que tem preconceito com os Sem Terra e com os Sem Terrinha. Nos acampamentos e assentamentos do MST tem animais, pessoas, escolas, árvores e plantações. A plantação é muito importante para nós, não tem como viver sem alimentos.

O agronegócio é apenas uma monocultura, é uma coisa que só planta uma lavoura. Para que as plantas não estraguem é preciso usar muito veneno, que trazem doenças e perda da qualidade da comida. No agronegócio tudo é mercadoria!

Já nos acampamentos e assentamentos, plantamos para comer e para vender para o povo da cidade. É uma policultura, há várias plantações e criações de bichos. Lá tem macaxeira, feijão, milho, melancia, galinha, bode, gado e suíno. E não precisa usar veneno, porque com a criação de bichos, pode diminuir bastante os besouros e as lagartas que estragam as plantações. As terras são todas roçadas para poder plantar.

Mas queremos um assentamento melhor, que tenha saúde, divertimento e escolas. As atividades feitas nas escolas têm que melhorar, pois não dá pra ser assim. Existem muitas escolas que não estão dentro dos nossos acampamentos e assentamentos e não tem transporte para nos levar.

O transporte é muito difícil, porque quando precisa ir para a escola da cidade é preciso andar muito para conseguir chegar no ponto de ônibus. Quando chove não tem ônibus e faltamos na aula. Queremos que o transporte não vá para lugares muito longe.

Somos dos acampamentos e assentamentos e queremos que lá no campo tenha escola. Precisamos de uma educação melhor. Queremos que nossos professores e professoras sejam do assentamento para que não faltem muito. Como é difícil o transporte entre a cidade e o campo os professores acabam faltando e os alunos perdendo aula.

Queremos também uma alimentação saudável para que nós, os estudantes, não passemos mal na escola. Em nossas escolas precisamos de atividades extracurriculares, fazer da escola um lugar de lazer, aberta para a comunidade nos finais de semana. Precisamos de cursos de informática, piscina de natação, quadra esportiva e muito mais.

> Nós, os Sem Terrinha, estamos chamando os outros Sem Terra, os amigos do MST e o povo para ajudar a conquistar nossos direitos e cobrar isso do MEC.
> Como a luta não é fácil, precisamos de mais gente!
> Sem Terrinha pelo direito de viver e estudar no campo!
> Brasília/ DF – 10 a 14 de fevereiro de 2014.

O ministro não teve opção, desceu até os Sem Terrinha, recebeu sua pauta de reivindicações e ouviu a leitura de seu manifesto para a sociedade brasileira.

Após ouvir a leitura, o ministro afirmou que ia trabalhar para "reduzir as desigualdades entre a educação no campo e a educação urbana; queremos que vocês tenham melhores condições para a educação no campo".

Ao observar o manifesto pode-se perceber que este é um documento de reivindicação de direitos básicos, tais como: ter escola de qualidade no assentamento e acampamento, o direito à terra para plantar alimentos saudáveis, ter direito a comida etc., como também um documento de denúncias como, por exemplo, do preconceito sofrido pelas crianças Sem Terra nas escolas das cidades.

Analisando as várias audiências com diferentes os ministros da educação sem grandes resultados, foi organizado, no marco do VI Congresso, o ato de ocupar o MEC, um momento único para as crianças da ciranda infantil, pois demonstrou para a sociedade e para o ministério que no campo existem crianças de distintas idades, incluindo 50 bebês, que estavam na mobilização reivindicando seus direitos. Como disse a dirigente do Movimento em PE, Flavinha, sobre seu filho: "Pedro, ao descer do meu colo, pegou sua bandeirinha do MST, produzida no dia anterior para a mobilização, levantou-se, procurou um espaço com terra e a 'fincou' dizendo 'pronto, está ocupado' e depois bateu palmas". Enquanto isso, a grande plenária do congresso, com 15 mil delegados, quando soube da ocupação no ministério, aplaudiu a luta das crianças.

Os 850 Sem Terrinhas e 300 educadores e educadoras chegaram ao prédio do ministério por volta das 10h É importante salientar que o ministro queria receber somente uma comissão das crianças, como das outras vezes, mas elas se recusaram e exigiram que ele descesse até onde estavam concentradas.

Além disso, os Sem Terrinha, com seus pés e mãos pintados de distintas cores, deixaram uma mostra da arte infantil camponesa nas paredes do MEC. Ao final, por volta de 12h, todos e todas retornaram à Ciranda Infantil Paulo Freire, com muita alegria, euforia e satisfação de dever cumprido. No retorno, consegui ouvir algumas conversas entre as crianças dizendo:

> Meus colegas, quando eu falar que ocupamos o MEC, eles não vão acreditar, vão ficar pedindo para contar como é o ministério. (Rafael, 6 anos – anotações do caderno de campo – dia 12 de fevereiro de 2014).
> Eu adorei fazer essa ocupação no MEC, foi diferente de outras lutas que já participei, foi uma luta pelos nossos direitos da educação. Ah, sem falar que os palhaços estavam bem divertidos eu brinquei muito com eles. (Pedro, 9 anos – anotações do caderno de campo – dia 12 de fevereiro de 2014).
> Minha escola está precisando de reforma, está caindo aos pedaços, está muito ruim mesmo. Sem falar do ônibus escolar que está cada vez pior. (Ana Luiza, 7 anos – anotações do caderno de campo – dia 12 de fevereiro de 2014).
> Na minha escola falta tudo, às vezes falta até merenda, faltam muitas coisas, brinquedos, nós junto com as professoras que fizemos um parque infantil de pneus que é muito bom, brincamos muito nele. (Maria Clara, 8 anos – anotações do caderno de campo – dia 12 de fevereiro de 2014).

A mobilização no Ministério da Educação foi muito importante, no sentido de dar visibilidade às crianças do campo no pensar e fazer as políticas públicas, espaços onde elas muitas vezes são invisibilizadas. Levar as crianças ao MEC, portanto, foi uma forma de demonstrar para a sociedade que elas existem e têm direito de viver e estudar no campo, com qualidade de vida.

Essa atividade demonstrou a enorme capacidade de organização dos educadores e educadoras em conjunto com as crianças, pois, além de todo o cuidado, foi preciso um coletivo grande de pessoas adultas para fazer toda a segurança das crianças, como também uma equipe de médicos, para qualquer eventual acidente com os Sem Terrinha. Na volta, muitos jornalistas queriam entrevistar as crianças e essas estavam querendo conversar entre elas, falar do seu feito, sua arte, suas peraltices na ocupação. Mesmo assim, um jornalista insistiu com uma menina que descansava junto com suas colegas e perguntou para ela:

– Como é seu nome?
– Maria Alice, do assentamento Che Guevara.
– Você estuda?
– Sim
– Então você está perdendo aula?
– *Não, lutar também é uma forma de estudar,* respondeu, e saiu correndo dizendo:
– Ninguém me pega, ninguém me pega. (Maria Alice, 9 anos – anotações do caderno de campo – dia 12 de fevereiro de 2014).

A resposta de Maria Alice, além de querer se livrar do jornalista, pode ser analisada de outra maneira, pois, como ela mesma respondeu, lutar também é uma forma de estudar. Ela tem razão se entendermos que todo o processo da ida ao MEC proporcionou às crianças pensarem na elaboração do manifesto, na produção dos cartazes e bandeirinhas para levar no ato, na forma coletiva de se organizar para embarcar e desembarcar nos ônibus etc. A resposta de Maria Alice, além disso, pode ser analisada como uma denúncia de que para estudar no campo é preciso lutar para ter acesso a uma escola de qualidade.

Considero, assim, que foi um profundo processo de aprendizado tanto para as crianças quanto para os educadores e educadoras. Ao chegarem de volta à ciranda, havia se formado um corredor de pais e mães que esperavam as crianças para aplaudi--las por estarem na luta. Alguns comentavam:

> Ah, meu filho de 2 anos e meio e já participou na luta pelo seu direito, eu só fui para luta depois de adulta, estou muito feliz por ele ter já participado, ir conhecendo nossa realidade da luta.
> Eu achei essa mobilização das crianças muito boa, pois as escolas delas são esquecidas pelo Poder Público, quem sabe assim elas serão lembradas.
> Meus dois filhos participaram, estou ansiosa para ver o que eles vão falar.
> Todas as crianças participaram, até os bebês, só assim podemos cobrar as escolas de educação infantil para elas no assentamento e fazer valer seus direitos. (Anotações do caderno de campo – 12 de fevereiro de 2014).

A mobilização proporcionou às crianças experimentarem mais intensamente a pedagogia da luta misturada às brincadeiras, ou seja, lutar e brincar faz parte da formidável escola da vida, na qual as crianças experimentam desde bem pequenas o processo de formação humana que constrói outra realidade no campo. Como disse Sandra:[6] "a gente brinca, chora, ri, pula, briga, mas estamos sempre unidos na luta".

As atividades pedagógicas vivenciadas pelas crianças baseiam--se na prática da coletividade, na realidade vivenciada por elas no meio em que estão inseridas. Elas participam do processo de luta pela terra e desenvolvem os valores da coletividade que contribuem para seu processo de formação, o que se manifestam nas atitudes cotidianas, na família, na ciranda, na escola e no grupo social no qual convivem como coloca. Freitas (2009, p. 93-95) sobre a chamada *pedagogia do meio*:

---

[6] Sandra é uma mãe de uma criança Essa fala foi colhida durante na Ciranda Infantil Paulo Freire do VI Congresso do MST de 10 a 14 fev. 2014

A pedagogia do meio é colocada como referência na construção do coletivo, que só pode ser aprendido por meio da própria vivência da vida coletiva. Portanto, a pedagogia do meio diz respeito à criação de um novo patamar de desenvolvimento humano, social, político e, dessa forma, uma nova relação com a própria natureza. Ela passa necessariamente pela superação do capitalismo – Forma social que exacerba o lado individual das pessoas na forma de um individualismo destrutivo do meio social e natural. A pedagogia do meio envolve uma concepção materialista-histórica-dialética de mundo, que se entende a formação do ser humano enquanto um sujeito histórico que desenvolve no interior de sua materialidade, seu meio, sua atualidade, tendo a natureza como cenário e a sociedade humana como parceira solidária de seu próprio desenvolvimento histórico, por meio de suas lutas e de suas construções. [...] O sujeito e seu meio; o meio e seu conhecimento; o sujeito e suas lutas; o sujeito e seu conhecimento; o sujeito e seu trabalho; os sujeitos e seu meio com suas contradições – motor do desenvolvimento histórico, motor da construção de uma nova sociedade comunista, pela via da transição socialista, instrumento imperfeito sujeito a erro, mas também com seus acertos, forçando a roda da história a girar segundo os interesses e anseios da classe trabalhadora do campo e da cidade, como classe que tem futuro histórico.

Assim sendo, é importante afirmar que as atividades pedagógicas desenvolvidas nas cirandas infantis consistem em vivenciar concretamente a vida social e suas contradições, e criar possibilidades de superação para produzir outros conhecimentos, pensando o processo de formação em sua totalidade. A Ciranda Infantil enquanto projeto pedagógico existe desde 1996, ou seja, há 18 anos essa experiência vem sendo implementada nos assentamentos e acampamentos e, nesse período, muitas delas foram organizadas em circunstâncias muito diversas, como por exemplo debaixo da lona preta, debaixo de árvore, na cabana de palha, em casas de alvenaria, em barracos de tábuas ou nas casas das famílias, funcionando em período integral, somente nos fins de semanas, ou meio período. Todas elas, apesar de toda essa diversidade têm como norteadores das suas atividades pedagógicas os princípios da proposta de educação do MST. Camini (2012, p. 3) afirma que "esses são sinais visíveis de que o Movimento foi sensível e ousado ao criar e consolidar esses espaços para as crianças que estão na luta junto às suas famílias". Cristina Vargas, do setor de educação do MST, ressalta: "trabalhamos para que as crianças Sem Terra sejam sujeitos no nosso Movimento, que tenham voz ativa nesse processo de luta pela terra e pela transformação da sociedade".

Assim, podemos dizer que o MST não se imobilizou frente a realidade e as contradições com as quais se confrontou, e ainda se confronta. Os limites e desafios colocados ao Movimento foram sendo superados com luta, garra, criatividade e muita mobilização, sempre priorizando que as crianças acampadas e assentadas pudessem participar da luta junto com suas famílias.

Entretanto, com o passar do tempo e com todo o trabalho desenvolvido com as crianças nos assentamentos, as cirandas enfrentam novos desafios. Pode-se afirmar que o MST, a medida que avança com o processo histórico das Cirandas Infantis, vai descobrindo que essa experiência coloca outros desafios que precisam ser pensados com mais profundidade, por exemplo que tipo de educação se faz necessária para a formação da infância Sem Terra e como educar e cuidar dos Sem Terrinha pensando o processo de formação vivenciado na perspectiva da emancipação humana.

Assim, esses debates sobre as Cirandas Infantis ganham força, visibilidade e provocam no MST uma preocupação coletiva na busca pelas condições necessárias para que as crianças tenham o direito à participação no processo de luta pela terra enquanto sujeitos que também constroem esse Movimento, mas também na busca de qualificar cada vez mais formação dos educadores e educadoras infantis. Esse debate também envolve o direito das mulheres Sem Terra de participarem das instâncias, de estudar e pesquisar, de ir às reuniões e congressos, mas acima de tudo, um reconhecimento enquanto mães, trabalhadoras Sem Terra, dirigentes e militantes de um movimento social que lutam pela transformação da sociedade.

Analisando a experiência da Ciranda Infantil e o debate colocado no processo histórico esta experiência chamam atenção do MST para algumas questões problematizadoras, como: Que tipo de educação queremos para as crianças pequenas? Que tipo de escola? Qual a formação necessária ao educador, educadora? Quem são os responsáveis pelas crianças? Qual o papel da família? Que tipo de organicidade dos assentamentos e acampamentos é necessária para fortalecer as novas relações sociais, valores, posturas, e quais são os saberes necessários para a construção do projeto de sociedade defendido pelo MST? Quais as necessidades sociais das crianças Sem Terra, e com fazer a formação delas desde a pequena infância? Estas são questões que vão se apresentando no percurso de cada ciranda infantil nos assentamentos e acampamentos, e o Movimento, para superar esses desafios, começa a dar especial atenção a sua *organicidade interna*.

Assim, para analisar o funcionamento da Ciranda Infantil, é preciso olhar para a realidade do MST e como ele organiza sua base social nos assentamentos e nos acampamentos. O Movimento, para garantir a participação de toda sua base social, organiza-se em núcleos de base, setores, brigadas, direção (regional, estadual, nacional) coordenação (regional, estadual, nacional) e Congresso Nacional. Dessa maneira, a participação ativa dos membros se dá em diferentes níveis e instâncias, formando assim a organicidade do Movimento. Os documentos do MST/ Iterra (2004, p. 40) descrevem que a:

> Organicidade é a relação entre cada uma das partes de um todo, como se fosse um corpo vivo, entre si e com o todo. Ninguém pode perder a noção do conjunto, e isto só é possível quando se

sabe como funciona, a finalidade de cada uma das partes do todo e qual o seu papel em vista dos objetivos estratégicos da organização. Embora as tarefas sejam diferentes, as partes têm a mesma importância.

Isto se refere à forma como o MST vem organizando a participação ativa das pessoas que compõem a sua base social. Segundo Bogo (1999, p. 31):

> Essa participação se dá nos núcleos de base; o funcionamento dos setores, com seus coletivos através de planos de atividades nas divisões de tarefas; na coordenação e na direção efetiva do conjunto do Movimento, nas suas instâncias, essa é a forma mais eficiente até o momento de ir eliminando os aspectos espontâneos e ingênuos da consciência dos camponeses.

Ainda segundoBogo (1999, p. 137-138):

> Essa participação nos coletivos contribuirá para que o indivíduo dê os primeiros passos na formação de uma nova consciência social a partir da prática de novos hábitos e valores e através da organicidade e de sua própria participação, adquira a consciência política, fazendo com que se empenhe, agora não mais para transformar os aspectos da realidade que o cerca, mas toda a realidade que concentra injustiças e opressões dos seres humanos.

Nesse sentido, da mesma forma que o Movimento elaborou uma organicidade interna para organizar sua base social, também as cirandas infantis organizam suas práticas educativas seguindo a mesma lógica. A composição em núcleos de base, por exemplo, vem sendo efetivada de acordo com o número de crianças que estiverem participando da ciranda infantil, mas também consideram-se alguns critérios, como a idade e o gênero, tendo por objetivo principal possibilitar a sua auto-organização. A composição dos núcleos de base se dá da seguinte forma:

– O primeiro núcleo é dos bebês de até um ano de idade (para cada bebê existe uma educadora ou educador responsável);

- O segundo núcleo compreende as crianças de 2 a 3 anos de idade (para cada 3 crianças são duas educadoras ou educadores responsáveis);
- O terceiro, com crianças de 4 a 6 anos de idade (para cada 10 crianças têm duas educadoras ou educadores responsáveis);
- O quarto núcleo de base é formado por crianças de 7 a 8 anos (para cada 10 crianças têm duas educadoras ou educadores responsáveis);
- O quinto e último núcleo é para crianças de 9 a 12 anos (para cada 10 crianças têm duas educadoras ou educadores responsáveis).

Dessa forma, os educadores e educadoras organizam e planejam os espaços pedagógicos garantindo um equilíbrio entre as atividades coletivas e as atividades específicas para cada núcleo de base. O ambiente educativo das cirandas infantis é organizado de maneira que as experiências que acontecem na vida das crianças, que também têm seu papel pedagógico, apareçam nesse espaço. Nelas a criança exercita sua capacidade inventiva como também de sentir, decidir, brincar, arquitetar, reinventar e se aventurar, agindo para superar os desafios e por meio deles apropriar-se da realidade, e demonstrar, de forma simbólica, os seus desejos, medos, sentimentos, agressividade, suas impressões e opiniões sobre o mundo que as cerca. Segundo Rossetto (2009), a Ciranda Infantil é um espaço de encontro, de criação, de invenção, de recriar e imaginar. É um espaço de construção de um coletivo, no qual as crianças constroem as culturas infantis, participando da luta pela terra e compartilham a vida em comunidade. Como disse Florestan Fernandes (2004, p. 236) ao observar as brincadeiras das crianças na cidade de São Paulo:

> Inicialmente, as crianças podem reunir-se só para brincar. Depois, pouco a pouco, os contatos vão criando um ambiente de

compreensão comum e de amizade recíproca, manifestando-se a consciência grupal pela intolerância para com os estranhos no grupo. [...] À medida que os contatos se estreitam e se desenvolve a unidade do grupo, as atividades tomam outra direção. [...] As 'trocinhas' estão condicionadas ao desejo de brincar, recreação, como os demais tipos de grupos infantis. Suas atividades, todavia, excedem aos limites da recreação em si mesma, assumindo aspectos diferentes as relações entre os seus componentes e destes relativamente ao seu grupo e as relações das diversas 'trocinhas' entre si.

Finco (2007, p. 96) coloca que "a brincadeira agita, desperta desejos, permite formas inovadoras e inesperadas de ser". A autora (2007, p. 114-115) afirma que:

Os brinquedos que são oferecidos para as crianças estão carregados de expectativas, de simbologias e de intenções. [...] A criança, ao brincar, está trabalhando suas contradições, ambiguidades e valores sociais: é na relação com o outro que ela constitui sua identidade.

Pensando nas possibilidades das diversas brincadeiras que as crianças criam e recriam na luta pela terra é que elas vão se constituindo como sujeitos lúdicos em movimento, ressignificando seu brincar, sua experiência cultural e suas relações sociais. Como podemos ver nas falas de algumas crianças que estiveram presentes na Ciranda Infantil do VI Congresso:

Eu estou gostando da Ciranda Paulo Freire e gosto muito da ciranda do meu assentamento, lá eu posso pintar, desenhar, colorir, brincar no campo de bola com meus colegas, ah, também gosto de cantar as músicas do MST e fazer nosso grito de ordem: 'brilha no céu, a estrela do Che, somos Sem Terrinha do MST'. (Mariana, 7 anos – anotações do caderno de campo – dia 11 de fevereiro de 2014).
Eu estou gostando da Ciranda Paulo Freire, nós brincamos, fizemos a festa de 30 anos do MST. Teve suco, cachorro quente, bolo e muitas brincadeiras e as educadoras cuidam bem de todos nós. (João Lucas, 9 anos – anotações do caderno de campo – dia 13 de fevereiro de 2014).

> Eu gostei da Ciranda, das brincadeiras e o teatro foi muito legal sem falar da nossa ida ao MEC, o Ministro teve que descer para nos receber. (Pedro, 6 anos – anotações do caderno de campo – dia 14 de fevereiro de 2014).

O espaço das Cirandas possibilita aos Sem Terrinha participarem da história e das lutas do Movimento. É onde elas estabelecem relações importantíssimas para a compreensão de sua condição infantil, mas também de sua identidade Sem Terrinha e a participação em mobilizações para garantir seus direitos. Caldart (2000, p. 306) afirma que "as crianças emergiram como sujeitos no Movimento, e a sua participação na luta pode significar uma experiência com uma densidade bem mais profunda do que imaginamos". Em entrevista no dia 15 de setembro de 2013, na ENFF, Rosimeire Witcel, dirigente nacional do setor de formação faz esse depoimento:

> As minhas duas filhas participaram das cirandas desde bem pequenas, o pertencimento ao movimento, a militância muito grande, não foi eu e o pai que colocou para elas que deveria participar, mas ela foi se inserindo nas atividades do Movimento e construindo sua militância. Atualmente elas são adolescentes e não estão participando da Ciranda Infantil, mas participam de outros espaços do Movimento. Sempre observo que elas participam dos debates e se posicionam frente a professores ou colegas em temas que elas aprenderam no seu processo de formação nas cirandas infantis, elas falam com propriedade sobre socialismo, capitalismo, comunismo etc. Essa argumentação elas aprenderam nas Cirandas Infantis. Outra questão que observo é a autonomia delas que também nós educamos, enquanto pai e mãe, pois às vezes nós queremos nossa autoridade de pais e perdemos nossos argumentos políticos e começamos a falar alto ou até gritando com elas. Elas logo chamam a nossa atenção dizendo: 'não precisa gritar comigo, pode conversar, porque eu estou escutando, não precisa gritar, vamos discutir' Isso é outra relação, elas nos educam e fazem a gente enxergar outras formas de relação de diálogo. Vejo que elas aprendem essa argumentação, autonomia na ciranda e nas vivências da pedagogia da luta.

A pedagogia da luta possibilita que os Sem Terrinha, ao viverem a sua infância e sua vida junto com suas famílias, construam o projeto de sociedade que o MST vem construindo. Toda a organização do trabalho pedagógico desenvolvido nas cirandas infantis, realizado pelo Movimento, levou o Ministério da Educação a colocar na sua agenda o debate da educação infantil do campo.

A educação infantil do campo – uma política pública em construção

O debate da educação do campo já vem de longa data, e podemos assumir como um marco para o seu início o mês de julho de 1998, quando os movimentos sociais do campo e outras entidades promoveram a I Conferência Nacional por uma Educação Básica do Campo, na cidade de Brasília, com a participação de 970 pessoas de todo o país. Em 2005, foi realizada uma II Conferência, na qual aparece de forma mais clara a concepção da educação do campo, enquanto projeto em construção.

A partir das diversas lutas (a nível nacional, estadual e municipal) foi possível a conquista de um conjunto de instrumentos legais que reconhecem, respeitam e legitimam as especificidades da educação dos trabalhadores e trabalhadoras do campo, tais como: o Parecer CNE/CEB n. 1/2006 e a Resolução CNE/CEB n. 2/2008, que reconhecem a *Pedagogia da Alternância*; Resolução CNE/CEB n. 4/2010, que reconhece a educação do campo como modalidade específica e define a identidade da escola do campo; Decreto n. 7.352, de 4 de novembro de 2010, que dispõe sobre a Política Nacional de Educação do Campo e sobre o Programa Nacional de Educação na Reforma Agrária (Pronera). E ainda houve a aprovação das Diretrizes Operacionais para a Educação Básica nas Escolas do Campo, pelo Parecer n. 36/2001, em 14 de dezembro de 2001, que traz um conjunto de princípios e procedimentos que, em forma de lei, apresentam resoluções que garantem o direito do povo do campo ao acesso à educação com participação popular e dos movimentos sociais. Segundo Bernardo Mançano Fernandes, (2004, p. 136), ainda sobre o Parecer n 36/2001:

> É um importante avanço na construção do Brasil rural, de um campo de vida, onde a escola é espaço essencial para o desenvolvimento humano. É um novo passo nessa caminhada, pois acredito que o campo e a cidade se complementam. Com este entendimento, precisam ser compreendidos como espaços geográficos singulares e plurais, autônomos e interativos, com suas identidades culturais, e modos de organização diferenciados que não podem ser pensados como relação de dependência eterna ou pela visão urbana e totalitária, que prevê a intensificação da urbanização como modelo de país moderno.

Sobre as Diretrizes Operacionais para a Educação Básica das Escolas do Campo, já citadas, seus artigos 6º e 7º (2002, p. 9) mencionam o direito das crianças de 0 a 6 anos ao acesso à educação em suas comunidades, ou seja, o direito à educação infantil do campo:

> O Poder Público deve garantir a universalização do acesso da população do campo à Educação Básica e à Educação Profissional; proporcionar Educação Infantil e Fundamental nas comunidades rurais, inclusive para os que não concluíram na idade prevista; e que os sistemas de ensino, através de seus órgãos normativos, devem regulamentar e criar estratégias específicas para sua implementação no campo

A Resolução n. 2 (CNE/CEB, de 28 de maio de 2008, p. 3) estabelece que a nucleação de escolas e o deslocamento das crianças devem ser evitados. Esta resolução, em seu Art. 3, orienta que:

> A Educação Infantil e os anos iniciais do Ensino Fundamental serão sempre oferecidos nas próprias comunidades rurais, evitando-se os processos de nucleação de escolas e de deslocamento das crianças.

§ 1º Os cinco anos iniciais do Ensino Fundamental, excepcionalmente, poderão ser oferecidos em escolas nucleadas, com deslocamento intracampo dos alunos.

§ 2º Em nenhuma hipótese serão agrupadas em uma mesma turma crianças de Educação Infantil com crianças do Ensino Fundamental

Mesmo reconhecendo os mecanismos legais mencionados como importantes conquistas, é preciso dizer que a implantação dessas políticas no que se refere à educação infantil em especial, ainda apresenta uma série de limitações, não garantindo o acesso, permanência e qualidade da educação para essa faixa etária.

É neste cenário que os movimentos sociais vêm realizando o grande desafio de refletir sobre a educação infantil do campo, pensando a criança na sua especificidade. Essas crianças devem ser compreendidas como sujeitos que participam diretamente da construção do projeto de sociedade do Movimento, isto é, um sujeito de direitos e que necessita formas próprias de organização em seu espaço – o campo.

As particularidades desse contexto, portanto, mostram que não se trata de levar as experiências da creche urbana para o mundo rural, mas sim considerar as diferenças na realidade do campo e da cidade. Mais recentemente, esse debate, que se inicia a partir dos movimentos sociais nos anos 1990, ganha espaço também nas universidades e no próprio MEC, como veremos a seguir.

De 2007 a 2009, houve no MEC uma articulação com pesquisadores e universidades para elaboração das Diretrizes Curriculares Nacionais da Educação Infantil (DCNEI), e para isso, foram realizadas uma série audiências públicas para escuta da sociedade. Em 2010, como parte das estratégias de consolidação das DCNEI, a Coordenação Geral de Educação Infantil (COEDI), da Secretaria de Educação Básica do MEC, incluiu alguns textos fundamentais de orientações curriculares, sendo um deles específico sobre as orientações curriculares para o campo.

As DCNEI (Resolução n. 5/2010, CNE/CEB) no Art. 8º, parágrafo 3, diz que as propostas pedagógicas para crianças filhas de agricultores familiares, extrativistas, pescadores artesanais, ribeirinhos, assentados e acampados da reforma agrária, quilombolas, caiçaras e povos da floresta devem:

> I – reconhecer os modos próprios de vida no campo como fundamentais para a constituição da identidade das crianças moradoras em territórios rurais;
> II – ter vinculação inerente à realidade dessas populações, suas culturas, tradições e identidades, assim como a práticas ambientalmente sustentáveis;
> III – flexibilizar, se necessário, calendário, rotinas e atividades, respeitando as diferenças quanto à atividade econômica dessas populações;
> IV – valorizar e evidenciar os saberes e o papel dessas populações na produção de conhecimentos sobre o mundo e sobre o ambiente natural;
> V – prever a oferta de brinquedos e equipamentos que respeitem as características ambientais e socioculturais da comunidade.

Em dezembro de 2010 foi realizado o I Seminário Nacional sobre Educação Infantil do Campo, em Brasília. Neste seminário, foi apresentada a demanda de uma pesquisa que analisasse principalmente as condições de oferta e a demanda da educação a fim de subsidiar ações governamentais pautadas em conhecimentos da realidade das crianças de 0 a 5 anos do campo. Essa pesquisa apresentou alguns dados indicando os limites das políticas públicas para esta área, como por exemplo, em relação ao calendário escolar, que demonstrou que somente 3% das escolas organizam o ano letivo levando em consideração a dinâmica de trabalho dos pais, como: os ciclos agrícolas ou épocas de pesca e extração, o período das águas e das secas etc. A pesquisa também revelou que 73,6% das escolas não têm uma proposta pedagógica, e ainda que o transporte escolar é oferecido a 49,8% das crianças de 0 a 3 anos. Para as crianças de 4 a 6 anos, o percentual salta para 71,1%, e 90% dos ônibus que transportam crianças pequenas não dispõem de assentos adequados à idade. Segundo MEC (2012, p. 16):

> As políticas públicas para as crianças brasileiras são marcadas, então, por uma tensão entre uma legislação avançada que reconhece o dever do Estado frente aos direitos das crianças e um cenário de desigualdades no acesso ao usufruto das riquezas nacionais para as diferentes classes sociais, dificultando, na prática, o reconhecimento pleno da cidadania de crianças de até 6 anos.

Esses dados são reveladores de um distanciamento do poder público da realidade do campo, e permitem fazer algumas considerações, tais como:

– A pesquisa colocou as crianças do campo na pauta do MEC as deu visibilidade perante o poder público, que por muito tempo ignorou a existência desse setor social. Essa invisibilidade, sobretudo das crianças de 0 a 3 anos, se expressava nas pouquíssimas creches ou mesmo nos currículos, que previsto para um ambiente urbano, não levavam em conta o modo de vida do campo. Pasuch e Silva (2012, p. 36) ressaltam que "essas práticas pedagógicas são descontextualizadas, sem sentido para as crianças, e não reconhecem que grande parte dos municípios brasileiros possui o mesmo perfil e nem a diversidade de movimentos que existem no campo". Por todos esses motivos, ter um espaço de educação infantil que respeite essas especificidades das crianças se faz necessário;

– A pesquisa revelou que o poder público precisa fazer investimentos em infraestrutura, bem como investir na formação dos educadores infantis do campo;

– Os dados apresentados na pesquisa demonstram a falta de compreensão por parte do poder público municipal e estadual de que educação infantil do campo não deve ser cópia do um modelo adotado na cidade, pois as crianças do campo vivem uma realidade diferente. Isso não quer dizer que elas são melhores ou piores que as outras, mas que todas as crianças, sejam do campo ou da cidade, têm suas especificidades, e todas elas fazem parte de uma sociedade que, muitas vezes, nega o direito à dignidade, ao respeito, à autonomia, à participação, ao convívio social e à educação. Cada uma vive seu tempo de infância conforme sua realidade e classe social e é necessário que esses aspectos sejam considerados na elaboração de políticas públicas.

Julgamos importante reafirmar, portanto, que muitas crianças de 0 a 6 anos de idade têm seu direito negado na prática, apesar de assegurado pela legislação brasileira, De acordo com Gonçalves (2013, p. 116):

> A Educação Infantil do Campo enfrenta muitos desafios relacionados à sua estruturação que envolve, especialmente, as políticas públicas educacionais. A sua implantação ainda está distante da demanda e reivindicações das populações do campo. As escolas da zona rural, muitas delas sem exclusividade da Educação Infantil, são organizadas em classes multisseriadas; em muitas delas, ou em sua maioria, o suporte pedagógico e de recursos materiais são bastante limitados. (Gonçalves, 2013b, p. 116)

Vale ressaltar que, considerando as debilidades do poder público já descritas, é preciso considerar as experiências dos movimentos sociais que vêm se desenvolvendo e elaborando importantes reflexões sobre o tema. Segundo Dalmaz e Scarmocin (2011, p. 7), "a Ciranda do MST é uma das propostas mais consolidadas de Educação Infantil do Campo nos últimos 15 anos". Com seus limites e desafios, ela representa, na atualidade, um grande avanço na efetivação do direito à educação das crianças do campo, principalmente de 0 a 6 anos

Assim, se faz necessário que o poder público, dialogue com os movimentos sociais do campo que já têm experiências na área da educação infantil e façam reflexões em conjunto para avançar no debate e na implementação da educação infantil do campo. Alguns desses temas de debate vêm sendo realizados pelos movimentos sociais em parceria com algumas universidades, como, por exemplo:

- organizar os projetos político-pedagógicos da educação infantil do campo considerando as especificidades desse espaço;
- pensar a formação para os educadores e educadoras da educação infantil do campo;
- construir espaços próprios de educação infantil do campo, pois as que existem são salas adaptadas de escolas do ensino fundamental;
- ampliar o debate da educação infantil do campo na pauta dos estados, municípios, movimentos sociais e universidades.

Assim, é preciso se apropriar do debate pela reforma agrária e pela educação do campo, que na atualidade já aponta questões que precisam ser consideradas, por isso, para nós pensar e fazer a educação infantil no campo:

1. significa pensar a reforma agrária popular, a agricultura camponesa, a produção agroecológica, ou seja, uma agricultura camponesa correspondente ao desenvolvimento contemporâneo das forças produtivas, e que tenha como centralidade a produção de alimentos saudáveis. Pensar a criança do campo significa pensar um projeto de desenvolvimento do campo, ou seja, pensar a criança na sua totalidade;

2. é pensar um projeto educativo que seja construído com a população que vive e trabalha no campo, um projeto educativo numa perspectiva da classe trabalhadora, iniciando pela experiência política e pedagógica dos movimentos sociais camponeses. Ou seja, é pensar um projeto de educação com os sujeitos sociais do campo;

3. significa pensar os sujeitos do campo desde o vínculo com a luta pelos direitos das mulheres, dos jovens, das crianças camponesas, com a luta pela universalização do direito à educação, à saúde, à moradia, à terra, à água, ou seja, é pensar as lutas sociais dos camponeses;

4. é pensar o campo como um lugar de vida, e de vida digna, trabalhando a ideia de que é possível fazer do campo um lugar bom de viver, ou seja, pensá-lo na sua totalidade e fazer das pessoas que vivem no campo sujeitos desse projeto;

5. é pensar as diversas formas de vivenciar o tempo da vida no campo, reconhecendo suas características e suas especificidades, como dos agricultores, extrativistas, pescadores, ribeirinhos, assentados e acampados da reforma agrária, quilombolas, caiçaras e outros, sem perder de vista a unidade da luta da classe trabalhadora.

Muitos desses desafios já vêm sendo inseridos nas atividades políticas e pedagógicas dos movimentos sociais, na tentativa de superar os limites que a realidade impõe, possibilitando, assim, que as crianças do campo estejam permanentemente em movimento. Nesse sentido, pode-se afirmar que essas ações pedagógicas do MST denunciam a negação dos direitos educacionais não somente dos Sem Terra, mas de todos os trabalhadores e trabalhadoras do campo, que historicamente foram expropriados da terra, destituídos de direitos sociais, estigmatizados, e com sua cultura e conhecimentos desvalorizados.

Considerando, portanto, o contexto de negação de diretos que vemos no campo brasileiro, e, pensar a educação infantil nesse espaço só faz sentido se isso permitir que as crianças possam vivenciar uma concepção de educação vinculada aos interesses da classe trabalhadora e tiver em seu horizonte a construção de uma prática educativa que contemple essa realidade, já que essas são crianças que já estão vivenciando valores, princípios, convicções acerca da educação, do ser criança, e do ser sujeito de direito, com vínculo político com um movimento social, e que buscam viver a pedagogia do movimento.

O momento histórico em que a educação do campo se configura no Brasil é um momento de profundas disputas em torno do modelo de desenvolvimento, e consequentemente, do projeto de educação a ser desenvolvido no Brasil, envolvendo também os movimentos sociais, que buscam possibilidades de desenvolvimento que atendam às reais necessidades da classe trabalhadora.

Portanto, mais uma vez concluímos que a educação infantil do campo precisa ter, em seu horizonte e estratégia, a luta por mudanças da realidade, e por isso os movimentos sociais do campo vêm construindo – no processo de luta pela terra – uma educação emancipadora, vinculada a um projeto da classe trabalhadora, para todas as crianças que brincam, cantam, vivem, sonham e constroem sua existência nesse lugar chamado Campo Brasileiro.

Portão de chegada da Ciranda Infantil Paulo Freire

Arte dos Sem Terrinha no MEC

Arte dos Sem Terrinha no MEC;

Arte dos Sem Terrinha no MEC

A ciranda infantil do Assentamento Dom Tomás Balduíno e a organização do trabalho pedagógico: "a luta fez brotar a vida, vida digna"

> Como então? Desgarrados da terra?
> Como assim? Levantados do chão?
> Como embaixo dos pés uma terra
> Como água escorrendo da mão?
>
> *Chico Buarque*

A Regional da Grande São Paulo: de onde vêm esses sujeitos?

O MST do Estado de São Paulo se divide em 10 regionais: Pontal do Paranapanema, Andradina, Promissão, Itapeva, Iaras, Sorocaba, Ribeirão Preto, Vale do Paraíba, Grande São Paulo e Campinas, sendo a mais recente a Regional da Grande São Paulo, fruto de um trabalho que o Movimento inicia a partir dos anos 2000 de organização do trabalho de base na região metropolitana da cidade de São Paulo.

Atualmente, esta regional conta com quatro assentamentos, chamados de *Comunas da Terra,* sendo eles: Dom Tomás Balduíno; Irmã Alberta; Dom Pedro Casaldáliga e ainda a Comuna Urbana Dom Helder Câmara. Em todos esses assentamentos os trabalhos na área da produção seguem uma linha agroecológica, envolvendo as famílias no cultivo de alimentos de qualidade, sem agrotóxicos e com um custo acessível aos demais trabalhadores da cidade. A proposta das Comunas da Terra vem sendo discutida com o objetivo de organizar um novo modelo de assentamento. Segundo Matheus (2003, p. 36):

> As Comunas da Terra são um espaço livre e de resistência dos trabalhadores e se fundamentam em cinco elementos básicos: o vínculo das pessoas com o trabalho, a propriedade social da terra, a produção agroecológica, a cooperação nos diversos aspectos da agricultura camponesa e o desenvolvimento das questões sociais básicas.

Podemos dizer que as atividades produtivas organizadas nas comunas não estão vinculadas somente à agricultura, elas precisam ter viabilidade econômica sustentável. Por esse motivo, nas Comunas da Terra existem pequenas oficinas de artesanato, de costura e marcenaria, além da criação de animais de pequeno porte e a instalação de pequenas agroindústrias para benefício dos produtores dos assentamentos e pequenos agricultores da região. Conforme Silva (2007), o objetivo das comunas é tentar resgatar uma população que saiu do campo em consequência do processo de êxodo rural, criou raízes nos espaços urbanos e tem dificuldade em se descolar destes para se estabelecer no interior do Estado, apesar de desejarem reconstruir suas vidas num espaço maior, com mais qualidade de vida e com outros valores. Silva (2007, p. 49) afirma que: "a Comuna é a possibilidade desse camponês que saiu do campo e foi para a cidade, ou até mesmo, aquele que se identifica com o campo, de construir uma vida digna, que atenda às necessidades básicas do ser humano".

Essa proposta esbarra em alguns limites que impedem a sua consolidação efetiva, como a legalização das cooperativas de produção, que não se concretiza devido a requisitos legais, inviabilizando o fornecimento de notas fiscais, por exemplo. Ainda assim, as Comunas da Terra, por terem uma proximidade com as grandes metrópoles, conseguem a comercialização dos seus produtos. A localização acessível facilita a aprovação de projetos por instituições não governamentais e o diálogo mais intenso com a sociedade em geral.

Outro desafio que se coloca, é que estas comunas ainda estão passando por um intenso processo de transição, buscando resgatar a dignidade das famílias que, historicamente, foram submetidas a uma realidade desumanizadora pela sociedade. Num assentamento dessa natureza, cada dia vivido por esses sujeitos é uma vitória e a luta é constante para que não se percam os valores construídos durante a caminhada e que conquistem novos territórios para a classe trabalhadora.

Desse modo, o MST, ao organizar as comunas, tem na sua tática de luta a realização de alianças políticas na luta contra-hegemônica; a possibilidade do acúmulo de força da classe trabalhadora; a conquista de novos territórios; um contato maior com a sociedade dos grandes centros; e ainda abrem o debate com a sociedade sobre um projeto de reforma agrária popular.

O Assentamento Dom Tomás Balduíno

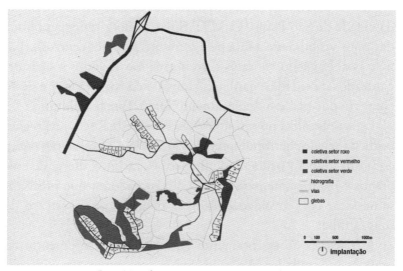

Fonte: Mapa do assentamento Dom Tomás Balduíno.[1]

---

[1] Disponível em: http://www.usina-ctah.org.br/domtomas.html.

Em 2001, a primeira ocupação da comunidade Dom Tomás Balduíno tinha como objetivo a construção de moradias, num perímetro localizado próximo aos centros urbanos dos municípios da região. Inicialmente, o movimento social que estava conduzindo o processo era o Movimento de Trabalhadores Sem Teto (MTST), e posteriormente se soma a essa construção também o MST, agregando a pauta da luta pela terra. A construção de um assentamento sempre se inicia com um trabalho de sensibilização com as famílias para que se somem à luta. A militância que iniciou esse trabalho de sensibilização para a formação dos assentamentos na Regional Grande São Paulo, vinha de uma experiência anterior junto à Fraternidade Povo de Rua, um trabalho realizado com moradores em situação de rua e soropositivos.

Além desse público, o trabalho de base tinha como objetivo organizar as famílias mais empobrecidas dos bairros da periferia da cidade de São Paulo. O MST tinha como estratégia política dar mais visibilidade à luta pela terra nos grandes centros urbanos, estabelecendo contatos com outros movimentos sociais organizados da cidade e ganhar a simpatia da sociedade, e é desse contexto que nasce o Assentamento Dom Tomás Balduíno.

Este, se localiza no município de Franco da Rocha, na região norte da região metropolitana de São Paulo. O município conta com um número pequeno de indústrias, assim, a oferta de empregos é insuficiente para os 120 mil moradores, que precisam se deslocar para as cidades vizinhas para buscar o sustento de suas famílias.

A trajetória do assentamento foi marcada por momentos de grandes dificuldades. Ao todo, foram sete ocupações e despejos até a conquista do assentamento de forma legalizada, o que ocorreu em 2002, com a reocupação da fazenda São Roque por 700 famílias – área de 850 hectares que já estava destinada à reforma agrária.

É importante salientar que algumas famílias desistiram durante o processo de resistência e conquista da área. Algumas pessoas desistem por não se identificarem com a luta pela terra realizada pelo MST, pelo desgaste decorrente dos vários despejos sofridos durante todo o processo, ou ainda pelo tempo de espera das famílias pelo o assentamento. A medição da área foi realizada pelo Instituto de Terras de São Paulo (Itesp), órgão responsável pela regularização fundiária e assistência técnica aos assentamentos estaduais. No Assentamento Dom Tomás Balduíno foram assentadas 62 famílias; e as demais foram para outras áreas, constituindo as outras Comunas da Terra. Em entrevista realizada em 10 de setembro de 2013, Roseli, dirigente e educadora da Ciranda Infantil Dom Tomás Balduíno, afirma que:

> a conquista do assentamento foi uma conquista de vida digna. Hoje observo que a luta fez brotar a vida com a dignidade antes tão massacrada pela exploração do capitalismo. Isso não quer dizer que agora não seja, mas a luta, a resistência, dá às famílias outro sentido para a vida.

Por ter um relevo acidentado, impossibilitando a organização em uma única agrovila, o assentamento se conformou por setores – pequenos grupos coletivos próximos aos seus lotes – que são: setor verde (27 lotes), setor vermelho (22 lotes) e o setor roxo (13 lotes). As famílias escolheram seus próprios lotes de moradia, de um hectare cada, e se mudaram em 2004. Já os lotes de produção, com dois hectares para cada família, só começaram a ser divididos em 2006.

Apesar da conquista da terra, a lutas das famílias assentadas seguiu, para garantir as condições estruturais necessárias para habitação e produção, como veremos a seguir.

Para garantir o acesso das famílias à água, foi construído um primeiro poço artesiano, porém, devido às condições geográficas do local, este abastece apenas dois dos três setores existentes o roxo e o vermelho, restando ao setor verde, nos anos iniciais, o fornecimento semanal de água por um caminhão-pipa, até que fosse possível a construção de um poço artesiano próprio. Com relação ao fornecimento de energia elétrica, foi um processo mais rápido: desde 2004 há luz elétrica para todas as famílias, consequência do projeto *Luz Para Todos*, parceria do governo federal com o governo estadual.

Outra conquista importante, em julho de 2005, foi a inauguração do Espaço Comunal Patativa do Assaré, anfiteatro para a realização de encontros, festas da comunidade, apresentações musicais, teatrais, assembleias, sessões de cinema etc. A construção do viveiro de mudas também foi uma importante conquista, que tem como finalidade contribuir para a implementação de uma matriz tecnológica e agroecológica responsável, ao reproduzir mudas de árvores nativas – frutíferas e não frutíferas –, plantas com propriedades medicinais e plantas destinadas à adubação e correção do solo. Por ser um viveiro pedagógico, tem caráter formativo para os/as assentados/as que desejarem trabalhar com culturas permanentes.

No mesmo ano de 2005, foi liberado o primeiro crédito de fomento, para que as famílias comprassem ferramentas, insumos para o solo, sementes, mudas e alimentos. O crédito é uma das principais maneiras de desenvolvimento do assentamento, pois a maioria das famílias não têm recursos para investir no que é necessário para o trabalho na agricultura e demais projetos não agrícolas como, por exemplo, as oficinas de costura, de marcenaria etc.

Com relação às moradias, somente em junho de 2006 foi assinado o contrato de financiamento do projeto para construção de casas. Este contava com verba de fundo perdido e o empréstimo não precisaria ser devolvido, pois se trata de recurso oriundo de contas perdidas. As casas foram construídas em forma de mutirão pelos próprios assentados, com assessoria de uma equipe de técnicos e, em 2007, foi feita a inauguração das moradias. É importante salientar que os modelos e o tamanho das casas foram discutidos com cada família, sempre com acompanhamento de um arquiteto.

Atualmente, a estrutura organizativa do assentamento se dá por meio dos núcleos de base, organizados por setor, levando em consideração a afinidade entre as famílias. Os núcleos são: Irmã Maria, Che Guevara e Carlos Lamarca – no setor verde; Paulo Freire – no roxo; Guerreiros da Terra e Zumbi dos Palmares – no vermelho. O objetivo é envolver todas as famílias nos coletivos, na discussão política do Movimento e, também, nas tarefas para manter o assentamento organizado.

Cada núcleo tem um coordenador e uma coordenadora – todos os coordenadores e coordenadoras dos núcleos formam a coordenação do assentamento –, e se reúnem semanalmente para debater as demandas cotidianas e as questões envolvendo a reforma agrária e o MST em geral. Nesse espaço, também se discute a produção de alimentos, que está organizada de forma individual e também em grupos coletivos, sendo em sua maioria feita de forma orgânica. Atualmente, os produtos se originam da fruticultura, horticultura, apicultura e da criação de pequenos animais.

A comercialização dos produtos, até o momento da pesquisa, vinha sendo feita nas feiras dos bairros da região. Os assentados também vendem semanalmente, por articulação própria, cestas de produtos orgânicos diretamente para famílias de cidades vizinhas Segundo Roseli, dirigente e educadora da Ciranda Infantil Dom Tomás Balduíno em entrevista realizada dia 10 de setembro de 2013:

> Nesse primeiro momento os assentados estão organizados por grupos coletivos, mas as exigências para comercialização dos

produtos e o acesso ao crédito está exigindo deles que experimentem uma organização coletiva mais complexa, quem sabe uma associação ou uma cooperativa.

A meta dos assentados é organizar uma cooperativa ou associação para possibilitar que os produtos do assentamento cheguem à mesa das pessoas com um custo mais acessível e com mais qualidade.

Além do desafio de organizar o processo de produção dos alimentos, os assentados encamparam uma luta com a prefeitura de Franco da Rocha que fosse construída uma escola no assentamento, conquista que, até o momento de realização da pesquisa ainda estava por vir, pois até então todas as crianças do ensino fundamental I e II e do ensino médio são deslocadas para estudar nas cidades mais próximas do assentamento, levando até 40 minutos para chegar à escola. As crianças menores de 4 anos não têm acesso a qualquer aparelho público de educação e, atualmente, frequentam a Ciranda Infantil do assentamento.

A luta pela qualidade do transporte escolar também sempre esteve na pauta do Movimento e nas reivindicações das próprias. Em 2005, quando ocorreu a Marcha Nacional à Brasília, citada anteriormente, as pessoas que não participaram da atividade nacional realizaram atividades em suas regiões.

No assentamento Dom Tomás Balduíno, foi organizada uma marcha até a secretaria de educação do município de Franco da Rocha. As crianças se reuniram, anteriormente, e elaboraram a reivindicação de que o transporte escolar entrasse no assentamento, para evitar, assim, o cansaço diário de ida e volta até a rodovia e o perigo de acidentes na estrada. Segundo Roseli, na entrevista já citada, "antes as crianças esperavam o ônibus na rodovia, num ponto perto do presídio vizinho do assentamento e era um perigo para elas, pois lá há um entra e sai de carros constante com os presos". Ainda na reunião entre as crianças, além do transporte foram pautadas as questões do reforço escolar, e do preconceito contra os Sem Terrinha nas escolas. As crianças da ciranda infantil assumiram essa luta junto com seus pais e escreveram uma carta, que foi distribuída durante a marcha e no ato político daquele ano, reproduzida a seguir.

Marcha do MST e Ato Político em Franco da Rocha.
Carta em defesa dos direitos das crianças Sem Terrinha.
Nós, Sem Terrinha, no dia 3 de junho de 2005, vamos realizar uma marcha na cidade de Franco da Rocha reivindicando transporte escolar para as 45 crianças do assentamento. Pois com a recusa do prefeito Seixas em cumprir sua obrigação legal, nós somos obrigadas a andar 6 km por dia para ir à escola. Além disso, ele até agora não cumpriu também com a obrigação da coleta de lixo no assentamento e da inclusão das famílias assentadas no Programa de Saúde da Família.
Assim, a partir das 8 horas da manhã, as crianças e suas famílias estarão marchando pela cidade e, às 10 horas, realizaremos um ato político em frente à prefeitura, em repúdio às negativas do prefeito Seixas e contra a tentativa de criminalizar o MST na região e o preconceito contra todos os Sem Terra.
Reforma Agrária: Por um Brasil sem latifúndio.

Os gritos de ordem dos Sem Terrinha ecoaram ao chegar à secretaria da educação: "Educação do Campo: direito nosso, dever do estado", "Brilha no céu, estrela do Che, somos Sem Terrinha do MST", entre outros. Enquanto o coletivo de negociação foi conversar com o secretário de educação do município, foi organizada uma grande roda com as crianças que cantaram cantigas da luta e fizeram diversas brincadeiras. Também foi distribuída a carta das crianças para a sociedade. Débora[2] afirma que "quando estava lá na praça, as pessoas passavam e perguntavam o que estava acontecendo e nós entregava a carta para

---

[2] Trecho da entrevista com a Sem Terrinha Débora, de 12 anos, realizada em agosto de 2013.

elas e depois elas nos mostravam o dedo dando positivo para nós, aprovando nossa luta".

Outro exemplo de processo de luta envolvendo as crianças da ciranda infantil do assentamento foi de dezembro de 2010 a janeiro de 2011 período no qual elas enviaram sucessivas cartas para o Itesp reivindicando melhorias nas estradas, que por se encontrarem em situação precária, dificultavam o acesso do transporte escolar ao assentamento e impunham risco de acidentes, o que também dificultava que muitas crianças pudessem chegar à Ciranda Infantil para suas atividades.

Para Victor, 10 anos, entrevistado no dia 17 de agosto de 2013, a luta foi vitoriosa:

> Era período de chuva, essa deixava grandes buracos nas estradas, isso atrapalhava até ônibus da escola passar dentro do assentamento. Na Ciranda nós tivemos a ideia de escrever cartas para o Itesp pedindo que eles consertassem a estrada. Todos os dias nós escrevíamos as cartas contando da estrada e do perigo que ela nos oferecia. As professoras colocavam no correio.

Segundo depoimento de Gabriel, de 9 anos, entrevistado no mesmo dia:

> Depois de muita luta conseguimos um trator para arrumar a estrada principal do assentamento. Eles também arrumaram nosso campo de futebol e depois nós colocamos as traves no gol. Mas ainda quando chove muito faz buraco nas ruas do assentamento Dom Tomás, mas nós estamos conservando as estradas não deixando que a chuva volte a levar a terra e fazer grandes buracos como antes.

Dessa forma, pode-se observar que, na trajetória de luta desse assentamento, as crianças sempre foram protagonistas e as conquistas coletivas vão trazendo melhorias para a comunidade. De acordo com Silva (2007, p. 38), "a luta do assentamento Dom Tomás Balduíno está sendo forjada pelas crianças, jovens, mulheres e homens que se desafiam a viver coletivamente, construindo novas relações" e buscando construir alternativas, novos conhecimentos, a fim de alterar a realidade e garantir a sobrevivência humana.

A organização do trabalho pedagógico: o espaço, o tempo e a organicidade dos Sem Terrinha

Uma das características da Regional da Grande São Paulo é que ela organiza as cirandas infantis desde as suas primeiras ocupações. Esse espaço é um dos primeiros que foram estruturados para garantir a viabilidade da construção dos barracos de moradia dos acampados e também dos espaços coletivos. Segundo Roseli, em entrevista citada, inicialmente o papel da ciranda era menos voltado ao desenvolvimento de atividades pedagógicas e mais centrado no cuidado com a segurança das crianças:

> Quando fizemos a ocupação, iniciamos a ciranda infantil, para que os pais e mães ficassem livres para fazerem os barracos deles e os barracos coletivos. O caráter da ciranda, no início, era mais o cuidado para as crianças não irem em lugares perigosos do acampamento, pois nunca se sabe o que pode acontecer em momentos de conflitos como esse.

No início de um acampamento são muitas as dificuldades, como por exemplo a construção dos barracões coletivos e individuais, a escavação dos poços; o pegar lenha na mata para poder cozinhar e iniciar a capinação do espaço para plantio, que são atividades realizadas em mutirão. Com o passar do tempo, esses coletivos vão formando os setores e os espaços coletivos ganham mais qualidade. Como consequência, a partir de então começa uma preocupação maior com a formação dos educadores, que é um desafio constante para o Movimento.

Somente em 2010 o Assentamento pôde organizar a ciranda infantil permanente, pois, até então, as atividades com as crianças eram organizadas nos fins de semana e em datas comemorativas. Esse espaço teve como objetivo desenvolver um trabalho pedagógico em período integral com as crianças de até 5 anos; e em meio período, atividades de reforço escolar com as crianças de ensino fundamental (I e II), proposta esta que funcionou ao longo dos anos de 2011 e 2012. No momento da pesquisa, porém, a ciranda havia voltado a funcionar somente aos finais de semana por questões estruturais e financeiras.

No momento da pesquisa, o espaço físico da Ciranda Dom Tomás era uma casa cedida por um morador do assentamento, pois o espaço onde estava organizada anteriormente havia sido destinado para um posto de saúde, requisitado pelo setor correspondente após a conquista de médicos da família para atendimento no assentamento. Assim, o novo espaço da ciranda foi adaptado para as crianças e está organizado da seguinte forma: uma sala pedagógica, onde são realizadas as atividades com as crianças e reuniões da coordenação; uma área externa coberta, usada para brincadeiras, jogos etc.; uma cozinha, onde foi adaptado também o refeitório; um banheiro; e dois quartos – sendo um deles usado pelas crianças pequenas para repouso e o outro para biblioteca.

Frente da Ciranda Infantil Dom Tomás

Crianças brincando na frente da Ciranda Infantil Dom Tomás

Biblioteca Ciranda Infantil Dom Tomás

Crianças brincando no Parque infantil da Ciranda

Crianças brincando de xadrez no pátio da Ciranda]

Um elemento importante de ser mencionado é que o planejamento da ciranda é sempre elaborado em conjunto entre os educadores, pais e mães, e o coletivo de educação regional do MST, sempre levando em consideração sua implementação concreta na realidade das crianças que participam da luta pela terra: o espaço físico da ciranda, os espaços coletivos do assentamento, como por exemplo, a horta, o campo de futebol, a roça , o anfiteatro, e as práticas coletivas da comunidade, como a leitura de jornal, reuniões e festas e também todas as peraltices e as brincadeiras que as crianças fazem nas ruas do assentamento e nas suas casas. Zeiher (2004, p. 179) afirma que:

> Esses processos podem ser muito complexos, pois ao planejar uma atividade pode ser necessário conciliar com ela, no tempo, outras atividades futuras. [...] Na fase entre o início do planejamento e a realização de uma atividade surgem novas condições e novas possibilidades [...] ou às vezes na realidade as atividades acontecem de maneira diferente do que foi previsto no planejamento.

No planejamento também são levadas em consideração as condições materiais da ciranda infantil, que são muito precárias. Apesar disso, ela é muito organizada para receber as crianças, e as educadoras e os educadores buscam tornar o ambiente caloroso para todas elas, proporcionado a alegria, o riso, a invenção, a criação, a recriação e até mesmo o choro, todos parte do processo educativo. De acordo com Faria (2005), "o espaço físico assim concebido não se resume à sua metragem". A autora (2005, p. 70-71) afirma que:

> Grande ou pequeno, o espaço físico de qualquer tipo de centro de educação infantil precisa tornar-se um ambiente, isto é, ambientar as crianças e os adultos: variando em pequenos e grandes grupos de crianças, misturando as idades, estendendo-se à rua, ao bairro e à cidade, melhorando as condições de vida de todos os envolvidos, sempre atendendo as exigências das atividades programadas, individuais e coletivas, com ou sem a presença de

adulto(s) e que permitam emergir as múltiplas dimensões humanas, as diversas formas de expressão, o imprevisto, os saberes espontâneos infantis.

Para Finco e Oliveira (2011) as crianças nos mostram os elementos importantes para compreendermos os modos como as infâncias contemporâneas são construídas. As autoras (2011, p. 78) afirmam que:

> O espaço da educação infantil pode ser um espaço coletivo de educação para o respeito e a valorização das diferenças, de uma educação que permita e favoreça a diversidade. As diferenças enriquecem o ambiente coletivo das instituições de educação infantil e contribuem para que as crianças tenham possibilidade de construir uma visão positiva sobre a diversidade da vida.

Dessa forma, as educadoras buscam, nos seus planejamentos, contemplar os espaços e tempos de formação em sua totalidade, trabalhando com temas diversos para além do currículo escolar tradicional. Por exemplo, a questão do racismo, desenvolvida no mês de novembro – que celebra o dia da consciência negra –, e também temas sobre a produção agroecológica orgânica, a terra, os valores humanos e a pertença ao MST. Outros temas muito trabalhados são: as jornadas de luta do Movimento, o dia 17 de abril – em que se comemora o Dia Internacional de Luta Camponesa –, e outros, que são trabalhados de forma interdisciplinar através de distintas atividades e brincadeiras das crianças. As educadoras e os educadores têm o cuidado de trabalhar com jogos, as artes plásticas, teatro de fantoche, músicas do Movimento e músicas infantis que contemplam a realidade do campo, tudo regado a muita brincadeira.

No documento do seu projeto político-pedagógico, os objetivos da Ciranda Infantil Dom Tomás demonstram estar vinculados ao projeto de educação do MST e permitem compreender que existe uma intencionalidade política e pedagógica no processo de formação das crianças Sem Terra. Segundo este Projeto Político Pedagógico (PPP, 2011, p. 2), os objetivos da Ciranda Infantil no Assentamento Dom Tomás são:

> Garantir um espaço educativo onde as crianças sejam sujeitos do processo;
> Trabalhar a identidade e a pertença ao Movimento Sem Terra;
> Fortalecer a organicidade das crianças na Ciranda Infantil;
> Desenvolver o trabalho de cooperação; o coletivo infantil;
> Realizar o debate sobre a reforma agrária e a luta pela terra;
> Realizar o debate sobre a agroecologia e a alimentos orgânicos
> Garantir o debate sobre as jornadas de lutas com as crianças.

Observando o documento, é perceptível a sua construção coletiva que busca valorizar as dimensões política e pedagógica, considerando as crianças como sujeitos protagonistas da ciranda infantil e da luta pela terra, valorizando a identidade dos Sem Terra e dos Sem Terrinha. Bertagna e Borghi (2011, p. 142) afirmam que:

> Se perdida a dimensão política, a tendência é transformar o projeto político pedagógico em algo técnico e, desta forma, produzir uma compreensão do trabalho escolar sem capturar uma visão mais ampla do processo educativo. Há que se considerar a importância da construção coletiva pelos sujeitos da escola em relação aos fins da educação que se almeja e ainda, que estes estejam intrinsecamente relacionadas a um modelo de sociedade que se deseja construir.

Além dos objetivos, o PPP (2011, p. 4) apresenta outros elementos significativos, como por exemplo, os temas que são trabalhados de forma permanente durante cada mês também demonstram uma intencionalidade política e pedagógica:

> Temas do mês de março:
> As relações de gênero;
> Agroecologia/agrotóxicos;
> Alimentos saudáveis;

Trabalhar as sementes crioulas.
Temas do mês de abril:
Questão agrária, lutas dos trabalhadores rurais pela terra;
Dias da luta camponesa;
Cultura indígena.
Temas do mês de julho:
Aniversário do Assentamento – Acampamento na ciranda, à noite (atividades preparadas pelas crianças, fogueira, estórias da ocupação do assentamento).
Tema do mês de agosto:
Meio ambiente, agrotóxicos, receitas de comidas típicas das regiões, receita caseira para combater formigas.
Tema do mês de outubro:
As jornadas de lutas dos Sem Terrinha: 'Fechar escola é crime'.
Artigo do jornal, vídeo, combinados do encontro;
História de Che Guevara e o dia de solidariedade (8 de outubro);
A criação de pequenos animais;
Cultura popular brasileira.
Tema do mês de novembro
A luta dos negros – Zumbi dos Palmares, consciência negra

Considerando os objetivos e as datas comemorativas apresentados no PPP (2011), podemos dizer que a Ciranda Infantil no Assentamento Dom Tomás tem uma intencionalidade política e pedagógica e que a educação das crianças é um processo, o que quer dizer, segundo Caldart *et al.* (2013, p. 372), que "essa educação acontece em um movimento dialético que envolve tempo, transformações, contradições, que se faz na historicidade, e precisa ser compreendida e trabalhada". Ainda segundo as autoras:

> Considerar que a educação é um processo intencional significa que há um trabalho político-pedagógico planejado a ser feito no propósito das transformações e dos traços humanos pelos objetivos do o PPP. Essa concepção é mais ampla, ela exige uma reflexão do pensar e agir para tornar mais plena a formação humana.

A Ciranda Infantil Dom Tomás também se organiza em quatro núcleos de base infantis, sendo dois deles compostos pelas crianças do ensino fundamental I e II – um frequenta a ciranda no período da manhã e outro no período da tarde – e dois núcleos das crianças menores que ficam o dia todo na ciranda, pois ainda não estão em idade escolar.

Cada um desses núcleos de base tem dois coordenadores (uma menina e um menino) que participam da direção coletiva da ciranda. A estrutura organizativa também prevê a participação dos educadores e da comunidade assentada, garantindo o envolvimento destes nas atividades educativas e sua execução. É importante salientar que o assentamento não conta com cooperativas, sendo assim, a ciranda é um espaço de responsabilidade de todos/as os/as assentados/as. Observando o PPP (2011) e o cotidiano da ciranda, concluímos que a sua organicidade está constituída da seguinte forma:

a) *Assembleia geral das crianças:* esse espaço é reservado para as crianças aprovarem suas decisões. Aqui as crianças discutem e aprovam as atividades, como também apresentam suas propostas para a Ciranda Infantil. Nesse espaço, há a participação de todas as crianças, educadoras e educadores.

b) *Os Núcleos de base:* são espaços de participação das crianças. Para organizá-los, as educadoras levam em consideração o critério de gênero e o setor no qual a família está organizada no assentamento. Por meio desse espaço, as crianças organizam, junto com as educadoras e educadores, o cotidiano da ciranda. Cada núcleo de base tem de 5 a 7 crianças e, como já dito, dois coordenadores que compõem a coordenação interna da ciranda infantil. É a partir dos núcleos de base que as crianças assumem suas responsabilidades, opinam e ajudam na tomada de decisões.

Além dos núcleos de base das crianças, há o núcleo de base das educadoras e dos educadores, que é formado por todos os adultos – as educadoras e os educadores, e demais responsáveis pelas tarefas de manutenção do cotidiano da ciranda. Os núcleos de base infantis são nomeados com nomes de flores, bichos, times de futebol, pensadores da educação e da luta pela terra. A organicidade dos núcleos de base infantil tem como objetivo a participação das crianças nas decisões na Ciranda Infantil procurando romper com uma verticalização de poder que predomina nas instituições de ensino em nossa sociedade. Além disso, as educadoras buscam desenvolver alguns tempos educativos vinculados com os núcleos de base e com a realidade vivenciada no cotidiano da ciranda pelas crianças Sem Terra.

c) *Coletivo pedagógico:* é o coletivo que organiza as práticas pedagógicas com as crianças no cotidiano. É também desse grupo que são escolhidos os membros do coletivo de coordenação geral e política da ciranda.

d) *Coletivo de coordenação geral e política:* é o coletivo que faz o debate sobre o processo da ciranda e sobre a infância no assentamento. É composto por educadoras e educadores, assentados e o setor de educação. É nesse coletivo que se dá a tomada de algumas decisões sobre o PPP e os planejamentos (semanal e anual). Esse coletivo está sempre em construção e zela pelo bom andamento do projeto político-pedagógico da ciranda infantil.

Um conceito importante a ser trazido são os chamados "tempos educativos", que dizem respeito aos distintos momentos ao longo de um ciclo pedagógico preenchidos com atividades específicas a serem realizadas pelas crianças. Segundo Caldart *et al.* (2013, p. 162) "os tempos educativos desdobram o princípio de construir uma escola preocupada com os processos de formação humana, e não apenas com a escolarização." Assim, a organização dos tempos educativos tem uma intencionalidade política e pedagógica garantindo as demandas de formação das crianças. Os tempos educativos, na pedagogia do MST, têm como princípio a coletividade e a formação em sentido amplo, e, segundo as autoras (2013, p. 164):

Os tempos educativos potencializam o trabalho pedagógico nas diversas esferas humanas, [...] demarcando um alargamento da função social e educativa da escola. O grande desafio é contemplar diferentes esferas da formação humana, não de forma isolada ou fragmentada, e sim abarcando o conjunto das intencionalidades formativas inter-relacionando os tempos uns com os outros [...] numa perspectiva mais ampla de formação para a emancipação humana.

Dessa forma, pensar a educação das crianças nas cirandas infantis é pensar e implementar um processo que envolve os tempos educativos, compreendendo as contradições para transformá-las em possibilidades. Isso significa que esse trabalho pedagógico deve ser planejado com o objetivo de contribuir no processo de educação desses sujeitos, tornando-o um processo de formação humana integral. Assim, para organizar o ambiente educativo é preciso saber fazer as escolhas e tomar as decisões considerando cada situação que ocorre na ciranda, em cada tempo que constitui o dia a dia, buscando a coerência com os objetivos, os valores e os princípios que orientam o projeto de sociedade que o Movimento está construindo.

É importante salientar que esses tempos e espaços não são neutros e não acontecem de forma linear, pois as crianças e as educadoras, que estão construindo esse processo de mudança, estão inseridas numa sociedade capitalista muito contraditória. Segundo Freire (1991, p. 46) é "impossível pensar a prática educativa, sem pensar a questão do tempo, de como usar o tempo para a aquisição do conhecimento, não apenas na relação educador-educando, mas na experiência da vida inteira, diária, da criança na escola."

A duração dos tempos educativos varia conforme os objetivos específicos, a intencionalidade e as necessidades das crianças. Eles são implementados em cada prática educativa conforme as condições materiais e a realidade dos sujeitos. Os tempos educativos que estão descritos nos documentos do MST (1999) sugerem que os educadores e educadoras olhem para a realidade e para as necessidades das crianças para melhor planejar a organização do trabalho pedagógico. Segundo Silva e Pasuch (2012), os tempos da educação infantil do campo precisam ser ressignificados em relação aos tempos já conhecidos por nós na educação infantil em contextos urbanos. As autoras (2012, p. 133) afirmam que:

> Precisamos articular o tempo da educação infantil do campo a partir das necessidades das famílias e das crianças, considerando a organização da vida e do trabalho, o tempo com o período da estiagem ou das cheias, como de produção e da colheita, com o tempo do extrativismo ou tempo do cuidar dos animais etc. Compreender os tempos da produção e das culturas locais é compreender a vida e os tempos próprios dos sujeitos do campo.

Assim, os tempos educativos podem ser realizados todos os dias, conforme as necessidades das crianças e das famílias ou podem acontecer algumas vezes por mês. Durante o período de investigação pude observar alguns tempos e espaços educativos que orientaram a prática educativa na Ciranda do Assentamento Dom Tomás, que são os seguintes:

- *Tempo mística / tarde cultural / festas de aniversários:* é destinado à organização das tardes culturais que acontecem uma vez por mês e são organizadas pelas educadoras, educadores e pela comunidade, junto com as crianças. Aqui também são comemorados os aniversários das crianças. A mística é realizada pelos núcleos de base e acontece conforme o planejamento, podendo ser todos os dias, duas ou três vezes por semana.
- *Tempo acolhida:* esse momento é realizado na chegada das crianças, por meio de músicas, brincadeiras, gritos de ordem etc. tornando o ambiente acolhedor para recebê-las.

- *Tempo banho / higiene / troca de fraldas:* esse é reservado para as crianças conforme as suas necessidades pessoais, como por exemplo, tomar banho para ir à escola no outro período etc.
- *Tempo descanso; massagem:* é destinado às crianças menores, principalmente àquelas que chegam muito cedo na ciranda.
- *Tempo esporte / lazer / brincadeiras / parque infantil:* é reservado para brincar, pular, saltar, correr, jogar bola, peteca, boliche etc. Essas atividades são diversificadas, conforme a idade e necessidades das crianças.
- *Tempo estudo / pesquisa:* ete é dedicado aos estudos, principalmente para as crianças que estão em idade de escolarização. É também destinado à pesquisa e elaboração do jornal das crianças e outras atividades da ciranda. É importante ressaltar que as crianças pequenas participam desse tempo educativo do seu jeito, por exemplo, muitas delas contribuem na elaboração do jornal com desenhos e ajudam na escolha das imagens.
- *Tempo organização coletiva:* para os núcleos de bases organizarem as reuniões e participarem das decisões em algumas atividades pedagógicas da ciranda.
- *Tempo oficinas:* é um tempo muito requisitado pelas crianças; nele busca-se desenvolver várias atividades diferentes, entre elas, a construção de brinquedos, o fuxico, o artesanato, facção de fantoches etc. Geralmente esse tempo envolve também a comunidade.
- *Tempo lanche / almoço:* tempo para, além da realização dos lanches e dos almoços, as educadoras fazerem trabalhos com as crianças discutindo sobre os alimentos saudáveis e o uso de agrotóxicos, chamados de *venenos* nas plantações.

– *Tempo trabalho:* esse momento é destinado, por exemplo, para a limpeza geral da ciranda ou reparos no espaço, e envolve as crianças e as assentadas e assentados. Esse espaço também é dedicado aos experimentos na horta e outras atividades do dia a dia.

– *Tempo coletivo pedagógico:* destinado às educadoras e educadores para o planejamento das atividades com as crianças. É também usado para reuniões desse coletivo para sua própria formação.

– *Tempo avaliação:* Esse tempo é destinado para as crianças e as educadoras realizarem a autoavaliação. Esse processo geralmente acontece no final de semana ou no final das atividades. Também é realizada uma avaliação ao término do planejamento junto com as crianças e a comunidade, na qual são apresentados os limites e os desafios para projetar o próximo período de atividades. Para essa avaliação leva-se em consideração, principalmente, o jeito de se organizar coletivamente das crianças, das educadoras, educadores e das famílias.

Para o MST (1999, p. 25), organizar o processo educativo das crianças em diversos tempos reforça o princípio da pedagogia do Movimento de que "a escola não é um lugar somente de estudar, ela é também um lugar de formação humana, e as dimensões da vida devem ter lugar nessa pedagogia." Dessa forma, os tempos educativos contribuem para o processo de organização das crianças, garantindo o espaço para suas brincadeiras, peraltices e sua participação coletiva. Marx (2008, p. 78) afirma que:

> O tempo é o espaço (*room*) do desenvolvimento humano. Um homem que não tem tempo livre de que disponha, um homem cuja vida inteira – afora as interrupções meramente físicas pelo sono, refeições etc.– esteja absorvida pelo seu trabalho para o ca-

pitalista, é menos que uma besta de carga. É uma mera máquina de produzir riqueza alheia, derreada no corpo e embrutecida no espírito. (Marx, 2008, p. 78)

O modo como está organizado o trabalho pedagógico na Ciranda Infantil do MST garante que as crianças explorem um espaço amplo e tenham contato com os elementos da natureza (chão de terra, grama, mata e hortas, fogo, sementes, animais, água etc.) em suas brincadeiras. Esses elementos estão disponíveis para a coletividade assentada. Assim, o subir na árvore, pendurar-se no cipó, brincar com a terra, com a água, tomar banho de rio e brincar com os pequenos animais fazem parte da vida das crianças no Assentamento Dom Tomás.

Gonçalves (2013a, p. 75) afirma que:

> Os elementos que estão ao seu redor, na natureza, fazem parte deste rico ambiente que constituem a vida no campo. Esta forte relação que têm com a natureza e com os animais constitui grande parte das brincadeiras, presentes na vida das crianças.

Zeiher (2004, p. 176) afirma que "as crianças nas suas atividades confrontam-se com elementos do seu meio ambiente, [...] identificam as dinâmicas sociais que exprimem nas possibilidades de ações efetivas das crianças." Desse modo, pode-se afirmar que os Sem Terrinha usufruem de amplos espaços e têm possibilidades de brincar não somente com brinquedos industrializados, mas buscam alternativas interagindo com a natureza que está ao seu redor. Segundo o MST (2011, p. 33): "A criança também aprende brincando, aguça sua curiosidade e desperta criatividade, por isso, a importância de valorizarmos o brincar e de brincarmos com as crianças."

Para Gonçalves (2013a), as crianças do assentamento, em sua complexidade na relação com a terra, com a natureza e com a luta, têm possibilidades de vivenciar uma infância que poucas crianças, podem vivenciar no contexto atual das grandes cidades. Nos assentamentos ainda existem espaços para as brincadeiras nas ruas e para a relação com os elementos da natureza, como a água e a terra, com a produção e com os pequenos animais, que desenvolvem a criatividade, a imaginação e a inventividade das crianças.

O parque infantil alternativo e o campo de futebol são outros espaços muito visitados pelas crianças da Ciranda do Dom Tomás. Para a construção do parque, que tive o privilégio de acompanhar, foi organizado um mutirão envolvendo todos e todas do assentamento. Esse dia foi regado com muitos lanches, cantorias, criatividades e lembranças do tempo da infância. Cada brinquedo construído era muito disputado pelas crianças, para experimentarem se funcionava. Para Rossetto (2009, p. 118), "o parque infantil alternativo é construído a partir da necessidade de ter espaços de recreação que promovem o encontro das crianças e suas brincadeiras."

Elas participaram tanto brincando, como ajudando na construção dos brinquedos. Davam opinião nas cores para pintar, ajudavam lixando e jogando terra para a instalação nos locais apropriados. Estes brinquedos foram construídos a partir de sobras de materiais, como por exemplo, troncos de madeiras, manilhas, caixotes para frutas, tábuas e ripas, coletados no próprio assentamento ou recebidos por meio de doações.

Um dos pais, seu José, chega com uma bandeira do MST e algumas ferramentas para ajudar na construção do parque infantil. Ele está acompanhado de seu filho Davi, de 3 anos, que fica observando enquanto todos e todas trabalhavam. Ele começa a brincar com as ferramentas e o pai, que logo pede que ele pare, alertando-o do perigo. Passados 40 minutos chega dona Célia e sua filha, Maria Clara, de 4 anos. As duas crianças, em meio aos adultos e outras crianças maiores, se juntam para brincar e, eventualmente, tentavam ajudar a lixar os brinquedos que estavam prontos, misturando aquela atividade às suas brincadeiras. Depois da pausa no trabalho para o lanche da tarde, os dois pequenos, já cansados de ir de um lado para o outro, sentam-se em um lugar cheio de folhas secas e começaram a brincar de construir uma estrada com as mesmas. No meio da brincadeira, eles encontram a bandeira do MST trazida pelo pai de Davi, a colocam no final da estrada de folhas, e dizem, puxando palavras de ordem, que aquilo era uma marcha do MST. Nesse momento, as demais crianças se juntam aos dois, cantando e simulando uma marcha das crianças com a bandeira ao redor do parque em construção. Em diálogo entre as duas crianças, depois de sua marcha, se pode escutar Davi dizendo: 'Essa bandeira é da ciranda, e lá em casa tem uma dessas plantada. ' – 'Plantada não, Davi, hasteada, essa é a bandeira do MST', responde Maria Clara. (Anotações do caderno de campo, maio de 2012).

A construção do parque durou dois finais de semana e, durante esse processo, ouvi muitos comentários das crianças sobre este espaço de brincadeiras e também sobre a importância delas estarem participando da sua construção, como registrado em anotações do caderno de campo de abril de 2012:

> Eu e Sandra pintamos dois brinquedos e vamos trazer muda de flores e grama para a gente não se sujar tanto. Foi muito bom participar da construção do parque infantil. (Marisa, 7 anos).
> Eu gostei do mutirão do parquinho, vieram muitos pais e ajudaram a colocar os brinquedos. Nós ajudamos a lixar e pintamos, depois brincamos um pouco. Durante o trabalho teve lanche para todos e todas: bolo, chocolate, bolacha doce e bolacha salgada, eu adorei o lanche. (Daniel, 7 anos).
> Eu gostei de ajudar a lixar os brinquedos da ciranda do assentamento, mas o melhor mesmo foi brincar em cada um deles quando ficava pronto. (Laís, 6 anos).

Pode-se perceber nas falas das crianças a satisfação de terem esse espaço disponível para suas brincadeiras e peraltices. Segundo o MST (2011, p. 33) "é importante garantir os espaços específicos para as crianças brincarem – como, por exemplo, o parque infantil". No entanto, mesmo tendo esse espaço disponível, sabemos que elas vão continuar a brincar em todos os lugares dos assentamentos e acampamentos, o que permite que os Sem Terrinha despertem sua curiosidade e seu desejo de criar e inventar, pondo sua imaginação para voar. Zeiher (2004, p. 175) afirma que:

> Quando as crianças brincam juntas, produzem entre elas, no decorrer do tempo um modo de encontrar-se em determinados lugares em tempos igualmente determinados. Esses processos sociais coletivos estão inseridos nas condições e nas possibilidades, determinada pelo meio social.

A organização das cirandas infantis demonstra que o Movimento vem se desafiando a fazer algo diferente, pois essa organicidade possibilita dar voz às crianças. Mesmo com todas as limitações, como a falta de condições materiais e de formação das educadoras e educadores, , as crianças são realmente sujeitos do processo, ou seja, elas, do seu jeito, participam da ciranda não somente como espectadoras, mas ajudam a decidir sobre o espaço coletivamente, e por isso são protagonistas do processo.

A organização do trabalho pedagógico: o processo de formação humana das crianças e a construção do conhecimento

Na organização do trabalho pedagógico da Ciranda Dom Tomás, buscamos analisar a organicidade, as educadoras junto com as crianças, e as atividades em alguns tempos educativos, com o objetivo de contribuir com o processo formação humana das crianças. Segundo Sordi e Silva (s/d, p. 6):

> Entendendo por Organização do Trabalho Pedagógico o trabalho efetivo desenvolvido na escola, no interior da sala de aula e

as ideias e ações que permeiam o projeto político-pedagógico. Consideramos o trabalho enquanto condição de produção do conhecimento; a Educação – enquanto práxis transformadora do sujeito; o Conhecimento – enquanto libertador do homem e possibilidade de superação do real.

Nas palavras de Freitas (2012, p. 93):

> A teoria educacional formula uma concepção de educação apoiada em um projeto histórico e discute as relações entre educação e sociedade em seu desenvolvimento; que tipo de homem se quer formar; os fins da educação, entre outros aspectos. A teoria pedagógica engloba em si uma área denominada Organização do Trabalho Pedagógico formulando princípios norteadores, desta forma inclui a própria didática.

Com esse entendimento, foram analisadas, durante a pesquisa, algumas atividades, como a elaboração do *Jornal das Crianças*. O mesmo tem como referência o *Jornal Sem Terrinha,* que teve seu exemplar publicado em 5 de outubro de 2007, e tem por objetivo ser um instrumento de comunicação do MST com as crianças. Sua finalidade é discutir a escola e a necessidade de se garantir a educação como um direito fundamental das crianças, e além disso, servir de motivação para a leitura e debate coletivo com as crianças.

Segundo Barros (2013), o *Jornal Sem Terrinha* favorece o aprendizado nas escolas do campo e nas cirandas infantis, disseminando práticas de leitura coletiva e afirmando o compromisso que o MST tem em relação às crianças. Esse foi um dos incentivos para que as crianças da Ciranda Dom Tomás criassem também seu instrumento de comunicação, o *Jornal das Crianças*, que tem como objetivo registrar as várias atividades realizadas no espaço da Ciranda e na Comuna da Terra Dom Tomás Balduíno. Reproduzo a seguir, o primeiro número, publicado no dia 30 de abril de 2011:

JORNAL DAS CRIANÇAS NÚMERO 1 – 30.04.2011

EDITORIAL: Olá Galera, Tudo bem? Nós, Crianças e Adolescentes que participam da Ciranda do Assentamento D. Tomas Tomás Balduíno resolvemos fazer um jornal para entregar no Encontro dos Sem Terrinha que vai acontecer no dia 30 de abril de 2011. As notícias foram escritas coletivamente e os assuntos foram sobre os temas que tratamos neste um ano de funcionamento. Esperamos que vocês gostem do nosso jornal. Fizemos uma eleição para escolher o nome e depois de uma disputa muito forte o nome vencedor foi esse:

AS CRIANÇAS DA CIRANDA

Na Ciranda nós brincamos e fazemos atividades. Nós tomamos lanche, almoçamos e jantamos. Nós discutimos sobre os agrotóxicos. Trabalhamos em Matemática e em Português e falamos sobre alimentação. Nós brincamos com os jogos, tomamos banho e arrumamos a sala. Na Ciranda lemos gibis, brincamos de roda-roda e de bicicleta. Fazemos pinturas, discutimos sobre alimentação. Um ótimo dia para vocês.
(Repórter:- Daniel).

ALIMENTAÇÃO

A Alimentação está muito perigosa por causa do tanto de agrotóxicos na produção das verduras, frutas e grãos. Os donos de grandes lotes estão usando muitos agrotóxicos nas plantações. Os brasileiros consomem 5,2 litros de agrotóxicos por ano. O agrotóxico faz mal para a saúde. O agrotóxico dos alimentos não dá para ver:
Então CUIDADO! (Repórter: Gleissom).

AS RUAS DO ASSENTAMENTO

Os moradores do D. Tomaz já sofreram bastante com as estradas que atravessam o assentamento. As chuvas faziam grandes buracos e nem o ônibus da escola podia passar. Depois de muitas lutas e pedidos conseguimos que o trator do Itesp arrumasse a estrada principal do Assentamento.
De dezembro de 2010 a janeiro de 2011 as crianças da ciranda mandaram cartas para o Itesp. Foi uma grande luta que afinal vencemos. Também o campo o maquinista deixou reto. Agora tem que colocar as traves e trabalhar bastante para o campo ficar mais certo e reto. Mas ainda quando chove muito faz buraco nas ruas. Agora os assentados do D. Tomaz, homens, mulheres, jovens e crianças devem conservar as estradas não deixando que a chuva volte a levar a terra e fazer grandes buracos. (Repórter: Thiago).

AGROTÓXICO MATA!

Venenos no prato do brasileiro. Nossos alimentos estão contaminados porque as lavouras em todo o Brasil são pulverizadas com grande quantidade de agrotóxicos.
PERIGO! Os agrotóxicos causam câncer, problemas hormonais, doenças de pele, problemas de rim, diarreia, vômitos, desmaios. (Repórteres: Mário e William).

OS ANIMAIS

Não ataca fogo à natureza, porque mata os animais e não se cria mais nada. (Repórteres: Ednei e Iago).

HOJE VAI CHOVER

Hoje vai ter sol. Pela manhã vai ter chuva. Pela tarde vai ter chuva de ovo de bombom. À noite vai ter chuva de caldo de cana.

Hoje vai ter sol de bala.
Hoje vai ter sol de banana.
Hoje vai ter sol de bolo.
Hoje vai ter chuva de uva.
Hoje vai ter sol de pipoca.
(Repórteres: Maicom e Jhonathan).

SURPRESA

Apareceu o maior repolho do mundo na visita que recebemos no início de abril. Ele era do agricultor José Santos. Também ele vendeu na feira do dia 13 de abril do assentamento Irmã Alberta repolhos muito grandes. Aqui no assentamento todo mundo planta cana, banana, uva, couve, repolho, tomate, milho, mandioca. Abóbora, melancia, manga, abacate. (Repórter: Patrik).

FEIRA DA CIRANDA

No início de abril o Assentamento recebeu uma visita. A visita vinha da Comunidade de Santa Gema de Santo André. No dia eles visitaram o Assentamento e compraram na feirinha que os assentados organizaram. Compraram várias coisas como: conserva de pimenta, mel, figo em calda feito pela Cleide, licor de uva, vinhos feitos pela Roseli. Banana, mexerica, inhame, alface, abóbora, beterraba, cenoura, cebolinha, mandioca, galinhas-caipira, queijo, trufas. A feira teve a participação de vários produtores do Assentamento

As crianças da Ciranda participaram contribuindo com produtos da cesta da qual foram vendidos 25 números e o dinheiro arrecadado foi gasto com uma bicicleta para a Ciranda. O valor arrecadado foi de 75 reais.

O setor de saúde também participou da feira com: xampu, pomadas, xaropes, óleo para banho e sabonetes. (Repórter: José Gabriel).

A escolha dos temas para serem trabalhados no *Jornal das Crianças* se dá nos núcleos de base e durante a escrita das notícias é estimulado que elas ajudem umas às outras coletivamente: As crianças escolhem o que querem escrever, desenvolvem a pesquisa sobre o tema, elaboram, dão sugestões de outros temas que ainda não foram trabalhados, leem e debatem no núcleo de base e ajudam cada uma a finalizar sua escrita. Boa parte dos temas é discutida com antecedência na as crianças completam as informações pesquisando na biblioteca e entrevistando os próprios assentados e assentadas. Além dos temas selecionados, também escrevem sobre os acontecimentos no assentamento, sendo os textos feitos, geralmente por uma, duas ou três crianças. Roseli, em entrevista, afirma que:

> A produção do jornal é uma coisa fantástica, muito boa, as crianças se sentem contempladas. Elas escrevem as notícias e depois elas leem o jornal. Elas ficam muito contentes de ver seu nome no jornal, levam para casa, leem novamente, mostram para os pais as notícias que escreveram, bom, cada número que sai é uma festa. Ah, os pequeninos também participam, eles fazem os desenhos que são publicados no jornal.

Observando o jornal, destacamos alguns temas que estão presentes no debate do jornal das crianças tais como a questão do *lixo* e do uso de *agrotóxicos*:

O lixo é um dos debates sempre presentes no cotidiano da ciranda é o cuidado com o lixo. O debate com as crianças sobre o tema é no sentido de irem construindo outra relação com a natureza. Hoje já se vê os reflexos desse debate nas casas das famílias, onde há uma maior preocupação em selecionar o lixo, usar adubos orgânicos para a plantação etc. É o que se pode verificar por meio de algumas reportagens sobre esse tema no *Jornal das Crianças*.

> Durante a visita do pessoal de Guarulhos na Área Social, os assentados trouxeram seus produtos para vender. Os compradores levaram os produtos, mas o pessoal do assentamento deixou muita sujeira: papéis, muitas sacolas de plásticos, restos do café que foi tomado, as crianças tiveram de limpar essa sujeira. As crianças gostariam que as pessoas mantivessem a limpeza no assentamento. (Thiago, 12 anos – reportagem do jornal n. 2).
> Nunca coloque fogo na mata para não matar os animais, as árvores. Muitas das vezes o lixo nos atrapalha. Mas o lixo pode

ser reciclado ou reutilizado. Com um tipo de lixo, por exemplo: garrafa pet, lata de alumínio, caixa de leite, caixa de sapato etc., podemos reutilizar e fazer brinquedos. Podemos enfeitar o pote de manteiga para guardar alguma coisa. Reciclar é mais difícil, porque é fazer o material novamente. Por exemplo, para fazer a garrafa novamente temos que derreter. Podemos vender latinha, fio de cobre e outros materiais. Vamos cuidar da natureza que é dever de todos! (David, 11 anos – reportagem do jornal n. 4).

O uso de agrotóxicos na produção dos alimentos foi outro tema muito trabalhado na Ciranda Infantil. Segundo Roseli, em entrevista, "mudar essa postura dos pais foi um grande desafio, muitos já mudaram, mais ainda tem aqueles que usam os venenos na sua plantação". Dessa forma, esse tema tornou-se presente na educação alimentar das crianças da ciranda infantil. Segundo ela, já se nota diferença nos hábitos alimentares, tanto das crianças quanto das famílias. Há uma maior preocupação com a produção dos alimentos e boa parte dos assentados e assentadas vem buscando produzir seus alimentos orgânicos.

Para além do jornal, outra atividade observada durante a pesquisa foi a *horta*. Essa atividade teve como objetivo trabalhar a produção agroecológica e orgânica com os assentados. Segundo Roseli, "nessas atividades sempre há uma participação muito grande das famílias independentemente se têm filhos na ciranda ou não". Foi possível observar, no momento da pesquisa, que todos que procuravam a ciranda queriam informações sobre o adubo orgânico, que estava sendo trabalhado com as crianças, e até mesmo se ofereciam para ajudar as educadoras e educadores. Dessa forma, as educadoras e educadores foram envolvendo também os pais para ajudar na horta de experimento, principalmente quando ia algum técnico. Marilene afirma que "esse foi um jeito de passar os aprendizados da ciranda para os pais, para as famílias". Conforme as reportagens no *Jornal das Crianças*:

No dia 23 de maio fiz uma entrevista com Nice. Ela veio do Assentamento Irmã Alberta falar sobre como plantar sementes e o tempo certo para se plantar. Ela disse que a mesma terra não é a mesma em qualquer lugar para plantar. A Nice ensinou como tratar a semente, guardar e a fazer mudas nas plantações das casas aqui no assentamento. Fizemos mudas para plantações de abóbora, uva, cenoura, salsinha, alface, morango, amora, abacaxi, cebolinha, melancia, milho, banana etc. No assentamento encontramos diversos tipos de plantas cultivadas pelos assentados, todas são orgânicas. (Vanderley, 11 anos – reportagem do jornal n. 2). Na Ciranda fizemos a atividade de identificar as árvores que existem na área social do assentamento. Conseguimos descobrir os nomes de 18 árvores. São elas: aroeira, assa-peixe, jaca, goiaba, abacate, manga, morango, amora, limão, orvalha, bananeira, figo, coqueiro, jamelão, caju, ingá, pinheiro, araucária. Plantamos também figo e abacate. E colocamos adubo orgânico em todas elas, eu gostei de fazer esta atividade. (Danielle, 9 anos – reportagem do jornal n. 4). No Assentamento D. Tomás algumas famílias criam abelhas, e cada vez mais produzindo e vendendo mel. Estamos cuidando das nossas abelhas: trocando a cerca e nós plantamos flores para ajudar as abelhas na produção do mel. (Isabela, 8 anos – reportagem do jornal n. 3).

É importante observar que o trabalho que as crianças realizam aqui é um trabalho educativo que permite a criação e a construção de novas relações com os outros seres humanos e com a natureza. Esse trabalho faz parte do cotidiano de todos e todas na comunidade, inclusive das crianças, como atividade privilegiada de construção de valores e exercício da cooperação na coletividade. Segundo o MST (2011, p. 41).

As crianças estão presentes em todos os espaços: nas casas, ruas do assentamento ou acampamento, nas escolas, na ciranda infantil, nos roçados e às vezes participando da produção dos próprios alimentos. E ao participar desses espaços, as crianças vão contribuindo com seu trabalho para a produção da vida, da resistência, dos sujeitos do campo, construindo suas relações e experiências dentro das suas possibilidades reais a sua existência na coletividade.

Gobbi (2012), ao desenvolver sua pesquisa de fotografias com as crianças do Assentamento Dom Tomás, verifica essa participação das crianças em vários espaços. Segundo a autora (2012, p. 39):

> As crianças conhecem as famílias dos colegas, bem como aspectos de suas formas de vida, remetem às concepções de jeito de se viver na roça em que muitos são solicitados para os mutirões nas construções das casas e, no assentamento, em especial, o plantio que é feito pelas famílias e amigos vizinhos.

Dessa forma, é possível dizer que os Sem Terrinha sempre estão em contato com as dimensões do trabalho educativo. Como afirma Frigotto (2006, p. 247), "o trabalho é um processo que permeia todo o ser do homem e constitui a sua especificidade na produção de todas as dimensões da vida humana". ainda segundo o autor (2006, p. 266):

> O trabalho é uma atividade que responde às necessidades de sua vida cultural, social, estética, simbólica, lúdica e afetiva [...] e é pela atividade que o ser humano transcende como ser da natureza orgânica e se constitui ser social, dando respostas às suas necessidades vitais.

Na observação para a pesquisa, durante um trabalho de reorganização do ambiente pedagógico da ciranda, as crianças foram dando sugestões e fazendo cartazes para o embelezamento do espaço, foram organizando os jogos e os brinquedos, enquanto outras crianças iam fazendo a limpeza. Davi, de 3 anos, que estava sentado no chão, brincando, ficou parado olhando para o grupo e disse: "Roseli, Roseli, acho que precisa organizar também a horta, ela é muito importante para nossa alimentação". Roseli em entrevista afirma:

> No início da ciranda a maioria das crianças não gostava de todo o tipo de alimentos, verduras etc. Com o trabalho realizado na horta nós fomos colocando a importância de comermos alimento saudável e o uso de venenos na produção dos alimentos

e o quanto isso prejudica a nossa saúde. Esse trabalho na horta é muito interessante, pois além das crianças irem colocando outros tipos de alimentos no prato na hora das refeições, começaram também a pedir em casa os alimentos que comiam na ciranda e, às vezes, os pais não produziam esse tipo de alimento. Isso levou alguns pais a fazer hortas próximas as suas casas e começaram um debate no assentamento sobre o uso dos venenos. Hoje boa parte dos assentados busca diversificar e cultivar seus alimentos num sistema agroecológico reduzindo o uso de venenos na plantação.

É importante destacar que o trabalho, nessa perspectiva, possui uma dimensão ontológica e uma dimensão histórica. O caráter ontológico significa a mediação entre homem e natureza, que nas palavras de Marx (1985, p. 153):

> É atividade orientada a um fim para produzir valores de uso, apropriação do natural para satisfazer as necessidades humanas, condição universal do metabolismo entre homem e Natureza, condição natural e eterna da vida humana e, portanto, independentemente de qualquer forma dessa vida, sendo antes igualmente comum a todas as suas formas sociais.

Segundo Lessa e Tonet (2011, p. 26):

> O trabalho é o fundamento do ser social porque transforma a natureza na base material indispensável ao mundo dos homens. Ele possibilita que, ao transformarem a natureza, os homens também se transformem. E essa articulada transformação da natureza e dos indivíduos permite a constante construção de novas situações históricas, de novas relações sociais, de novos conhecimentos e habilidades, num processo de acumulação constante (e contraditório, como veremos). É esse processo de acumulação de novas situações e de novos conhecimentos – o que significa novas possibilidades de evolução – que faz com que o desenvolvimento do ser social seja ontologicamente (isto é, no plano do ser) distinto da natureza.

Assim, entendemos que o trabalho realizado com/pelas crianças Sem Terra na Ciranda Infantil do Assentamento

Dom Tomás Balduíno está relacionado às necessidades humanas históricas. Como afirma Kosik (1995, p. 188), "A relação entre necessidade e liberdade é uma relação historicamente condicionada e variável, pois o trabalho humano não se dá fora das necessidades, mas, ao mesmo tempo, supera e cria outras, no processo de socialização humana". Segundo Benjamin (1984, p. 90):

> A educação é em função da luta de classes, mas não apenas isso. Ela se coloca, segundo o credo comunista, a serviço das metas revolucionárias. Mas esse meio social não é apenas lutas, mas também trabalho, a educação apresenta-se ao mesmo tempo como educação revolucionária do trabalho.

É importante ressaltar que depois de pronto o jornal das crianças é lido para toda a comunidade do Assentamento Dom Tomás Balduíno, no anfiteatro. A leitura é realizada pelos autores e autoras que fizeram cada reportagem. Normalmente, os pais ficam muito orgulhosos dos filhos e filhas e, algumas vezes, ficam surpresos com a capacidade de leitura, pesquisa, entrevistas e desenhos dos Sem Terrinha. As atividades desenvolvidas na ciranda infantil, como o *Jornal das Crianças*, cumprem um papel de informação e formação, não só das crianças como também de toda a família do assentamento.

Além do jornal, outra atividade interessante de ser comentada é o acampamento em comemoração ao aniversário do assentamento.

A ideia de fazer um acampamento na festa de aniversário do assentamento teve por objetivo levar as crianças a reviverem alguns momentos do período em que seus pais passaram no processo de luta pela terra. Essa atividade se fez necessária, pois muitas crianças que estão no assentamento nasceram depois da conquista da terra. Marilene, em entrevista afirma que:

> O acampamento é a festa de comemoração de aniversário do assentamento. Nesse dia dormimos lá na ciranda. Os pais conta-

ram como foi a ocupação, fizemos fogueira, foi muito legal, as crianças gostaram muito, sempre eles perguntam quando vai ser o próximo acampamento, esse momento foi de rememorar nossa história da luta pela terra. Foi legal porque muitas crianças que hoje frequentam a Ciranda já nasceram no assentamento, não viveram no período do acampamento.

A entrevistada avalia que a atividade foi muito importante para as crianças, pois "elas ficam conhecendo um pouco da realidade da vida dos acampados que está no processo de luta pela terra e também passam a conhecer com mais propriedade a luta dos seus pais".

A história do assentamento foi contada pelos pais, em volta da fogueira, com direito a batata-doce, cantoria e histórias de assombração. Roseli afirma que "difícil foi colocar as crianças para dormir, pois elas queriam mais. Por elas nós ficaríamos acordados até o dia amanhecer", o que se pode constatar em algumas falas:

No acampamento vieram muitas pessoas. A gente brincou de esconde-esconde no escuro. Teve uma história de terror, fogueira, teatro, piada. Teve tanta torta, suco. Eu gostei muito do acampamento. Quem não veio perdeu. Foi muito legal, gostei muito, foi muito bom mesmo. (Daniel, 10 anos – entrevista realizado em agosto de 2013).

No dia primeiro de julho teve o acampamento da ciranda, foi muito divertido. Teve primeiro a janta para as crianças e depois aconteceu a apresentação das peças de teatro. Depois a Jade nos contou uma história de terror. Quando amanheceu tomamos café da manhã e fomos embora. (Ester, 8 anos – entrevista realizado em agosto de 2013).

No acampamento da ciranda teve várias atividades divertidas. Quando chegamos na ciranda já era tarde, umas 6 horas e logo após nós jantamos. Depois teve apresentação de várias peças de teatro que as crianças organizaram. Teve muitos doces, teve a fogueira, nós, nas cadeiras em volta, contamos piadas, cantamos parlendas, teve histórias de como foi a ocupação do assentamento e de terror. Eu achei muito legal foi a participação das edu-

> cadoras, dos pais e mães e de todos os meus colegas. (David, 11 anos – entrevista realizado em julho de 2013).
>
> A fogueira foi muito legal, seu José contou como foi feita a ocupação do assentamento e como foi a luta pela terra dos nossos pais e mães. Teve também muitas piadas, história de terror, brincadeiras e batata-doce. (Danielle, 9 anos – entrevista realizado em setembro de 2013).
>
> Eu gostei de ter participado do acampamento. Eu sugiro que o próximo acampamento seja na mata. Seria legal: eu ficaria contando piada, fazendo brincadeiras e contando histórias de terror dando muitas risadas. (Jonas, 11 anos – entrevista realizado em setembro de 2013).
>
> Eu gostei muito do acampamento. Nós contamos piadas e cantamos em volta da fogueira comendo batata-doce. (Bruna, 5 anos –entrevista realizado em agosto de 2013).

Nessa atividade foi possível observar uma participação muito grande dos pais e mães das crianças, tanto nas atividades programadas no planejamento, como na contação de história e cantoria, mas também nas tarefas de preparar o jantar, o lanche etc., para garantir que tudo acontecesse conforme a programação.

Outra atividade bem interessante são as *Tardes Culturais*, organizadas pelas educadoras, que proporcionam às crianças e à comunidade atividades como, por exemplo, peça de teatro infantil, contação de história, a leitura do jornal das crianças, cantoria e jogos de futebol acompanhados de muita pipoca, bolo, sucos e frutas, oferecidos pela comunidade.

Normalmente, essa atividade é realizada no anfiteatro e recebe muitos participantes, sendo responsabilidade das educadoras de preparem tudo, garantindo o envolvimento das crianças. Este é também um momento das pessoas da comunidade se encontrarem, conversarem, fazerem suas cantorias, contação de casos etc.

> Eu achei bem boa a tarde cultural, as vezes nós assistimos filmes bem engraçados, teve um dia que nós assistimos um que falava

das galinhas. (Laís, 9 anos – anotações do caderno de campo, julho de 2013).

Eu gosto bastante da tarde cultural, nós assistimos teatro, teve uma peça que foi muito engraçada: as aventuras de pepino, ela foi muito boa. (Antônio, 5 anos – anotações do caderno de campo, julho de 2013).

Um dia, na tarde cultural, nós fizemos o aniversário de Irma Aberta, foi muito legal, teve muito bolo. (Bianca, 6 anos – anotações do caderno de campo, julho de 2013).

A tarde cultural é bem legal, tem dias que jogamos futebol, brincamos, contamos história; outro dia teve a peça de teatro *Algo de Negro,* que foi bem legal. No começo foi um pouco assustador. Mas depois eu entendi melhor a mensagem da peça. (Tiago, 12 anos – anotações do caderno de campo, julho de 2013).

Eu gosto das tardes culturais, teve um dia que Gláucia pintou o rosto das crianças. As crianças deram nome aos fantoches e elas apresentaram uma peça de teatro com eles, foi muito engraçado. (Gleisson, 10 anos – anotações do caderno de campo, julho de 2013).

Assim, as tardes culturais das crianças da ciranda infantil, com muitas brincadeiras, jogos e teatro, são momentos de festa não só para as crianças, mas para toda a comunidade.

Na semana do professor, as educadoras realizaram uma tarde cultural em homenagem a Paulo Freire, montaram um vídeo, que elas mesmas organizaram com fotos e algumas músicas da luta e da educação, e passaram para os Sem Terrinha. Algumas crianças que tinham participado do V e VI Congressos do MST falaram das brincadeiras, do teatro, da festa de aniversário do MST, e que a Ciranda se chamava Paulo Freire, e disseram que tinha um retrato dele, muito grande, na entrada. Segundo as crianças:

Eu gosto do Paulo Freire, eu sei que ele foi um bom professor e se preocupou com a educação dos mais pobres. (Michael, 7 anos – anotações do caderno de campo, agosto de 2013).

Eu sei que Paulo Freire foi uma pessoa importante para a educação e que ele gostava do MST, por isso já gosto muito dele. (Laís, 9 anos – anotações do caderno de campo, setembro de 2013).

Eu gostei da tarde socialista sobre Paulo Freire penso que foi uma bela homenagem para as educadoras e para nós saber mais um pouquinho sobre a vida dele. (Lucas, 11 anos – entrevista realizada em setembro de 2013).

Algumas entrevistas com os adolescentes também trouxeram relatos da Ciranda Infantil como um elemento importante para ter contato com alguns pensadores e para o seu processo de formação.

Através das conversas, filmes, painel, cartaz, que tive contato na Ciranda Infantil, que passamos a conhecer e ter contatos com o pensamento de pessoas importantes para a luta como exemplo: Paulo Freire, Florestan Fernandes, Che, Olga e muitos outros. (Fernanda, 15 anos – entrevista realizada em outubro de 2013).

Através das músicas, fotos e vídeos que nós começamos a conhecer o pensamento de Paulo Freire e Che Guevara. As educadoras sempre nos explicavam quem foram eles, e no que eles acreditavam para fazer uma mudança do mundo sem capitalismo, ou seja, transformar a sociedade. Eles foram nossa base na formação lá na ciranda. (Raíza, 14 anos, – entrevista realizada em novembro de 2013).

Ana Gabriela, em uma escola pública do estado de Rondônia.

Quando frequentava a Ciranda Infantil do curso de Pedagogia da terra da minha mãe, um fato me marcou muito. Em uma das etapas tive a oportunidade de conhecer Clodomir de Moraes. Ele chegou na Ciranda conversou com as crianças, perguntou o que nós estávamos fazendo e mostramos nossos desenhos para ele, disse que estavam lindos. Na hora dos agradecimentos, as educadoras e nós escolhemos alguns dos desenhos e demos para ele. Tempos depois, já no ensino médio, um professor estava nos recomendando e falando sobre um livro 'autografado' que ele havia adquirido sobre Clodomir de Moraes. Eu disse que já conhecia e que era uma pessoa muito simpática. O professor deu um sorriso para mim, como quem diz 'que mentira absurda'. Uns dias depois o professor comentou com minha mãe, mostrou o livro e ela confirmou que eu realmente já havia estado com ele. A partir disso os professores ficaram mais atentos para nossas falas em sala de aula. Pois antes disso muitos de nós éramos discriminados por algumas pessoas desta escola, hoje eles nos olham com outros olhares. Fiquem pensando que nas nossas jornadas socialistas nós sempre tivemos os privilégios de estudar sobre alguns pensadores e às vezes conhecemos esses pensadores ou os filhos deles, coisa que parece ser bem difícil para outras crianças que não vivem nossa realidade. (Ana Gabriela, 16 anos – entrevista realizada em novembro de 2013). Lembro que um dia num encontro nacional do Movimento no estado do Paraná nós conhecemos a Aleida Guevara. Ela estava no encontro e foi na ciranda. Mais tarde na plenária ela falou sobre o Che. Ouvir falar da vida dele foi muito emocionante. Eu me lembro dela até hoje. (Dandara, 16 anos – entrevista realizada em março de 2013).

Além das tardes culturais, outra atividade que a pesquisa de campo pode acompanhar foram algumas oficinas, como por exemplo, de cestos com fibra de bananeiras, tapetes e toalhas de fuxico, que é uma técnica de reaproveitamento de sobras de tecido feita principalmente pela população de baixa renda e pelas comunidades rurais.

A oficina de fuxico foi organizada na semana das mães, no sentido de romper com a ideia de compras de presentes, pois nem todas as crianças tinham dinheiro para tal. De acordo com Marilene, em entrevista, "aqui na Ciranda do Assentamento Dom Tomás resolvemos romper com a ideia de que Dia das Mães é dia de comprar presente e dar lucro para os comerciantes".

Para essa atividade, as crianças foram organizadas em diversos grupos, conforme os tipos de fuxico que gostariam de fazer. Os tecidos foram divididos por cores e tamanhos, e , as crianças sempre iam ajudando umas às outras, havia uma colaboração principalmente das maiores com as menores e as que tinham mais dificuldade.

Depois dos fuxicos prontos, as crianças enfeitaram potinhos com eles. Algumas crianças e educadoras, depois que aprenderam a técnica, até criaram novos modelos. Segundo Bruna[3] "se as pessoas do assentamento quiserem aprender a fazer fuxico, podemos combinar um encontro na ciranda. É possível fazer broches, cintos, colares, enfeites de cabelo, sacolas e muitas outras coisas".

Com criatividade, bom gosto e alegria, as educadoras e as crianças organizaram as oficinas, como por exemplo, de fantoches, utilizando também sucata para fazerem peças de teatro. Com isso, elas fizeram várias figuras para sua contação de história de ficção, mas também de sua realidade. Houve também uma oficina de brinquedos de materiais reciclados: as caixas de leite ganhavam forma e viraram jacarés; as garrafas pet viraram vai e vem, boliches, cestinhas de flores; as caixas de papelão se tornaram robôs, espantalhos, carros e trens. As sobras de mangueiras se tornaram bons bambolês, e assim foram todas as oficinas, com criatividade, com inventibilidade; a imaginação e a fantasia das crianças foram o tempero de cada uma. Elas não esquecem a oficina de fotografia, como disse Daniella,

> Nós fizemos uma máquina de tirar foto de papelão e de papel cartão, também uma de lata. Com a máquina de lata nós tiramos fotos de verdade, foi muito, dez. Com a de papel cartão dava para ver as coisas de ponta cabeça. Nós revelamos as fotos, foi bem bacana. (Daniella, 9 anos – anotações do caderno de campo, em abril de 2012).

Na oficina de fotografia, Gobbi (2012, p. 36) colocou que:

> As crianças parecem ver com olhos curiosos, olho de estrangeiro, o percurso de cada pedaço da terra visitado: como observadores que visitam e revisitam espaços, a princípio já tão conhecidos, investigando-os. As fotografias podem tornar-se estudos, histórias

---

[3] Bruna, 5 anos – entrevista realizado em agosto de 2013.

contadas por imagens, sem as quais poderíamos deixar passar ao largo tantas outras imagens que estão presentes e não vemos.

Além das oficinas já descritas, houve também a produção de uma música que faria parte do CD *Plantando Ciranda 3*. Nas oficinas, se reuniram os Sem Terrinha, os educadores, as educadoras, os tocadores, as tocadoras e os/as cantantes, em roda, e, brincando, falaram sobre a música, compuseram versos, contaram a que vieram e de onde vieram, colocando em cantigas seus sonhos e realidades. Segundo documento do MST (2014, p. 2):

> Foi assim que surgiu este verdadeiro mutirão de cantoria [...]. A criançada animada ora compunha as letras, ora cantava as canções, ora fazia desenhos pra colorir a Ciranda. Enquanto outros tocavam, experimentavam instrumentos, ritmos e juntavam notas musicais que deram forma às melodias e rimas que aqui apresentamos.

Na Ciranda Infantil do Assentamento Dom Tomás não foi diferente para a composição de trecho da música *Unidos do Amanhã*. A composição foi coletiva, com as crianças das Comunas da Terra Dom Tomás Balduíno, Dom Pedro Casaldáliga, Irmã Alberta e da Comuna Urbana Dom Helder Câmara. No caderno, Plantando Cirandas 3 (2014, p. 32), veem-se letras das músicas compostas pelas crianças Sem Terrinha:

> A Lona Preta tocando brota a semente do chão
> Sem Terrinha é o futuro da nação
> No campo e na cidade tem amor e união
> Sem Terrinha pra fazer revolução.
> Tudo começou lá no barracão antes da gente nascer
> De noite a batucada reunia o pessoal
> Marchando até a entrada do acampamento, era o nosso carnaval.
> Nascemos pra lutar, lutamos pra vencer
> Em reunião, em mutirão, ciranda que tem desde a ocupação
> O Movimento é pra valer, no campo e na cidade somos MST
> E na Comuna a gente planta sem veneno
> Que e pra comida ser gostosa e fazer bem
> Afasta o mato, cava um buraco, põe com carinho a semente.

Tem que adubar, tem que regar,
Cuidar bem assim permanente
Depois o tempo passa a gente colhe, a gente come.
E começa tudo outra vez
De manhã cedo vejo a bandeira ao sol, de casa em casa vou chamar pro futebol.
Depois de estudar, no rio vou nadar, juntar o Sem Terrinha pra brincar
Se a lua chegar, vamos descansar, sonhando com a conquista que virá
Comuna porque é na comunidade a nossa história
Que agora o Sem Terrinha vem contar.

Dessa forma, é possível analisar que o envolvimento das crianças nos diversos tempos educativos – sejam eles atividades em sala de aula ou espaços da organicidade da ciranda –, faz parte do processo de formação para as mesmas. Podemos observar isso pelas falas das crianças, por exemplo, sobre a reforma agrária, sobre a luta pela terra, sobre o uso de venenos na produção, a defesa de uma produção agroecológica, ou mesmo na atitude delas em relação aos colegas, às educadoras e em relação às famílias. Segundo Roseli,

> Acredito que mesmo com todas nossas limitações, principalmente das condições materiais, estamos tentando desenvolver uma educação mais voltada para nossa realidade pensado as futuras gerações; digo isso porque nós educadoras pensávamos que a ciranda, ao deixar de funcionar em período integral, acreditávamos que a atitude delas também ia sofrer alterações, mas ao contrário, elas estão muito atentas a tudo que acontece.

Nesse processo de formação, as educadoras permitem que as crianças possam criar, recriar e inventar na ciranda infantil, como afirma Faria (2005, p. 72-74):

> A organização do espaço físico das instituições de educação infantil deve levar em consideração todas as dimensões humanas potencializadas nas crianças: o imaginário, o lúdico, o artístico, o afetivo, o cognitivo [...] com certeza essa é fonte de inspiração para

os adultos que assim também desejam e pretendem construir uma pedagogia para a educação infantil das novas gerações: leveza, rapidez, exatidão, visibilidade, multiplicidade, consistência.

Assim, misturando as brincadeiras, o trabalho e a dimensão da luta, as Cirandas Infantis do MST estão dando uma contribuição preciosa para a formação humana das crianças numa perspectiva emancipatória.

Segundo Gobbi (2012, p. 26-42):

> A prática de uma educação emancipadora é concebida nessa perspectiva, em que se busca a oportunidade de atentar para elementos das culturas infantis, desde a mais terna idade [...]. As Cirandas Infantis procuram construir formas de vida mais justas e igualitárias, em que meninas e meninos constroem partes de suas vidas, inventam espaços e ambientes, reorganizam suas culturas e deixam suas marcas.

Compreendemos que a Ciranda Infantil tem muito a contribuir na formação das novas gerações, até porque, se os movimentos sociais se eximirem de intervir nesse sentido, a sociedade capitalista continuará a reproduzir a sua própria concepção de educação. A ciranda também é um espaço educativo, político e de formação humana dos continuadores da luta, e é nela que as crianças ajudam a construir o Movimento dos Trabalhadores Rurais Sem Terra, sem deixar de ser e viver seu tempo da infância.

Outra atividade muito importante são os já mencionados Encontros dos Sem Terrinha, que vêm sendo realizados em todo o Brasil desde 1994. Nesse espaço, as crianças brincam, cantam, ouvem histórias e reivindicam seus direitos.

É importante ressaltar que os Encontros já fazem parte do calendário de luta do MST. Segundo Rossetto (2009), no estado de São Paulo, o primeiro encontro estadual aconteceu em outubro de 1996, reunindo 700 crianças com o tema "Reforma Agrária, uma luta de todos e do sem terrinha também". Foi nesse encontro que começaram a usar o termo Sem Terrinha, com o intuito de trabalhar a pertença ao Movimento, pois muitas das crianças sofriam preconceito nas escolas da cidade e tinham vergonha de se identificar como crianças Sem Terra.

Na regional da Grande São Paulo, em especial, o primeiro encontro foi realizado no acampamento Irmã Alberta, em outubro de 2002, com a temática da importância das crianças na luta pela terra. Este teve a duração de um dia e contou com três oficinas: construção de brinquedos, artesanato e livro de pano. Os encontros de 2006 e 2008 foram realizados no município de Jarinu/SP e reuniram 300 crianças e 40 educadores, e tiveram como tema: "Alimentação saudável e educação de qualidade, direito do sem terrinha do campo e da cidade".

O encontro regional de 2010 teve como tema: "Sem Terrinha: por escola, terra e dignidade" e teve a participação de 400 crianças. A programação contou com as seguintes oficinas: piada e palhaço, contação de histórias, percussão, construção de brinquedo, dança cacuriá, danças brasileiras, capoeira, pipas, *hip hop*, jogos teatrais, maquete, maculelê, confecção de máscara, e corpo e movimento.

O objetivo das oficinas pedagógicas nos Encontros dos Sem Terrinha é incentivar a criatividade, a fantasia e a brincadeira. Segundo Ferreira (2002, p. 162),

> O lúdico enquanto manifestação humana nos encontros dos sem terrinha tem um conteúdo ontológico fundamental que é a liberdade e não está desvinculada da vida, pois as brincadeiras dos encontros se identificam com as lutas do mundo e, por isso, chamam para um novo jogo, em um novo contexto, verdadeiramente livre em busca de uma verdadeira e total emancipação humana.

É importante ressaltar que as oficinas são espaços de atividades lúdicas pedagógicas, com duração de uma hora cada. Geralmente, elas acontecem simultaneamente. Além disso, nesse último encontro, aconteceu uma atividade de escrita de cartas para crianças de outros assentamentos da regional. Sara Silva (2011, p. 29) afirma que: "as crianças dos quatro assentamentos trocaram cartas e desenhos sobre como era a escola delas e que expectativas tinham para o encontro, além de dizerem de que oficinas gostariam de participar".

Os encontros de 2011 e 2012 foram realizados no Centro de Educação e Convivência, localizado no município de Várzea Paulista, e o de 2013 foi num centro esportivo no município de Jundiaí. Para a organização desses três últimos encontros, foram convocadas reuniões com uns 5 meses de antecedência para a preparação de cada encontro. Nas reuniões são organizadas as equipes de trabalho, como por exemplo, as equipes da mística, de agradecimento, de divulgação, de programação, de alimentação e de transporte. O tema trabalhado foi em 2013 "Fechar escolas é crime", que por ser uma demanda de todos os estados, desencadeou uma campanha nacional de denúncia do fechamento das escolas do campo.

A programação dos encontros contou com diversas oficinas, como de costume, mas dessa vez organizadas por idade, sendo as de música, acrobacia, estêncil, *blog*, construção de brinquedo e história direcionadas para as crianças de 7 a 12; as atividades de dança, desenho e história para as crianças de 3 a 6 anos; e para os bebês de 1 e 2 anos houve atividades de massagem, músicas e história de fantoche.

As crianças participaram ativamente das oficinas, conforme relato da educadora Vanessa, uma das responsáveis pela ciranda do encontro, e que estava na oficina de confecção de brinquedos:

> Gosto de trabalhar com material reciclável, porque as crianças têm um acesso mais fácil. Esse material faz parte do cotidiano das crianças. A ideia é fazer com que esse material se transforme em algo lúdico, usando a criatividade e imaginação, a criança pode ter uma garrafinha, e trabalhando com vários elementos ter

imaginação para enfeitá-las. Então a gente pensou em fazer um chocalho com garrafa pet, miçangas e sementes, tentando deixar o instrumento com o jeito da criança. Outro que a gente propôs a fazer foi o pandeiro feito com pratinhos de festa, algo que não é difícil de encontrar. É um pouco mais trabalhoso, mas houve participação interessante das crianças.

Marília e Andréa também relataram sua oficina como muito participativa e significativa:

> A oficina de desenho teve como princípio estimular um pouco a reflexão e criatividade das crianças, através do desenho individual e coletivo. No primeiro momento, orientamos as crianças a fazer um desenho para presentear alguém. No segundo momento foi a construção de um boneco, a ideia de criar um desenho coletivo, cada um fez uma parte do corpo do boneco, orelha, nariz, olho, boca [...]. E para finalizar fizemos um relaxamento, eles gostaram muito dessa parte, deitaram no chão e imaginaram o lugar que os deixava mais felizes, o que gostariam que tivesse mais no mundo. Depois disso orientamos para desenharem e colocamos em cima do bonecão, como se o pensamento dele fosse o pensamento das crianças.

Além das oficinas, nos encontros acontecem sempre muitas brincadeiras e cantoria de roda, como, por exemplo os cantos tradicionais da cultura popular: "ô abre a roda tindô lelé" e "Quem te ensinou a nadar", E além de muitos gritos de ordem criados pelas próprias crianças durante a fase preparatória, conforme o *Jornal das Crianças* n. 3:

> – Assentamento Irmã Alberta: "Fechar escola é crime, é crime, é crime".
> – Assentamento Dom Pedro Casaldáliga: "Na vitória ou na derrota, eu sempre gritarei. Sem Terrinha sempre serei, Sem Terrinha sempre serei, Sem Terrinha sempre serei".
> – Do assentamento Dom Tomás Balduíno: "Comuna da Terra Dom Tomás Balduíno, educação do campo é direito e não esmola".
> – A Comuna Urbana Dom Helder: "Ciranda Infantil Comuna Urbana Dom Hélder Câmara".

E existem outros já conhecidos como:

"Quem são vocês? Sem Terrinha outra vez; o que é que trazem? Esperança e nada mais. Esta onda pega? Esta onda já pegou, pra anunciar que o Sem Terrinha já chegou";

"Bandeira, bandeira, bandeira vermelhinha. O futuro da nação está nas mãos dos Sem Terrinha";

"Estrela que brilha, que brilha sem parar, levanta Sem Terrinha vamos nos organizar".

São gritos que carregam os objetivos e a esperança de organização dos próprios trabalhadores. Eles só foram possíveis porque essas crianças estão inseridas numa experiência que está construindo novas possibilidades de vida.

Todas as atividades proporcionam muita diversão, brincadeiras, cantorias, mescladas aos momentos de debater o tema do encontro, como, por exemplo, o tema "fechar escola é crime", o que se reflete nas palavras das próprias crianças sobre o encontro:

> Eu gostei das oficinas, sempre aprendemos coisas novas e ainda faço muitos amigos em cada oficina. (Anderson, 7 anos – anotações do caderno de campo outubro de 2012).
>
> Eu participei da mística de abertura, foi uma ocupação de um latifúndio, isso foi muito importante pra nós. Ficamos bastantes dias preparando, fizemos um estudo sobre o que era latifúndio, agronegócio, agroecologia, ai fizemos desenho, escolhemos as músicas e o hino do MST que ia cantar no encontro do sem terrinha. Eu adorei o encontro, o local tinha muito espaço, era "da hora", tinha espaço para agente inventar brincadeiras de todo tipo. (Vitor, 12 anos – entrevista realizada em abril de 2014).
>
> Eu acho os Encontros dos Sem Terrinha importante, além de fazer amigos e ter muitas brincadeiras, é um momento de lutar pelos nossos direitos nas prefeituras e nas secretarias de educação, é o momento de reivindicar do poder público escolas de qualidade. (William, 16 anos – entrevista realizada em outubro de 2013).
>
> Nas jornadas dos Sem Terrinha é um espaço de reivindicações nas prefeituras por escolas, material escolar, merenda de qualidade boa e sem nada de enlatados nem transgênicos, biblioteca,

parques infantis e outras coisas. (Iago, 11 anos – anotações do caderno de campo, setembro de 2013).

Sobre o processo de formação nesses encontros, Fabinho, educador da ciranda infantil na regional do MST de Itapeva, assim se referiu, em entrevista realizada no dia 19 de outubro de 2013:

> Uma das marcas que trago desse processo de formação nos Encontros dos Sem Terrinha foi uma reunião com o secretário de educação lá em São Paulo. Estávamos em uma comissão, cinco crianças mais os dirigentes do setor de educação, e todo mundo olhava para nós, como se fossemos extraterrestres. Primeiro ficamos meios assustados com toda aquela segurança, pois até então aquilo era novo para nós, mas isso não nos intimidou. Entramos, colocamos nossa pauta, lembro que tinha bastante reivindicação sobre as escolas, e quando saímos tinha uma sensação entre nós crianças que participavam do encontro era de dever cumprindo por estar ali representando todas as crianças do estado de São Paulo. Depois da reunião foram socializadas as negociações com todas as crianças do encontro. O que mais me indignou foi o chá de cadeira que o secretário de educação deu em nós, mesmo com audiência marcada ele demorou muito até nos atender. E também ao colocar os pontos de pautas ele sempre perguntava para os dirigentes e não para nós que estava com a pauta. Essa audiência foi um aprendizado para todos nós Sem Terrinha que estava no encontro.

A partir dos elementos expostos, é possível observar o aspecto político e pedagógico dos Encontros dos Sem Terrinha, e se no início dessa construção muitos questionavam a viabilidade de sua realização por falta de recursos, hoje já é um consenso estabelecido a importância de o Movimento como um todo depreender esforços para que os encontros aconteçam. Em entrevista realizada no dia 12 de dezembro de 2013, Edgar Kolling, dirigente nacional do setor de educação do MST, afirma que:

> Os encontros dos Sem Terrinha são experiências que fomos fazendo, acertando, errando, fazendo de novo. Hoje há um reconhecimento das crianças Sem Terra porque nós fomos insistindo que era

possível envolver as crianças na luta, por acreditar que elas também são sujeitos do Movimento e elas, do jeito delas, foram colocando a educação na pauta do MST. Hoje não dá para pensar o mês de outubro sem os encontros dos Sem Terrinha, esses já entraram no calendário de luta do Movimento.

A proposta de educação do MST tem a centralidade na formação humana dos sujeitos. Dessa maneira, as crianças Sem Terra, ao participarem das lutas, caminhadas, marchas e ocupações, apresentando suas próprias reivindicações, como sujeitos de direitos, principalmente no campo da educação, vêm demonstrando a força extraordinária desse tipo de pedagogia na formação das pessoas, especialmente das crianças que podem, inclusive, ajudar a influenciar as mudanças na própria escola, isso é, dá voz e vez para os pequenos, como diz Arelaro (2005, p. 30):

> Admitir que uma criança ao nascer já é um ser pensante, que ela já é pessoa, é posição científica radicalmente diferente do que se admitia até então. E, ainda hoje, não admitida por muitos intelectuais e gestores de sistemas de ensino. Muitos cursos de formação de professores de nível superior ainda não admitem essas novas 'verdades' pedagógicas, e muito da nossa formação, da nossa cultura pedagógica e social, ainda está presa à concepção de que a função da escola é 'preparar a criança para' e não admite que ela, na condição de criança, já é muitas e variadas coisas.

Assim, pode-se afirmar que a Ciranda Infantil poderia até ser uma creche ou uma escola de educação infantil, mas o diferencial é justamente estar vinculada a um movimento da luta política e social, o que é essencial no seu projeto de educação e no seu projeto histórico.

Isso não quer dizer que no assentamento não deva haver uma creche ou escola de educação infantil, até porque isso é um direito das crianças. No entanto, se o MST quiser dar continuidade à sua obra coletiva, não poderá mais fazer sem a presença das crianças na Ciranda Infantil, pois elas estão em todos os espaços participando da construção desse Movimento. Como disse Benjamin (1984, p. 87), "a pedagogia proletária demonstra a sua superioridade ao garantir às crianças a realização de sua infância. O campo onde isto acontece não precisa ser isolado do espaço da luta de classe". Faria (2002, p. 61), também afirma que: "sendo a infância uma produção histórica, não poderemos, hoje, na sociedade capitalista, pensá-la em abstrato, referindo-nos à criança independentemente de sua classe social".

Dessa forma, a Ciranda busca educar os Sem Terrinha e, muitas vezes, as ações da luta vão se tornando referência nas suas brincadeiras, por exemplo, quando nos acampamentos as crianças brincam de fazer reuniões ou imitam os discursos dos dirigentes acampados. Isso só é possível porque as crianças estão presentes nas mobilizações junto com suas famílias, estão num movimento de luta, e por estarem nesse lugar (assentamento e acampamento) elas têm todo o contato com esse processo de formação. Marx e Engels (2011, p. 85) afirmam que:

> O setor mais culto da classe operária compreende que o futuro de sua classe e, portanto, da humanidade, depende da formação da classe operária que há de vir. Compreende, antes de tudo, que as crianças e os adolescentes terão de ser preservados dos efeitos destrutivos do atual sistema.

Nos 30 anos de luta pela terra do MST, também a juventude Sem Terra sempre esteve participando dos vários setores do Movimento, o que lhe possibilita vivenciar na sua militância, desde a infância nas cirandas até a sua juventude e vida adulta, valores e concepções fundamentais para o Movimento. Pistrak (2002 p. 31) afirma que:

> A juventude precisa compreender qual a natureza da luta que é travada hoje na sociedade, qual é o espaço ocupado pela classe explorada do campo e da cidade nesta luta, qual é o espaço que ela ocupa [...], pois não há prática pedagógica revolucionária sem teoria pedagógica revolucionária.

Portanto, planejar as atividades pedagógicas da Ciranda Infantil não é tarefa simples. É necessária uma compreensão aprofundada dos educadores e educadoras infantis da construção do projeto histórico do Movimento. Somente gostar de crianças não dá conta da complexidade dessa formação numa perspectiva da emancipação humana. É preciso ter conhecimento da arte, do desenho, da pintura, do barro, da contação de história, da importância da agricultura agroecológica, do cultivo da terra, mas, acima de tudo, é importante conhecer a pedagogia da infância em luta, em movimento, pertencente a uma classe social.

Isso se faz necessário para melhor entender a realidade e traçar estratégias de educação com as crianças sem menosprezar os conhecimentos que elas já trazem de suas realidades, vivenciadas em cada assentamento e acampamento. Segundo Benjamin (1984, p. 90-91):

> O que diferencia os movimentos das melhores e mais sinceras reflexões da burguesia, é que eles consideram seriamente a criança, a sua natureza infantil, como também a situação de classe da própria criança, e ela jamais constitui um problema para os movimentos. A educação comunista contrapõe-se seguramente a todas essas instituições não de maneira defensiva, mas sim em função da luta de classe. Da luta de classes pelas crianças as quais lhe pertencem e para as quais a classe existe, pois a criança proletária nasce na sua classe, pois de maneira lúdica seus conteúdos e símbolos podem muito bem encontrar lugar nesse espaço.

Nesse sentido, a Ciranda cumpre um papel importante para as crianças ao pensar a educação, principalmente considerando que essa está vinculada à luta do MST. Por isso, é fundamental trabalhar com uma proposta que ajude a formar crianças críticas, companheiras, solidárias, e que tenham o sentimento de pertencimento à classe trabalhadora.

Os lutadores e lutadoras, construtores e construtoras sociais: marcas essenciais na formação dos Sem Terrinha

> A escola deve ajudar a criar e fortalecer a nova juventude, deve formar os lutadores e construtores por um futuro melhor, os criadores dele.
>
> *Kupskaya*, 2009

Para formar sujeitos históricos capazes de lutar pela terra, pela reforma agrária popular e pela transformação da sociedade, o MST vem investindo em ações com todas as famílias assentadas e acampadas. Assim, para desenvolver essa luta, uma das primeiras atividades do movimento no seu processo histórico, foram as ocupações de terra. Foram elas que impulsionaram e tencionaram a luta, e denunciaram a concentração de terra e de riqueza em nosso país. Ao realizar as ocupações, o MST reivindica um direito constitucional, conforme o Estatuto da Terra, Lei n. 4.504, de 30 de novembro de 1964, em seu Capítulo I, Art. 2º: "É assegurada a todos a oportunidade de acesso à propriedade da terra, condicionada pela sua função social, na forma prevista nesta Lei." A Constituição Federal de 1988 também fala que a propriedade privada deve atender a função social, segundo os artigos que aqui citamos. O Art. 5º Inciso XXIII assegura que "a propriedade atenderá a sua função social". O Art. 170, inciso III reafirma "a função social da propriedade". Também versa sobre essa questão o Art. 186, o qual reproduzimos:

Parágrafo único. A lei garantirá tratamento especial à propriedade produtiva e fixará normas para o cumprimento dos requisitos relativos à sua função social.

Art. 186. A função social é cumprida quando a propriedade rural atende simultaneamente, segundo critérios e graus de exigência estabelecidos em lei, aos seguintes requisitos:

I – aproveitamento racional e adequado;

II – utilização adequada dos recursos naturais disponíveis e preservação do meio ambiente;

III – observância das disposições que regulam as relações de trabalho;

IV – exploração que favoreça o bem-estar dos proprietários e dos trabalhadores.

A Constituição de 1988 também criou normas para a desapropriação de terras que não cumpram sua função social. No Art. 184, afirma que:

Art. 184. Compete à União desapropriar por interesse social, para fins de reforma agrária, o imóvel rural que não esteja cumprindo sua função social, mediante prévia e justa indenização em títulos da dívida agrária, com cláusula de preservação do valor real, resgatáveis no prazo de até vinte anos, a partir do segundo ano de sua emissão, e cuja utilização será definida em lei.

§ 1º As benfeitorias úteis e necessárias serão indenizadas em dinheiro.

§ 2º O decreto que declarar o imóvel como de interesse social, para fins de reforma agrária, autoriza a União a propor a ação de desapropriação.

§ 3º Cabe à lei complementar estabelecer procedimento contraditório especial, de rito sumário, para o processo judicial de desapropriação.

§ 4º O orçamento fixará anualmente o volume total de títulos da dívida agrária, assim como o montante de recursos para atender ao programa de reforma agrária no exercício.

§ 5º São isentas de impostos federais, estaduais e municipais as operações de transferência de imóveis desapropriados para fins de reforma agrária.

É importante salientar que a Constituição de 1988 foi aprovada em um contexto político no qual a oligarquia rural, detentora das grandes propriedades privadas e empresas agropecuárias, intervinha no Congresso Nacional representada pela Bancada Ruralista, bancada essa que, mesmo nos dias de hoje, segue representando os interesses do agronegócio.

As leis citadas anteriormente expressam a legitimidade da luta dos sujeitos Sem Terra pela realização da reforma agrária. Segundo Rosa (2012, p. 512), as ocupações de terra têm servido, ao menos, a dois fins:

> a) promover o direito do acesso à terra para quem deseje fazer um uso social justo de sua propriedade;
> b) estabelecer limites ao direito de propriedade em casos de uso meramente especulativo do solo brasileiro, de cultivos ilegais e da exploração ilegal de trabalhadores (trabalho escravo).

A ocupação de terras é uma ação estratégica dos movimentos sociais do campo, que é justificada e legitimada pela demanda de realização da reforma agrária no Brasil. A ocupação de terras é uma forma de luta das mais importantes para o MST, pois gera um fato político que exige uma resposta do governo em relação à concentração de terras no Brasil. Assim, desde a sua fundação, o MST ocupa e realiza acampamentos para reivindicar que se cumpra a função social da terra, pois, ao ocupar a terra, o Movimento está realizando um ato de rebeldia, de transgressão dos sujeitos Sem Terra, ao mesmo tempo em que vai construindo uma prática pedagógica.

Segundo Vargas (2012, p. 132):

> As ocupações de terra são vistas como uma prática pedagógica impulsionadora de ações coletivas, que vão ganhando maior expressão e capacidade de intervenção na realidade conforme a luta pela reforma agrária vai assumindo contornos anticapitalistas mais definidos.

Os Sem Terra passam a ser reconhecidos a partir do momento em que realizam uma ocupação, reivindicando seus direitos, lutando para que se cumpra a função social da terra. Também a ocupação é o primeiro passo para conquista da liberdade em busca da emancipação humana. Para Bogo (2008, p. 148): "Nessa luta as famílias levam tudo o que têm e, mesmo no perigo do conflito, acreditam que os filhos e filhas estão mais seguros junto deles, do que se ficasse para trás". Freitas (2014) afirma que:

> O ato de ocupar a terra é um ato fundante da conquista da liberdade, porque ali um grupo de pessoas ocupa uma determinada parte da terra e diz 'aqui as regras são outras! Não são as regras do capital' ou tanto quanto possível não serão as regras do capital, pois pode ser que seja obrigado a ter algumas. Esse ato fundante que altera a relação da vida é que permite, depois, que as pessoas que estão naquele pedaço de terra possam ter uma outra relação com a vida.

No processo desse ato fundante de liberdade, que é a ocupação da terra, a coletividade vai decidindo como organizar a vida no acampamento. Homens, mulheres, jovens e crianças decidem o que querem fazer e têm a possibilidade de construir espaços que apontem para além da lógica do capital. As crianças também participam dessa ação, desse ato de rebeldia, junto com seus pais, e quando se forma o acampamento, o primeiro barraco a ser construído é a Ciranda Infantil, dando uma atenção especial às crianças. Segundo Grein (2014, p. 125):

> A atenção à criança no MST não existe porque isso é bonito para nossa história, ela existe porque há concentração de terras em nosso país e existem famílias que lutam por seu direito a terra e à vida. A criança participa da ocupação, nasce embaixo da lona preta e, portanto, se torna parte dessa luta, se torna Criança Sem Terra. Assim, o lugar da criança no MST é em todo lugar; ela é parte da nossa organização e parte fundamental da nossa história.

É importante ressaltar que nessa atenção dada às crianças, não se trata de as isolar da realidade, e nem de colocar a vida das crianças em risco, mas ao contrário, colocar em contato com a vida, vivendo a sua realidade, e criar condições que permitam que participem da luta pela terra da melhor maneira possível. Edgar Kolling, em entrevista, diz:

> Eu presenciei, em curso nos acampamentos, as crianças brincando de fazer assembleia, um pegava um sabugo de milho, um falava e passava para o outro; elas imitavam os discursos dos adultos, comentavam e davam sua própria opinião ou brincando de fazer a ocupação com muitos detalhes, que só quem participou dessa ação poderia fazer.

Por mais que o acampamento tenha a possibilidade dos vários espaços de brincadeiras, como já mencionados, como nos coloca Edgar Kolling, existem também os conflitos, os vários despejos, a falta de comida, de casa, de escola etc., o que, muitas vezes, leva as crianças a não gostarem de viver ali, causando um estranhamento em algumas pessoas que estão na luta pela terra. A postura das crianças expressa suas indignações naquele momento do acampamento, ainda que este seja um período transitório, isso porque não é fácil viver num lugar onde as condições são tão precárias. No entanto, esse é apenas o primeiro passo de uma luta árdua pela transformação da realidade.

Passar fome, frio ou calor debaixo dos barracos de lonas não é o que o MST quer para os Sem Terrinha, nem para os sujeitos Sem Terra, mas os acampamentos são instrumentos de luta que mostram para a sociedade as desigualdades sociais em nosso país. Freitas (2009, p. 95) chama a atenção dizendo "nem se aprende e nem se luta espontaneamente. A luta é uma dura necessidade que ensina" e Arroyo (2003, p. 32) complementa nossa reflexão dizendo que "a luta pela vida educa por ser o direito mais radical da condição humana".

Daí a importância da Ciranda Infantil, que passa a ser o espaço da coletividade para as crianças, onde elas têm a possibilidade de participar e de entender o processo de luta pela terra, mas, principalmente, de ir compreendendo o que elas representam dentro da sociedade, da família e do Movimento. Esse espaço também possibilita que os sujeitos Sem Terra tenham um primeiro contato com o projeto educativo do MST. Dessa forma, a Ciranda Infantil é uma referência fundamental na luta pela terra, sendo ela uma conquista para o MST, para as crianças, e também para as mulheres e homens camponeses. Maria Estélia, educadora infantil do MST, em entrevista no dia 14 de setembro de 2013, afirma que:

> A Ciranda Infantil, além de ser uma conquista importante para nós mães, pais e crianças, ela nos permitiu ter uma compreensão de uma infância, que tem direito de brincar, de pular, de correr, de lutar, de estudar. Isso hoje tem um significado para nós educadores do movimento muito maior, e sem dúvida muitas das nossas crianças hoje que tem acesso a Ciranda Infantil, tem uma infância menos sofrida do que as crianças que viveram nos primeiros assentamentos do Movimento, quando não tinha as Cirandas Infantis. Pois elas não tinham nem como encontrar seus amigos, mesmo os que moravam mais próximos; às vezes se encontravam somente nos fins de semana quando os pais ou as mães as levavam à área coletiva do assentamento.

Schifino (2012, p. 89) coloca a consolidação da creche como um avanço das lutas das mulheres operárias e como lugar de educação da infância:

> O direito e o reconhecimento a uma educação infantil de qualidade, proporcionada nas creches, estão transformando as raízes da divisão sexual do trabalho – a família – na medida em que a mulher encontra uma condição favorável para conciliar o trabalho com a maternidade e, consequentemente, também contribui para sua insubordinação contra a lógica do capital. A consolidação e qualidade das creches está permitindo que a mulher exerça sua profissão, ao mesmo tempo que compartilha com o Estado a tarefa da educação e cuidado das crianças pequenas implicando na defesa de uma educação infantil pública e gratuita como lugar da infância.

Na luta por políticas de regulação, como primeira etapa da educação básica, Faria (2005 p. 1015) afirma que:

> Adultos lúcidos que lutaram por eles, conquistando assim a possibilidade do coletivo infantil, isto é, de a criança ser educada na esfera pública complementar à esfera privada da família, por profissionais diplomados distintos dos parentes, para a construção da sua cidadania; e de conviver com a diversidade cultural brasileira, produzindo as culturas infantis, entre elas e entre elas com os adultos.

O MST além de lutar pela reforma agrária e pela transformação da sociedade, simultaneamente, implementa as Cirandas Infantis nos assentamentos e acampamentos criando possibilidades para que mães, pais e crianças participem do trabalho, dos cursos, seminários, das marchas, enfim, do processo de luta pela terra. Edgar Kolling, em entrevista, afirma:

> As crianças conquistaram um espaço importante no MST, as Cirandas Infantis, e os Encontros dos Sem Terrinha são exemplos disso. Eu vejo que as vivências coletivas ajudam a pensar a formação humana dos Sem Terrinha. As crianças que participam das ocupações, mobilizações dos nossos cursos, marchas, congressos, elas cantam o hino desde bem pequenas, uns ainda bebês começam a erguer o bracinho, outros têm uma atração pela bandeira, o que significa isso para nós? Eu acho fantástico ver as crianças, desde bebês, nesse processo de luta com suas famílias Sem Terra. Coisas que nós experimentamos quando grandes, as crianças Sem Terra estão experimentando desde bem pequenas, ainda bebês. Por isso, vejo que a Ciranda é um espaço rico de possibilidades para a criança participar da luta pela terra.

É importante ressaltar que esse processo não se deu de forma linear, houve muitas discussões, nos diversos setores do Movimento Sem Terra, para que as crianças fossem colocadas como prioridade. Houve momentos no processo histórico da luta, em que eram vistas como um problema para a organização. No caso do setor de educação, as crianças se tornaram pauta das reuniões na medida em que as dirigentes do setor foram se tornando mães e levando seus filhos e filhas para as reuniões. Assim, começou a se discutir de que forma as mães dirigentes, militantes, estudantes e pesquisadoras, poderiam realizar suas ações garantindo, ao mesmo tempo, o cuidado de seus filhos. Dessa necessidade concreta nasce a ideia dos primeiros espaços com esse fim, conquistados pelas crianças, mães e pais militantes do MST.

Dessa forma, as Cirandas cumprem um papel importante na luta pela terra e na formação humana dos Sem Terrinha, principalmente para que eles compreendam esse território chamado acampamento e assentamento como uma conquista da luta, e, acima de tudo, para que compreendam o projeto de sociedade que o Movimento vem construindo. Segundo Bogo (2009, p. 201):

> A formação humana é, acima de tudo, 'forma de ação' por isso não se pode imaginar a teoria separada da prática. [...] uma decisão não pode vir desacompanhada de profundas reflexões e de organização das forças que executarão esta decisão. Entendemos com profundidade a decisão quando vamos para ação, é por meio dela que o conteúdo passa de abstrato para concreto.

Lerena (1991, p. 123) nos alerta que, ao separar as crianças e adolescentes do mundo da produção, não poderemos supor outra coisa além de uma obstaculização no seu processo de formação humana, pois não há uma preparação para a vida. Porque as crianças e adolescentes já vivem a vida e essa faz parte do seu processo de formação humana:

> Este desdobramento descansa ontologicamente, em uma lógica substancialista e socialmente, em um contexto, que na verdade, separa o pensamento do fazer, a teoria da prática, o cérebro da mão, o estudo do trabalho, o ensino da produção. Dentro de uma sociedade que separa a organização do trabalho produtivo e a organização do processo de formação ou educação, este último constitui uma manifestação da estrutura do poder. E nessa sociedade, o sistema escolar faz parte dos instrumentos ideológicos que têm como função impor as concepções e os padrões de

vida socialmente necessários para preservar a posição das classes dominantes.

Lerena (1993, p. 6) ainda chama atenção para o fato de que o processo de formação humana dos indivíduos vai além da sistemática de formar/deformar consciências, a qual constitui a obrigação das instituições que costumamos chamar de educacionais, como família ou sistema escolar. Segundo ele:

> É preciso trabalhar com uma concepção de educação mais alargada, pois as diversas formas históricas de organização da produção têm como resultado o surgimento de diferentes tipos humanos, efeito de diferentes processos de formação humana. Por isso, o estudo concreto do desenvolvimento do capitalismo compreende ou inclui a análise do processo – concreto – da formação dos indivíduos.

A partir desta concepção de educação, que não separa a teoria da prática, o pensar do fazer, e o geral do específico, o Movimento Sem Terra tem conseguido extrair lições do seu cotidiano de lutas para superar os desafios de como fazer uma educação para os Sem Terra e, nesse processo, vai recuperando a dignidade e a humanidade quase perdidas de crianças, jovens, adultos e idosos, que vão aprendendo a lutar pela vida. Esse aprendizado se inicia na pequena infância, com a Ciranda, um espaço organizado com uma intencionalidade política e pedagógica de formação humana para os Sem Terrinha e, assim, o Movimento vai trabalhando outras relações além do grupo familiar: trabalha a coletividade, a identidade Sem Terrinha, o pertencimento e o coletivo infantil. Pistrak (2009 p. 131) afirma que:

> Somente na atividade pode a criança formar-se para ser ativa, somente na ação aprende a agir, somente na realidade participando na criação de formas cada vez mais novas, mesmo num organismo social pequeno como a escola, aprendem a participar conscientemente, do mesmo modo, no trabalho que diz respeito às formas da ordem estatal, e mundial. Assim se faz necessário formar os estudantes para que eles ao saírem da escola orientem

sua vida social, tenham aptidões de lutadores e construtores do socialismo, possam facilmente orientar-se nas tarefas mais próximas e mais distantes da construção da sociedade socialista.

Freitas (2009) também aponta que esse processo de formação se desenvolve calcado em uma matriz multilateral do ser humano (cognitiva, afetiva, artística-estética, física-corporal, moral--ética, ecológica). Essa matriz possibilita uma formação humana que vai além do cognitivo. Sendo assim, a teoria e a prática impulsionam uma formação humana mais alargada. Segundo Caldart (2014, p. 103)

> O processo de formação humana, entendido como totalidade, não é apenas a soma da atuação em diferentes dimensões, mas a articulação que visa coerência na atuação do ser humano no mundo. E ainda que no formato da sociedade de hoje a unilateralidade pareça cada vez mais o destino inevitável das gerações por ela educadas, nosso projeto de futuro nos impõe persistir em um trabalho educativo noutra direção.

Frigotto (2012, p. 267) também apresenta uma concepção mais alargada de educação. Ele fala sobre a educação *omnilateral*, termo do latim que significa "todos os lados ou dimensões". O autor afirma:

> Educação omnilateral significa uma concepção de educação ou de formação humana que busca levar em conta todas as dimensões que constituem a especificidade do ser humano e as condições objetivas e subjetivas reais para seu pleno desenvolvimento histórico. Essas dimensões envolvem sua vida corpórea material e seu desenvolvimento intelectual, cultural, educacional, psicossocial, afetivo, estético e lúdico. Em síntese, educação omnilateral abrange a educação e a emancipação humana.

Outra autora que traz uma concepção de educação no sentido amplo, é Bahniuk (2008, p. 89), que coloca que esta "não se resume à escola, mais significa o processo de apropriação pelo indivíduo das objetivações construídas pelo gênero humano ao longo de sua existência". Segundo a autora (2008, p. 90):

A Educação é a mediação fundamental do processo educativo e está presente nas diferentes formas sociais. Porém, este processo não paira no ar, articula-se com sua base material correspondente. A educação é subsumida pelas relações de produção, o que não significa dizer que ela se resuma a estas, mas sim que os processos educativos, entre eles os escolares, não estão alheios às relações sociais que os engendram.

Considerando essa concepção da educação, a autora coloca os processos educativos no plano da formação humana e não apenas na dimensão da instrução e escolarização. Isso não quer dizer que esses processos não sejam importantes, eles são, mas devem estar vinculados à vida e à realidade social, para que a escola não seja um corpo estranho, fora da realidade dos estudantes e da comunidade. Freitas (2010, p. 97) afirma que:

> A outra face é a conexão da escola com a realidade social. Não porque é preciso garantir uma etérea ligação entre teoria e prática, mas porque é na realidade social que estão às contradições sociais, ou seja, as lutas sociais. [...] Se queremos formar lutadores por uma nova sociedade, haverá que formá-los a partir da realidade das lutas sociais que se encontram na prática social. Teremos que abrir a escola para a 'vida' e impedir o isolamento da escola em relação a esta.

Tragtenberg em *A escola como organização complexa* (1976) afirma que a separação escolar é a chave na determinação do seu papel no conjunto das relações da sociedade atual. Segundo o autor (1976, p. 13):

> A escola é regida pelo princípio da contradição e não são categorias como psicologia do escolar, normal/anormal e, sim, categorias como inculcação, submissão, recalcamento, que podem explicar alguns fenômenos que ocorrem nas estruturas escolares. Como aparelho ideológico, a escola primária reflete uma unidade contraditória de duas redes de escolarização. A escola favorece os favorecidos e desfavorece os desfavorecidos e o princípio disso está na classe social da família.

Não é por acaso, portanto, que o MST vem construindo espaços de participação das crianças no processo de luta pela terra e em todas as ações que desenvolve. É na luta de classes que se vão construindo práticas educativas, e os Sem Terrinha se educam à medida que se organizam para lutar, e percebem que sem luta a realidade não muda, e a sociedade não se transforma. Benjamim (1984, p. 90), no texto: *Pedagogia Comunista*, nos ajuda a entender esse processo, afirmando que:

> A criança proletária nasce dentro de sua classe. Mais exatamente, dentro da prole de sua classe, e não no seio da família. Ela é, desde o início, um elemento dessa prole, e não é nenhuma meta educacional doutrinária que determina aquilo que essa criança deve tornar-se, mas sim a situação de classe. Esta situação penetra-a desde o primeiro instante, já no ventre materno, como a própria vida, e o contato com ela está inteiramente direcionado no sentido de aguçar desde cedo, na escola da necessidade e do sofrimento, sua consciência. Esta se transforma então em consciência de classe.

Além da ocupação de terra como processo educativo e formativo, se somam outras categorias importantes nessa pesquisa, tais como: a construção da identidade Sem Terrinha e a pedagogia da luta social; a coletividade, a auto-organização e o coletivo infantil e a vivência dos valores, solidariedade e companheirismo, o que nos possibilita refletir o processo de formação humana de meninos e meninas Sem Terra.

A construção da identidade Sem Terrinha e a pedagogia da luta social

> "Brilha no céu a estrela do Chê, somos Sem Terrinha do MST"

O pertencimento, a resistência e a identidade são marcas essenciais na formação humana dos Sem Terrinha. A construção de sua identidade Sem Terra se dá desde a primeira infância até a idade adulta, por isso, como já mencionado, se faz tão importante o envolvimento das crianças Sem Terra nas atividades educativas. Segundo Caldart (2003, p. 51), a obra educativa do MST tem três dimensões:

> a) o resgate da dignidade a milhares de famílias que voltam a ter raiz e projeto. São sujeitos de direitos, sujeitos que trabalham, estudam, produzem e participam de suas comunidades, afirmando em seus desafios cotidianos uma nova agenda de discussões para o país;
> b) a construção de uma identidade coletiva, que vai além de cada pessoa, família, assentamento. A identidade de Sem Terra, assim com letras maiúsculas e sem hífen, como um nome próprio que identifica não mais sujeitos de uma condição de falta: não ter terra (sem-terra), mas sim sujeitos de uma escolha: a de lutar por mais justiça social e dignidade para todos, e que coloca cada Sem Terra, através de sua participação no MST, em um movimento bem maior do que ele; um movimento que tem a ver com o próprio reencontro da humanidade e consigo mesma;
> c) a construção de um projeto educativo das diferentes gerações da família Sem Terra que combina escolarização com preocupações mais amplas de formação e emancipação humana.

Para Araújo (2007, p. 65), o papel da educação no MST tem sido o de ajudar no processo de construção e reconstrução da identidade cultural dos trabalhadores que pertencem ao Movimento. Segundo a autora:

> Essa identidade tem a marca do acampamento, da luta, da angústia, da tensão, do agir coletivo, do enfrentamento, da possibilidade dos excluídos se tornarem sujeitos sociais, construindo no processo uma identidade própria. Essa construção tem a finalidade de desenvolver autonomia, a cultura da rebeldia, da mudança, da possibilidade de transformação da realidade mediante um processo de superação e ruptura com a exploração do passado.

A educação tem um papel fundamental na construção da identidade dos sujeitos sociais coletivos e das crianças. É na luta pela terra que as crianças que sempre estiveram presentes em ocupações, despejos, manifestações, no dia a dia dos acampamentos e assentamentos, enfim, na vida do MST se tornam protagonistas dessa luta e vão construindo sua identidade de Sem Terrinha, e portanto sua própria história.

No primeiro encontro infanto-juvenil realizado no estado de São Paulo em 1996, as crianças começaram a se identificar como Sem Terrinha e a chamar o evento de "Encontro dos Sem Terrinha". Depois disso, em todo o processo da luta pela terra e nas atividades pedagógicas, as crianças foram construindo essa identidade que, atualmente, é comum a todas, sejam elas de assentamento ou de acampamentos. Ramos (1999, p. 14) afirma que:

> O nome Sem Terrinha surgiu por iniciativa das crianças que participaram do Primeiro Encontro Estadual das Crianças Sem Terra do Estado de São Paulo, em 1996. Elas começaram a se chamar assim durante o encontro e o nome acabou sendo incorporado à identidade das crianças que participam do MST em todo Brasil.

No Manifesto dos Sem Terrinha ao povo Brasileiro – escrito no primeiro Encontro estadual do Sem Terrinha, em outubro de 1996, afirma-se que:

> Lema do encontro: 'Reforma Agrária: Uma Luta de Todos e dos Sem Terrinha Também'.
> Somos os Sem Terrinha, estivemos reunidos nos dias 12, 13 e 14 de outubro de 1996, discutimos a situação da criança no campo. Fazemos parte do MST e, junto com nossos pais, lutamos pela reforma agrária. Somos frutos de uma nação que não se importa com nosso futuro, somos frutos do amor de nossos pais, que se preocupam com a gente. Por isso, moram nos acampamentos, às vezes, passam muitas necessidades. Mas, sabemos que tudo isso é para não deixar a gente debaixo da ponte, perdido nas ruas, pedindo esmola, se prostituindo, roubando ou fazendo iguais àquelas crianças que vimos um dia na esquina com o nariz num saquinho; falaram para nós que era cola. Nós queremos sentir o cheiro das flores, do campo, da terra tombada, colo acolhedor de

nossas mães, da chuva caindo na terra fazendo brotar a semente. Nós crianças sentimos que somos filhos da luta pela terra; sem medo de dizer: somos trabalhadores Sem Terra e queremos garantir nosso futuro, queremos garantir o futuro de nosso país. Esse encontro teve a intencionalidade de trabalhar com as crianças esse pertencimento à organização, pois as mesmas tinham vergonha de se identificar como criança Sem Terra, principalmente em suas escolas, onde sofriam muitas discriminações. Nesse trecho do manifesto, pode-se perceber essa intencionalidade, explicitada principalmente no lema do encontro "Reforma Agrária uma luta de todos e dos Sem Terrinha também", que era a construção da identidade, e essa foi se efetuando durante todo o processo histórico de participação das crianças na luta junto com suas famílias. Além do manifesto, podemos perceber esse elemento nos objetivos das Cirandas Infantis que, segundo documento do MST (2004, p. 39) são:

– trabalhar a identidade e a pertença ao Movimento Sem Terra;
– fortalecer os valores humanistas e socialistas nas relações de trabalho com as crianças;
– fortalecer a organicidade das crianças na Ciranda Infantil; o coletivo infantil;
– criar um espaço educativo para os filhos e filhas dos assentados e acampados, onde as crianças sejam sujeitos do processo;
– implementar a Pedagogia do MST nas Cirandas Infantis;
– trabalhar conjuntamente com os demais setores do Movimento como, por exemplo, gênero, saúde, formação, produção, frente de massas etc.;
– garantir a formação política e pedagógica dos educadores e educadoras infantis;
– envolver as comunidades (assentadas e acampadas) em diversas atividades tais como: produção de materiais, palestras, seminários, oficinas, no PPP da Ciranda Infantil etc.;
– realizar o debate sobre a reforma agrária popular e a luta pela terra;
– realizar o debate sobre a agroecologia e a alimentos orgânicos;
– garantir o debate sobre as jornadas de lutas com as crianças.

Conforme Demartini (2005, p. 8), "é impossível pensar na construção da identidade, no processo de socialização da criança 'no ar', no abstrato. Tudo isso deve ser pensado em razão do outro, com quem essas crianças convivem". Com esse pertencimento e resistência na luta pela terra é que as crianças Sem Terra se afirmam como sendo parte de um movimento social, percebem que integram a organicidade, constroem sua identidade e são lutadores e lutadoras, construtores e construtoras de um projeto de sociedade da classe trabalhadora.

Bogo (2008, p. 124) afirma que:

> A identidade de projeto da classe é um longo processo de construção e reconstrução, que carrega em si muitas contradições, seja na vida social, na atividade política, nos princípios e métodos organizativos, que influem na formulação da estratégica de tomada de poder e da construção da sociedade socialista, mas sempre quer ir além, no sentido da superação dos limites e obstáculos colocados pelo projeto oposto.

Dessa forma, a identidade está ligada à "unidade e luta dos contrários", ou seja, à dialética. Para Bogo (2008), um polo não pode existir sem que haja o seu oposto, as contradições antagônicas e não antagônicas dependem uma da outra para existir. Isto é, a identidade se relaciona com o movimento das negações constantes, seja na sua contradição principal, seja nas demais contradições. Segundo Bogo (2008, p. 37):

> As identidades estão presentes nas lutas socais, nas lutas de classes, nas lutas entre 'povos' e na formulação de projetos para a superação do capitalismo. Desse processo, fazem com que, da unidade e luta dos contrários, surgem novas identidades com capacidade de compreenderem e intervirem nos processos das negações futuras. As identidades são constituídas de uma forma ou de outra, elas apresentam expectativa de continuidade histórica ainda a ser realizada.

A identidade, nesse caso, se estabelece enquanto a afirmação de um projeto de vida, de resistência, capaz de redefinir a posição do sujeito na sociedade, enquanto alguém que busca a transformação das estruturas sociais. Caldart (2000, p. 129) se refere à identidade no MST como aquisição do sentimento de pertença ao Movimento. Segundo a autora:

> Sem Terra é mais do que sem-terra, exatamente porque é mais do que uma categoria social de trabalhadores que não tem terra; é um nome que revela uma identidade, uma herança trazida e que já pode ser deixada aos seus descendentes, e que tem a ver com uma memória histórica, e uma história de luta e contestação social. [...] Esta identidade fica mais forte à medida que se materializa em um modo de vida.

Na luta pela reforma agrária, a identidade da classe trabalhadora deve perseguir um projeto em negação ao da classe dominante. Isso se materializa nas ações concretas de luta para não aceitar passivamente aquilo que está estabelecido pela força das elites. Bogo (2008, p. 118) afirma que:

> Frente a isto ocorre, então, o surgimento do que podemos chamar de num primeiro momento de 'identidade consciente'. Trata-se de compreender o que de fato é a realidade em que vivemos. Em segundo lugar, esta identidade eleva-se para 'autoconsciência' que nos permite saber o que de fato queremos fazer de nós mesmos enquanto classe. Assim, na coletividade buscamos produzir a auto identidade que se enraíza na autoestima e assim os passos dados deixam de ser aleatórios. Logo, a identidade se caracteriza pela experiência já feita e pelas perspectivas que se abrem a partir da intervenção do sujeito coletivo na história.

Nesse sentido, a identidade de Sem Terrinha vem sendo construída e vinculada ao projeto de sociedade e também à sua classe social, segundo Bogo (2008, p. 59):

> A identidade de projeto surge quando os atores sociais em posição subordinada lançam mão de alternativas e constroem uma nova identidade, capaz de redefinir a sua posição na sociedade e, até mesmo, de obter a transformação das estruturas sociais.

A criança Sem Terra, no MST, portanto, passou a ser considerada um ser social que integra a totalidade de um projeto em construção. As crianças, ao participarem da luta social, educam-se para uma postura diante da vida, o que é fundamental para o fortalecimento da sua identidade.

Segundo Arenhart (2007, p. 43):

> Os sem terrinha, como os próprios se denominam, para marcar sua identidade de 'ser criança sem terra', são, sobretudo, 'crianças em movimento', portanto, estão inseridas na dinâmica de um movimento social que também elas, como crianças, ajudam a construir. Ao mesmo tempo, não estão fora do contexto de uma sociedade desigual e excludente, trazem as marcas do mundo do trabalho, da fome, do frio, das dificuldades de se viver embaixo da lona preta, do sacrifício da luta cotidiana pela sobrevivência; seus corpos expressam sua condição de classe.

Esse pertencimento, essa condição de classe e a luta pela transformação da realidade são vividas no cotidiano por todas as crianças que, no processo da luta, colocam em pauta a precariedade das escolas do campo e melhores condições de trabalho aos professores. Denunciam a situação de violência no campo, exigindo segurança nas áreas de conflitos, reivindicam os assentamentos das famílias acampadas pelo país, enfim, reivindicam uma vida digna e a reforma agrária. Essa identidade foi sendo construída e fortalecida na participação na luta. Observe-se o que diz a carta dos Sem Terrinha do Rio Grande do Sul, já em 1999, ao MST:

> **Carta do III Encontro Estadual dos Sem Terrinha do Rio Grande do Sul**
> Querido MST,
> Somos filhos e filhas de uma história de lutas. Somos um pedaço da luta pela terra e do MST. Estamos escrevendo esta carta pra dizer a você que não queremos ser apenas filhos de assentados e acampados. Queremos ser SEM TERRINHA, pra levar adiante a luta do MST.

No nosso país há muita injustiça social. Por isso queremos começar desde já a ajudar todo mundo a se organizar e lutar pelos seus direitos. Queremos que as crianças do campo e da cidade possam viver com dignidade. Não gostamos de ver tanta gente passando fome e sem trabalho pra se sustentar.

Neste Encontro dos Sem Terrinha que estamos comemorando o Dia da Criança nos seus 15 anos, assumimos um compromisso muito sério: seguir o exemplo de lutadores e lutadoras como nossos pais, mães e como Che Guevara, construindo essa história por onde passarmos. Prometemos a você:

Ser verdadeiros Sem Terrinha, honrando este nome e a terra que nossas famílias conquistaram.

Ajudar os nossos companheiros e companheiras que estão nos acampamentos, com doações de alimentos e roupas, incentivando para que continuem firmes na luta.

Estudar, estudar, estudar muito para ajudar na construção de nossas escolas: nossos assentamentos, nosso Brasil.

Ajudar nossas famílias a plantar, a colher, ter uma mesa farta de alimentos produzidos por nós mesmos e sem agrotóxicos.

Embelezar nossos assentamentos e acampamentos, plantando árvores flores, e mantendo tudo limpo.

Continuar as mobilizações e fazer palestras nas comunidades e escolas em todo o Brasil.

Divulgar o MST e sua história, usando nossos símbolos com grande orgulho.

Ainda não temos 15 anos, mas nos comprometemos a trabalhar para que você MST, tenha muitos 15 anos de lutas e de conquistas.

Retomando a questão dos encontros, podemos reafirmar que estes são espaços onde as crianças fortalecem, ainda mais, a identidade de ser Sem Terrinha, e o MST vem garantindo que elas participem ativamente da luta possibilitando a construção dessa identidade de forma mais coletiva. Além disso, são espaços onde ocorrem atividades lúdicas, pedagógicas e políticas. Há momentos de estudo, brincadeiras e reflexão, e também momentos de mobilização, reivindicação por escolas, por terra, por justiça e pela reforma agrária. Dessa forma, o MST direciona o trabalho com as crianças Sem Terra a esse pertencimento, essa identidade de classe e esse processo vivenciado por elas, o que contribui na sua formação humana na perspectiva da emancipação e da transformação da realidade. Fabinho, educador da regional de Itapeva, em entrevista, afirma que:

> Essa preocupação de trabalhar o pertencimento, viver a identidade de Sem Terrinha, acredito que está no sentido de transformação da realidade, da sociedade. Então é uma identidade, está sendo construída, e cultivar essa identidade de Sem Terra, Sem Terrinha, é uma forma que nos alimenta na luta dos trabalhadores e trabalhadoras numa perspectiva de transformação da sociedade e a Ciranda tem possibilidade de trabalhar essa questão.

Nos encontros, as crianças têm contato com o teatro, a música, brincadeiras diversas, cultivam as amizades, fortalecem o pertencimento ao MST e a identidade Sem Terrinha, alargam o seu repertório político em relação à sociedade etc., como nos mostram as cartas produzidas pelas crianças em alguns desses encontros nos estados:

Carta dos Sem Terrinha do Rio Grande do Sul aos seus professores.
Esteio, 12 de outubro de 2000.
Queremos ter nossa bandeira na escola, cantar o hino do MST e também cantar outras músicas da luta pela reforma agrária. Queremos que olhem com carinho para o Movimento, pois somos Sem Terrinha e precisamos que vocês nos ajudem a ser continuadores desta história.

Carta do Sem Terrinha para a Comunidade Assentada da Agrovila III e Gestores Público do Município de Itaberá/SP
18 de novembro de 2008.
Nós, Sem Terrinha, reivindicamos melhorar a estrada, pois quando chove não é possível chegar à escola de Engenheiro Maia, porque o ônibus não passa e se alguém fica doente, não consegue ir para a cidade. Ah, e precisa reformar o ônibus escolar, pois tem goteira quando chove e os bancos estão estragados. Queremos

ter uma Alimentação saudável na escola, ter arroz, feijão, saladas, legumes, carne, peixe e suco natural e ter ventilador, pois a escola é muito quente.

Carta do 12º Encontro Estadual dos Sem Terrinha do Rio de Janeiro aos amigos e amigas dos Sem Terrinha do MST
19 de outubro de 2009.
Somos Sem Terrinha e viemos reafirmar a luta e festejar a vida de milhares de pessoas que estão na luta pela terra, pois, há muitas concentrações de terra que são usadas para produção de monoculturas e exportação e temos milhares de crianças junto com seus pais vivendo quase dez anos embaixo de lonas pretas aguardando ser assentadas. Ainda reivindicamos escolas com condições de vivenciar os tempos educativos do campo com uma formação humana dentro da nossa realidade. Pois nós Sem Terrinha, estamos lutando e construindo um Brasil sem latifúndio, um Brasil que é nosso.

Carta do 4º encontro estadual dos Sem Terrinha de Minas Gerais para as autoridades do estado
Outubro de 2011.
Nós, Sem Terrinha do MST, queremos denunciar o fechamento das escolas do campo, queremos que nos garantam o direito de ter escola no campo próximo das nossas moradas e tenha conteúdos que nos respeitam e reconheçam como sujeitos do campo produtores de vida e cultura. Reivindicamos o direito de viver no campo com nossas famílias, correr livres nas terras conquistadas.

A partir dos trechos das cartas, percebe-se que a construção da identidade Sem Terrinha se dá em relação às suas reivindicações por direitos básicos como a construção e melhorias das escolas nos assentamentos, do transporte escolar, da qualidade da merenda etc., mas, além disso, se manifesta também uma reivindicação mais ampla pela realização da reforma agrária popular e pela transformação da sociedade. Segundo Arroyo (2003, p. 31),

Difícil separar esses processos formadores da consciência dos direitos, mas importaria encontrar as coincidências quanto às dimensões formativas que revelam. São coincidentes em mostrar-nos que a formação humana é inseparável da produção mais básica da existência, do trabalho, das lutas por condições materiais de moradia, saúde, terra, transporte, por tempos e espaços de cuidado, de alimentação, de segurança. [...] Os movimentos sociais articulam coletivos nas lutas pelas condições de produção da existência popular mais básica. Aí se descobrem e se aprendem como sujeitos de direitos.

Durante a pesquisa, pôde-se observar na fala das crianças, durantes as entrevistas, sua participação na luta pela terra e a força desse elemento na construção de sua a identidade:

Eu sou Sem Terrinha porque eu participo da luta pela terra junto com meus pais, com meus companheiros. (Isabela, 5 anos).

Eu também sou Sem Terrinha, pois ajudo meus pais a plantar na roça e cuidar da terra, não usando venenos para não matar a vida que existe nela. (Ester, 8 anos).

Ser Sem Terrinha é participar das Cirandas e dos encontros dos Sem Terrinha, pois lá nós negociamos nossos direitos como ter acesso a escola de qualidade, nós vamos à secretaria de educação falar com o secretário. (David, 11 anos).

Sem Terrinha não é porque nós somos pequenos, é porque nós somos do MST que luta pela terra. (Daniela, 9 anos).

Ah, ser Sem Terrinha é você não ter vergonha de dizer que você é acampada ou assentada, que você é do MST. (Gleisson, 8 anos).

Observa-se que, desta maneira, as crianças se vinculam ao seu contexto social, à sua realidade, e que há uma intencionalidade político-pedagógica em cada atividade realizada com as crianças, o que fortalece seu pertencimento, identidade e organização, aspectos estes que podem ser trabalhados antes nas Cirandas Infantis quanto nos Encontros dos Sem Terrinha.

Freitas (2011, p. 130) afirma que: "O Movimento não pode se descuidar dessa porta de entrada, da educação, pois nestes locais se produz uma nova escola, uma nova forma de educar".

Entretanto, mesmo considerando a Ciranda Infantil uma dessas portas de entrada, pode ocorrer que educadores e educadoras desenvolvam atividades pedagógicas que não tenham nada a ver com o projeto educativo do MST. E esse se preocupar somente com a formação da juventude, pode prejudicar o processo de formação humana que tem uma intencionalidade de construção de projeto de sociedade socialista.

Assim, manter as Cirandas Infantis, mesmo com as grandes dificuldades materiais já relatadas, é fundamental para o Movimento, objetivando cuidar do processo de formação humana dessas novas gerações, processo que precisa ser realizado com as crianças desde bem pequenas e de modo mais lúdico.

Para o MST, trabalhar esse pertencimento, essa identidade, essa resistência com as crianças Sem Terrinha se faz necessário até mesmo para sua própria sobrevivência, não no sentido de futuros dirigentes, mas no sentido de construção do projeto histórico de sociedade. Em entrevista em outubro de 2013, Daiane, educadora da Ciranda Saci Pererê, da Escola Nacional Florestan Fernandes, descreve a participação das crianças na abertura do encontro dos Sem Terrinha de 2010 visando seu processo de formação humana e o pertencimento à organização social;

> A abertura do Encontro dos Sem Terrinha de 2010, em São Paulo, foi a Ciranda Saci Pererê que fez a mística de abertura, teve toda uma preparação antes, muitos ensaios do hino do MST no violino. Essa atividade foi bem importante porque as crianças tiveram a possibilidade de conhecer várias realidades do estado de São Paulo. Outra atividade que sempre garantimos às crianças são as visitas em alguns espaços educativos como, por exemplo, os museus. Pois com essas visitas as crianças têm a possibilidade de conhecer coisas da nossa história que talvez não tenha oportunidade de conhecer na sua cidade de origem. Pois [...] essas crianças moram em assentamentos ou acampamentos, muitas vezes distante de uma capital que oferece essas oportunidades de ir num museu. Aqui na Ciranda Saci Pererê sempre nós temos esse

cuidado de levar as crianças em alguns lugares, nós já levamos em vários museus como o da Língua Portuguesa, Estação Ciência, Catavento, Museu da Resistência etc., já fomos visitar algumas exposições no Memorial da América Latina, principalmente quando tem crianças de outros países. Isso faz parte do processo de formação das crianças.

Observando o processo histórico do MST, percebemos que as crianças, aos poucos, foram conquistando espaços significativos na organização. As crianças Sem Terra, enquanto sujeitos que constroem sua participação histórica na luta pela terra e que desenvolvem e assumem o sentido de pertença a esta luta, enquanto crianças do campo, vêm reconstruindo a noção de criança e infância do campo; numa perspectiva emancipatória, demonstrando que as crianças da classe trabalhadora têm capacidade de lutar, defender seus direitos e construir um projeto de sociedade sem perder a dimensão lúdica e revolucionária da sua classe, inclusive reeducando o olhar dos adultos com relação a esses aspectos.

É importante salientar que esses encontros das crianças Sem Terra na atualidade são muito importantes para o Movimento, que vem aprimorando sua estrutura e organização a cada ano, e hoje, outubro já considerado o mês da Jornada de Luta dos Sem Terrinha, sendo esta incorporado pelo todo do movimento como uma agenda prioritária em todos os Estados, que realizam atividades, estadual ou localmente, no assentamento ou acampamento.

A Ciranda Infantil, a luta pela escola, os encontros dos Sem Terrinha, são práticas educativas que, no processo histórico, as crianças colocaram na agenda do Movimento. Como disse Fabinho: "a luta pela terra ainda não acabou, não morreu, pois, a sociedade capitalista continua muito forte e cada dia deixando muito mais gente na condição de Sem Terra".

Desse modo, o MST vem desenvolvendo o processo de formação humana das crianças, formando os lutadores e lutadoras, construtores e construtoras de um projeto de sociedade socialista. Um grande acerto do MST é, sem dúvida, organizar a luta envolvendo toda a família, tendo como princípio o fato de que o ser social se forma nas relações sociais e na coletividade. Nesse sentido, Arroyo (2003, p. 37) afirma que:

> Uma das características dos movimentos sociais é que os coletivos são de todas as idades, gêneros e raças. As crianças e adolescentes, as mulheres, entram em movimento, se expõem, vivenciam o risco, a repressão, a morte, frequentemente. Vivenciam as mesmas situações limite. Essas crianças e esses adolescentes, jovens ou adultos experimentam esse tenso limiar e carregam para as experiências de educação formal ou informal suas vivências e aprendizados. O que fazer, ignorá-los ou incorporá-los?

Assim, as crianças têm a possibilidade de conviver nessa coletividade, participando das assembleias, das festas, das marchas, das ocupações, dos cursos, das cantorias, do mundo do trabalho, das conquistas, dos nascimentos, das mortes, dos choros, das brincadeiras, das lutas, enfim, dessa realidade que coloca os meninos e meninas em movimento nos espaços coletivos. Assim, elas não têm somente as famílias como educadoras, mas toda a coletividade. E essa convivência no coletivo entre crianças e adultos nos assentamentos e acampamentos é de uma riqueza extraordinária para estimular o imaginário infantil e seu processo de formação humana.

Nessa convivência, as crianças aprendem a tomar posição, fazer escolhas e a pensar os passos que precisam ser dados em cada realidade. Para Caldart (2000), a luta social forma sujeitos com traços de uma identidade específica e as lições das experiências concretas, vivenciadas pelas meninas e meninos na luta e na organização, tornam-se fonte de aprendizados e de saberes, que são elaborados e incorporados na memória histórica enquanto conhecimentos fundamentais para o processo educativo. Ainda segundo a autora (2000, p. 121):

> A luta social que efetivamente forma sujeitos sociais, é aquela que se projeta como práxis revolucionária, aquela que se coloca na perspectiva da luta de classes e para a transformação mais radical da sociedade e das pessoas, fazendo os sujeitos compreenderem, na prática, a dimensão da historicidade. Assim sendo, a luta social se consolida na medida em que os sujeitos estejam intimamente vinculados à organização coletiva, de modo a se tornar uma cultura do coletivo, que ultrapassa a vida do Movimento e a esfera da luta política, atingindo a vida dos indivíduos em sua totalidade.

É no âmbito da luta que os Sem Terrinha vêm fortalecendo a pertença à organização enquanto classe trabalhadora, pois compreendem que viver coletivamente é essencial na formação humana. De acordo com Caldart (2000, p. 193), "a luta social possibilita a formação dos sujeitos a partir das vivências, ela contribui para a formação dos Sem Terra ainda na infância, desde a ocupação, nas marchas, congressos, mobilizações infantis". As crianças que participam de mobilizações, junto com seus pais, vão incorporando significados da luta no seu cotidiano e, assim, a luta social contribui na formação para a emancipação humana. Vargas (2012, p. 171) argumenta que:

> As lutas sociais travadas pelo MST contribuem [...] na construção da identidade ético-política de seus sujeitos, enquanto Sem Terra e enquanto classe trabalhadora. Isto decorre do próprio movimento da história, não etapista, não mecânico, não linear, mas dialético, com idas, vindas e interpenetrações. Por isso, os processos de formação humana são marcados pelas contradições das lutas de classes de nosso tempo.

Portanto, como já demonstrado, as experiências concretas vividas pelas crianças Sem Terra no âmbito da luta contribuem para fortalecer sua pertença à organização e à classe trabalhadora e viver o caráter coletivo da classe social, o que é essencial na sua formação humana. Então, pode-se afirmar que é a luta pela reforma agrária que enraíza e fortalece esta identidade, pois, pensar na formação humana do Sem Terrinha é pensar num processo educativo intencionalmente planejado e conduzido, processo que se orienta por um projeto de sociedade e de ser humano, e que diz respeito a uma concepção própria de educação e de sociedade.

Para o MST, educar os meninos e meninas é criar possibilidades de vivências para fortalecer sua identidade, é criar e recriar brincadeiras; é, torná-los/las construtores e construtoras, lutadores e lutadoras por outra sociedade. É educar sujeitos mais humanos que valorizem o modo de vida, a memória histórica e a cultura, pois essa vivência tem uma força extraordinária na formação dos seres humanos, numa perceptiva emancipadora.

A coletividade, a auto-organização e o coletivo infantil

A coletividade, como já dito, é uma marca essencial que contribui para o processo de formação humana das crianças Sem Terra. A estrutura organizativa social e política do MST é criada para favorecer a participação nos debates/análises desde os núcleos de base até a tomada de decisão pelo conjunto da coletividade. Assim, o Movimento dos Trabalhadores Rurais Sem Terra, desde a sua gênese, vem buscando organizar a participação coletiva das famílias no processo da luta pela terra, isto é, a participação da sua base social, portanto, nos parece relevante discorrer brevemente sobre a estrutura organizativa no MST, ou, como é chamada, a *organicidade* do Movimento. Conforme as *Normas Gerais do MST* (1989), em sua estrutura organizativa, os princípios norteadores são:

Direção Coletiva: este princípio alerta aos integrantes do Movimento para a necessidade de tomar as decisões coletivamente; deste modo, propõe que todas as instâncias deverão ser formadas por pequenos coletivos, todos com igual direito e poder de decisão, e acrescenta que tudo deve ser decidido pela maioria e cumprido por todo o coletivo. Igualmente deve ser a realização das tarefas, que devem ser divididas, estimulando a participação de todos e evitando o centralismo e o personalismo. Segundo o MST (2005, p. 82), "a única forma de termos de fato uma direção coletiva é se as famílias assentadas e acampadas estiverem organizadas em núcleos e possam discutir os problemas enviando sugestões para a direção".

Disciplina consciente: para o MST, a disciplina implica no respeito às decisões tomadas no coletivo, sobretudo, às tarefas assumidas na auto-organização.

Planejamento: o Movimento parte do pressuposto de que nada acontece por acaso, mas que tudo deve ser planejado e organizado, a partir da realidade e das condições materiais e objetivas da organização.

Crítica e autocrítica: o Movimento insere a crítica e a autocrítica no método de avaliação das ações dos integrantes que participam da organização. É uma forma de avaliação e autoavaliação.

Em consonância com os princípios, o Movimento em nível nacional organiza as instâncias de decisões das suas lutas:

Congresso Nacional: é a instância máxima de debates e deliberações da organização. Nele se reúnem integrantes do MST de todos os estados. O objetivo é traçar as linhas políticas de atuação do Movimento por um período de cinco anos. É um espaço de mobilização política em prol da reforma agrária e um momento de confraternização da classe trabalhadora.

Encontro Nacional: este acontece a cada dois anos. Nesta instância, são definidas as pautas de lutas imediatas, de acordo com a conjuntura da sociedade e as necessidades dos estados. Sua composição, caráter, local e data são definidos pela direção nacional.

Coordenação Nacional: é uma instância que tem como funções encaminhar as resoluções aprovadas nos encontros e congressos nacionais; zelar pela aplicação dos princípios do Movimento; tomar decisões políticas de caráter nacional; acompanhar a implementação da organicidade nos estados. Esta instância é composta por dois representantes de cada estado, indicados nos encontros estaduais, pelos membros da direção nacional e um ou dois representantes de cada setor. Este coletivo se reúne duas vezes ao ano, e todos os membros da coordenação possuem igual poder, as tarefas e funções a serem encaminhadas são divididas.

Direção Nacional: esta tem como função pensar, discutir e propor as linhas políticas para o Movimento, procurando garantir a sua efetivação. Planejar as estratégias de lutas em conjunto com a coordenação nacional; acompanhar os setores. Elaborar o método de trabalho e promover constantemente a formação política dos participantes do Movimento. Esta instância é composta por dois membros (um homem e uma mulher), eleitos nos encontros estaduais, referendados no Encontro Nacional, para um período de dois anos.

Para melhor viabilizar a participação de todos e todas nas instâncias em nível nacional, são organizados os setores e cada um tem uma função específica. Atualmente, os setores que estão organizados no MST são: Frente de Massa, Educação, Gênero, Comunicação, Finanças, Relações Internacionais, Saúde, Produção e Meio Ambiente, Direitos Humanos, Formação, Cultura e ainda o Coletivo de Juventude.

Essas instâncias e setores são criados também nos estados onde o MST está organizado. Em âmbito estadual, para melhor participação de todos e todas, são organizadas as *brigadas* ou as *regionais* e em cada assentamento e acampamentos as famílias são organizadas por *núcleos de base* compostos aproximadamente por 10 famílias baseadas nas proximidades do local de moradia. A orientação é que todos os membros do MST devem pertencer a um núcleo para fazerem parte do Movimento e continuar o processo de formação e mobilização. Segundo Silva e Verdério (2013, p. 5):

> O núcleo de base é um espaço de estudos e encaminhamentos práticos, é importante que todos eles discutam a produção, a escola, a saúde da comunidade, as finanças, enfim, as necessidades de cada área [...] e façam isso no mesmo período de tempo, caso estes necessitem de um encaminhamento posterior às discussões, possa encaminhadas para outras instâncias do MST.

Cada núcleo é coordenado por um homem e uma mulher, uma pessoa para secretariar e um representante por setor do Movimento, que, junto com os demais representantes de outros núcleos, formam os setores no assentamento ou acampamento. É importante ressaltar que o núcleo de base é o jeito de os assentados e acampados organizam para participar da vida do Movimento Sem Terra.

Assim, os núcleos de bases ser são o fio condutor da organicidade do MST. É por meio deles que o Movimento garante a participação das famílias nas decisões políticas e na luta pela terra que o MST vem organizado em todo o seu processo histórico.

Dessa forma, a organicidade é um dos princípios da estrutura organizativa do MST, é através dela que as famílias participam das partes e da totalidade do Movimento. Para o MST (2005, p. 25), "É essa dinâmica que possibilita a existência do Movimento enquanto organização social. Essa estrutura organizativa dos núcleos de base, setores, brigadas, coordenações e direções, é que possibilita ampliar a participação das famílias nas discussões, ações, e decisões do MST". Caldart (2000, p. 162) diz que a organicidade no Movimento é o elemento fundamental para que sua base social possa participar.

> A expressão *organicidade* indica no Movimento o processo através do qual uma determinada ideia ou tomada de decisão consegue percorrer de forma ágil e sincronizada o conjunto das instâncias que constituem a organização, desde o núcleo de base de cada acampamento e assentamento até a direção nacional do MST, em uma combinação permanente de movimentos ascendentes e descendentes capazes de garantir a participação efetiva de todos na condução da luta em suas diversas dimensões.

Para Silva e Verdério (2013), "é a partir da intencionalidade da luta que o MST constrói sua organicidade [...] ela expressa interesses e intenções de formação dos sujeitos vinculados à luta de classes". Segundo os autores (2013, p. 8):

> A organicidade é um método de organização e ao mesmo tempo um espaço formativo que permite aos militantes ampliarem a compreensão acerca da questão agrária e da realidade brasileira em sua conexão com o modo de produção capitalista, que os produz e sustenta, portanto, possibilita a estes sujeitos terem uma compreensão da divisão de classes, e evidentemente, dessa identidade de classe trabalhadora na luta pela terra.

O objetivo do Movimento é o de envolver o maior número de famílias das áreas de acampamentos e assentamentos em sua organicidade e nas suas instâncias locais, estaduais e nacionais, pois isso possibilita um espaço de formação e também amplia a participação das famílias nas decisões do MST. Além disso, a organicidade é a maneira de ir eliminando os aspectos espontâneos e ingênuos da consciência dos camponeses; estes, com o passar do tempo, passam a perceber como se dá o controle da sociedade e onde se localizam os interesses antagônicos das classes organizadas. Segundo Bogo (1999, p. 135):

> [...] A organicidade, embora seja o oposto da espontaneidade, no movimento de massas convive com ela sem dificuldades; pois é

através da luta espontânea e desqualificada que as pessoas entram para o Movimento, que aos poucos vai lhes apresentando a estrutura orgânica, onde cada família tem seu lugar e procurará evoluir em sua participação, na medida em que compreender e assimilar os objetivos que a coletividade estabelece para serem alcançados.

Para Gomes (2009, p. 53) "compreender a construção da organicidade no MST requer situar o processo social específico vivenciado pelas famílias de trabalhadores rurais Sem Terra, vinculados a um movimento social". Toda a coletividade vivida e construída pelas famílias é permeada por ações educativas, e a participação das crianças nesse processo possibilita a sua formação humana, o que é demonstrado a partir da sua participação nos coletivos organizados nas Cirandas Infantis. Essa coletividade dos assentados, assentadas, acampados e acampadas torna-se referência para a organização da vida nos assentamentos e acampamentos, principalmente para as crianças. Isso não quer dizer que existe uma maneira ideal de organizar os coletivos, mas existe uma preocupação em pensar a produção e a resistência das famílias camponesas que possibilite uma vida mais digna para todos e todas. Assim, também as crianças vão buscando construir sua auto-organização infantil, tendo como base essa coletividade vivenciada pelo Movimento Sem Terra. Benjamim (1984, p. 85) afirma que:

> Os teatros infantis proletários exigem, para atuarem fecundamente, uma coletividade, exigem uma classe. A classe operária possui um sentido infalível pela existência da coletividade, e as crianças constituem uma coletividade. [...] E é privilégio da classe operária prestar a máxima atenção à coletividade infantil, a qual jamais pode adquirir contornos nítidos da classe burguesa. Pois é esse coletivo infantil que irradia a mais poderosa força de mudanças e é impossível na atualidade alcançar sem a criação das crianças.

A partir do coletivo infantil, os Sem Terrinha vão desenvolvendo novas relações, tanto pelo jeito de dividir as tarefas, quanto ao pensar no bem-estar do conjunto das famílias, e vão percebendo que a organicidade do MST é cada vez mais complexa. Então, as Cirandas Infantis, ao assumirem a educação das crianças, também cumprem um papel no processo de fortalecimento da organicidade, tendo clareza do projeto político dos trabalhadores e trabalhadoras. Isto implica experimentar e vivenciar os processos produtivos e educativos numa coletividade. Krupskaya (2009, p. 105) apontou a necessidade de criar uma escola que preparasse os construtores da nova vida, isso por quê:

> A passagem do poder para as mãos dos trabalhadores e camponeses abre ante o país perspectivas enormes, possibilidades enormes, mas, a cada passo, nós vemos as dificuldades que são criadas na tarefa da sua construção, pela falta de cultura geral no país, pela ausência de saber trabalhar e viver coletivamente.

Pistrak (2009, p. 125) também chama atenção para esse aspecto da formação humana ao afirmar que:

> Essa questão pode se responder assim: nossa época é uma época de luta e construção, sendo construção que parte da base, construção apenas possível e bem-sucedida nas condições em que cada membro da sociedade compreenda, claramente, o que precisa construir e por quais caminhos realizar esta construção.

Para melhor vivenciar essa coletividade, as Cirandas Infantis, ao organizar os coletivos infantis, com tempo e espaço próprios, para analisar, discutir suas questões, elaborar propostas e tomar decisões, em vista da participação dos sujeitos no seu processo educativo de um modo geral, estimulam a auto-organização dos Sem Terrinha. Nesse sentido, as Cirandas Infantis estão diretamente ligadas à participação das crianças e à criação do coletivo infantil. Marcos Cesar Freitas no prefácio do livro *O coletivo infantil em creches e pré-escolas*, (2007, p. 13) afirma que:

> O coletivo infantil é a expressão de uma universalidade que só se torna efetivamente apreensível de perto. [...] O coletivo infantil,

visto de perto, não é só um microcosmo a ser desvelado, é também um conjunto de falares e saberes para os profissionais que trabalham e aprendem com as crianças pequenas.

Entretanto, estabelecer uma organicidade nas cirandas que dê conta desses objetivos ainda é um grande desafio, por exemplo a organização das crianças em núcleos, principalmente nas cirandas permanentes. Isso se explica pelo baixo número de crianças que participam da ciranda, ou pela própria organização do assentamento em que está inserida, se este não tem uma organicidade consolidada. Mas isso não quer dizer que as crianças não participem do debate da luta pela terra, elas fazem isso em outros espaços em que também participam. Já nas Cirandas Infantis itinerantes, a organização dos núcleos de base é mais frequente, por ter um número grande de crianças, para melhor organização das atividades. Roseli, em entrevista, afirma que:

> As crianças são estimuladas a organizar-se em coletivos, com tempo e espaço próprios para elas, no sentido de ir discutindo, analisando e tomando conhecimento – do seu jeito de ser criança – de algumas tarefas que são de suas responsabilidades e envolvem a Ciranda Infantil, visando participar da vida do assentamento e da luta pela reforma agrária enquanto sujeitos históricos. Nós aqui na ciranda estamos passando por muitas dificuldades para reorganizar os núcleos de base das crianças, não por que elas não querem, mas pelas condições materiais da nossa ciranda e dos assentados, assim estamos vendo a melhor forma de organizar o coletivo infantil.

Uma das grandes dificuldades do MST atualmente é manter as cirandas permanentes nos assentamentos, por conta do custo muito alto, questão que vem dificultando um trabalho pedagógico com mais qualidade, principalmente nos assentamentos que ainda estão estruturando a sua infraestrutura. Com frequência, por conta dessas limitações, o Movimento organiza as Cirandas Infantis apenas nos finais de semana, para que as crianças possam ainda assim se encontrar, trocar saberes e construir sua auto-organização, fortalecendo o coletivo infantil. Pistrak (2002, p. 150), ao falar sobre o contexto da educação da União Soviética, nos ajuda a compreender melhor essa preocupação que o MST tem com os Sem Terrinhas. O autor afirma que:

> A auto-organização das crianças é uma escola de responsabilidades assumidas, onde as atividades infantis se definem, desde a conservação da limpeza do prédio, a divulgação de normas higiênicas, a organização de sessões de leitura, o registro dos alunos, até espetáculos e festas escolares, a biblioteca e o jornal escolar. [...], pois, as crianças são brilhantes, ativas, capazes, de grande iniciativa e encontram condições quando o coletivo infantil tem possibilidade de se desenvolver, de crescer pelos seus próprios meios e de se organizar numa base social. Tudo se explica pelo coletivo infantil.

Ao organizar as crianças em núcleos de base infantis, definindo a auto-organização dos Sem Terrinha nas Cirandas Infantis, há possibilidade do criar e recriar das crianças, no âmbito da linguagem, dos símbolos, da cultura; criando e recriando o mundo humano como resposta às suas múltiplas necessidades. Nesse espaço planejam o estudo, escolhem o nome do núcleo e da ciranda infantil, criando assim uma identidade de coletivo e essa passa a ser uma prática educativa e social, cujo propósito político é a transformação da realidade vivenciada por elas, o que vai sendo construído junto aos educadores e educadoras no processo pedagógico e a Ciranda Infantil torna-se sua base. Ao fazer a introdução do livro de Pistrak, *Fundamentos da Escola do Trabalho*, Maurício Tragtenberg (1981, p. 15) afirma que:

> A escola será à base desse coletivo infantil no dia em que se constituir como centro da vida infantil e não somente como o lugar de sua formação; quando for capaz de transformar os interesses e as emoções individuais em fatos sociais, fundados na iniciativa coletiva e na responsabilidade correspondente, através da auto-organização.

Dessa maneira, pensar e fazer uma educação na qual as crianças participem de atividades da produção da própria vida coletivamente, compatíveis com sua idade, é pensar a sua formação humana numa outra perspectiva, emancipadora. Assim, as crianças têm reais possibilidades de participar do coletivo infantil, sendo sujeitos construtores e construtoras de um projeto de sociedade. Então, faz-se necessário ao MST ousar, fazer outras experiências educativas, com dimensões mais coletivas e que levem a construir saberes, vivenciar processos de cooperação e auto-organização. Essa forma de organizar envolve as dimensões do trabalho na atualidade e pode ser relevante para a construção de alternativas que estão pautando a tarefa de construir um novo projeto histórico. Pistrak (2002, p. 31) afirma que:

> A auto-organização do coletivo traz elementos centrais para distinguir entre as diferentes formas de compreensão da coletividade e suas implicações no processo de trabalho coletivo que busca construir um novo projeto histórico, ou seja, que deve lidar com a formação rompendo com a lógica nela imposta pelo capital.

Dessa forma, há um entendimento no MST de que as crianças são sujeitos desse processo de produção da vida e estão na luta construindo um projeto de sociedade, por isso as decisões tomadas na sua coletividade devem ser tratadas com seriedade e precisam ser consideradas pelos adultos. Segundo Pistrak (2009, p. 127):

> A autodireção não pode ser atingida se a autodireção das crianças é apenas de brincadeira. É preciso reconhecer de uma vez por todas, que as crianças, e especialmente um jovem, não apenas prepara-se para a vida, mas já vive o agora sua grande vida real. A criança não se prepara para tornar-se membro da sociedade, mas já é agora, já tem agora suas necessidades, interesses, tarefa, ideal, vive agora em ligação com a vida dos adultos, com a vida em sociedade, não deve jamais perder-se de vista pela escola, se ela não quer sufocar o interesse das crianças pela escola com sua organização, o seu centro vital.

A organização das crianças em coletivos está vinculada ao jeito do Movimento Sem Terra se organizar para fazer a luta pela reforma agrária. Ao criar os núcleos de base, as crianças escolhem, além do nome do núcleo, o coordenador e a coordenadora, e um horário e local para se reunirem. Assim, quando as educadoras incentivam as crianças a se auto-organizarem, elas criam espaços para que possam estudar, decidir e dividir as tarefas. As crianças dizem sobre o núcleo de base:

> Nosso núcleo nós discutimos muito para chegar a uma decisão. (Laís, 6 anos).
> No núcleo de base aprendemos a coordenar uma reunião e planejar nossas atividades. (Danielle, 9 anos).
> Eu gosto muito do meu núcleo, ele chama 'Paulo Freire', mas tem vezes que a gente brigava porque alguns não querem respeitar as decisões coletivas do núcleo e isso era muito ruim. (Victor, 10 anos).
> Meu núcleo chama 'Terra vermelha', gosto de participar e estudar no núcleo, quem sabe ajuda os que não sabem, eu gosto muito quando nós fazemos à mística, jornal, esses dias nós estamos ensaiando uma música para gravar um CD. (Thiago, 12 anos).
> O meu primeiro núcleo de base que participei foi na Ciranda do V Congresso ele se chamava 'Paulo Freire', foi muito legal, depois as educadoras também organizaram os núcleos de base aqui na ciranda, no núcleo nós participamos da mística, dos mutirões, da limpeza da ciranda e fazer o jornal. (David, 11 anos, anotações do caderno de campo).

Observando as falas das crianças pode-se perceber que o núcleo de base infantil possibilita uma participação bem intensa dos Sem Terrinha na tomada de decisões, como a escolha das brincadeiras, dos estudos, das místicas, os mutirões para fazer o jornal das crianças, os ensaios de música para gravar CD etc. Em cada atividade, as crianças discutem para ver qual a melhor maneira de encaminhá-las. Em entrevista, Roseli fala que a escolha dos nomes dos núcleos foi um exemplo disso:

> As crianças da ciranda estão todas organizadas em núcleos de base. No primeiro momento as crianças fizeram um levanta-

mento de nomes que achavam bonitos, interessantes. Tinha nomes de flores, bichos, nome de time de futebol, pensadores etc. Depois cada núcleo de base apresentou esses nomes na plenária. Quando cada núcleo terminava sua apresentação, os outros núcleos davam algumas sugestões para retirar ou acrescentar nomes. No segundo momento, todas as crianças foram para os núcleos com a tarefa de escolher o nome e justificar a importância dele para a luta pela terra. Alguns núcleos tinham feito o levantamento do nome sem muitos critérios, e nesse segundo momento acabou mudando o nome do núcleo, pois o mesmo escolhido anteriormente não correspondia com a realidade da luta pela terra, foi o caso do núcleo 'Terra vermelha', que é em homenagem ao assentamento. Para organizar os núcleos, nossos primeiros critérios foram a idade, ter meninos e meninas, durante o processo fomos acrescentando também a afinidade entre as crianças.

Em um trecho da entrevista realizada com Marilene, ela ressalta a importância de organizar os núcleos de base infantil, pois ele facilita o debate de qualquer tema com os Sem Terrinha, como por exemplo, quando estão elaborando o jornal:

> Primeiro o núcleo faz um levantamento dos acontecimentos no assentamento. Depois eles tiram o representante para discutir o editorial do jornal. No editorial nós discutimos juntamente com as crianças cada notícia e decidimos quais vão ser publicada no jornal. Depois disso cada criança escolhe qual notícia quer escrever, eles podem escrever sozinho ou em dupla, já teve notícias que foi escrita em trio. Quando passamos a fazer esse processo com as crianças o jornal ganhou vida, pois antes era diferente, as notícias eram nós professores que escolhia, e hoje nós percebemos mesmo sendo as crianças que escolhe as notícias a serem publicadas elas não são muito diferentes das nossas escolas quanto educadoras. Acredito que nós temos uma pré-disposição de não discutir certos temas com as crianças, achando que elas não vão entender, não vão dá conta ou porque tem pouca idade. Mesmo tendo um monte de limites, principalmente nosso de educadoras, muitas vezes por não conseguir acompanhar as crianças, vejo que a elaboração do jornal das crianças envolvendo os núcleos de base está sendo um aprendizado para todas nós.

Ao organizar as atividades nas Cirandas, os educadores e educadoras precisam pensar em atividades que deem conta dessa coletividade, pois esses núcleos de base infantil têm uma intencionalidade política e pedagógica. Tal questão é perceptível na experiência da Ciranda "Paulo Freire", no VI Congresso do MST, na qual as crianças estavam organizadas em núcleos de base.

Conforme o planejamento, a organização dos núcleos levou em conta a idade, gênero, estado de origem, e afinidade entre si, e foram organizados conforme a faixa etária: 0 a 12 meses; 1 a 2 anos; 3 a 4 anos; 5 a 6 anos e 7 a 12 anos, tendo e cada núcleo suas atividades específicas, respeitando as dimensões humanas de cada coletivo.

A divisão dos núcleos por idades é feita levando em consideração a organização das atividades específicas para cada faixa etária, no entanto, se considerarmos como as crianças brincam nos assentamentos e acampamentos, sem essa distinção, podemos considerar essa divisão por idade ainda enquanto um desafio a ser superado na organização. Fábio de Freitas (2015, p. 114) em sua pesquisa de mestrado sobre as Cirandas Infantis no MST, afirma que em diversos momentos a diferença de idade é levada em conta pelas educadoras e educadores que tentam pensar atividades específicas para cada idade, entretanto,

> A não separação é importante para aquele coletivo de crianças, uma vez que as pequenininhas vão aprendendo com as grandes, se desafiando e tentando fazer o mesmo que elas e, ao mesmo tempo, as crianças maiores se preocupam com as pequenas, respeitam seu ritmo, ajudando-as. Há uma troca importante entre as maiores e as pequenininhas, na qual elas se educam entre elas, compartilhando as culturas infantis.

Para Florestan Fernandes (2004, p. 219):

> Essas relações tratam exatamente do aspecto da socialização elaborado no seio dos próprios grupos infantis, ou seja: educação da

criança, entre crianças e pelas crianças, como aqui aquisições de elementos culturais por meio da atualização da cultura infantil, sem uma transmissão sistemática e ordenada das experiências, sem a interferência dos adultos.

Pensando em superar esse desafio, foram organizadas grandes atividades, como, por exemplo, apresentação de peças de teatro, festa dos 30 anos do MST, lançamento do CD Plantando Ciranda, a visita ao Ministério da Educação, da qual toda a coletividade infantil participou sem distinção de idade.

A atividade no MEC foi bem interessante, pois cada núcleo fez seus cartazes e viu como ia manifestar sua indignação pelo descaso com a educação nos assentamentos e acampamento. Um exemplo dessa atividade foi o painel que o núcleo dos bebês fez com argila: As educadoras e educadores colocaram a argila em uma bacia grande com água e misturaram até que ficasse bem mole, com o aspecto de lama. Durante esse processo alguns bebês foram engatinhando para perto da bacia e ajudaram a misturar, colocando as mãozinhas na lama, e uns chegaram a colocar na boca para experimentar. Depois as educadoras e educadores colocaram cada bebê em pé na bacia com a lama e os colocaram para caminhar em um pano branco, para seus passos registrassem a caminhada da luta pela terra. Foi um processo bem rico, observava-se que alguns bebês queriam se aproximar enquanto outros ainda tratavam a atividade com desconfiança. Foi interessante que as educadoras e os educadores colocaram em forma de história para as crianças para onde eles iam como iam e porque estavam indo na mobilização. Esse painel foi um trabalho realizado com os bebês para a manifestação no MEC, simbolizando a falta de creches no campo. (Anotações do caderno de campo, no dia 11 de fevereiro de 2014).

A seguir, algumas imagens desse processo criativo do núcleo de base dos bebes:

Painel dos Bebês no VI Congresso do MST

Painel dos Bebês no VI Congresso do MST

Painel dos Bebês no VI Congresso do MST

Além disso, as educadoras e educadores fizeram uma bandeirinha para cada criança, e eles trabalharam o significado desta e da mobilização com todas as crianças. Outra questão bem interessante foi a organização nos ônibus para que cada núcleo de base não ficasse separado, tanto na ida para o MEC como na volta para a Ciranda, lembrando que eram 850 crianças de todas as idades. Essa organização em núcleos de base se manteve ao longo de toda a atividade, permitindo, além do cuidado das educadoras e dos educadores com as crianças, um cuidado mútuo entre elas, para que todas e todos se alimentassem, para que ficassem bem e não se perdessem do grupo. O cuidado que os educadores e educadoras tiveram com as crianças foi fundamental, desde a chegada, quando um dos policiais se aproximou e os educadores negociaram, colocando a importância de elas estarem ali, pois estavam reivindicando seus direitos.

Por outro lado, é importante ressaltar que os núcleos de base não precisam ter um formato rígido, ao contrário, é importante que sejam flexíveis, pois, é no processo que as crianças vão se apropriando do debate da luta, fortalecendo sua identidade e vendo porque o MST luta contra essa sociedade capitalista. Segundo Pistrak (2002, p. 56):

> A auto-organização das crianças não necessita obrigatoriamente ser explicitada através de uma 'Constituição' escrita, pois isso enrijeceria e burocratizaria um processo que deve ser móvel, adaptável a cada momento. Algo desse tipo só pode ser então concebido como um plano de atividade autônomo, mutável conforme as circunstâncias. As crianças devem ter a noção de que qualquer assembleia de seus iguais pode mudar os 'artigos' desse plano, se assim for o desejo das crianças que constituem o coletivo infantil.

Neste sentido, é importante pensar que, ao organizar as crianças em núcleos infantis de base, os educadores e educadoras estão também organizando a participação dos Sem Terrinha para brincar, cantar, pular, saltar e estudar; estão possibilitando que os Sem Terrinha construam valores, saberes e convicções dos seus direitos dentro de uma coletividade, num processo educativo e que tem como propósito a transformação da realidade.

Segundo Freire (1989, p. 13) o educador precisa "buscar junto com as crianças as respostas para suas inquietações do 'existir no mundo', fazendo a história com a criança, possibilitando a participação nas decisões de todas as situações do processo educativo." As crianças se reconhecem nesse Movimento, nessa luta por outra sociedade, o que, entretanto, não quer dizer que elas já tenham uma consciência de classe, mas que vão fortalecendo o pertencimento a uma classe social ao longo do processo pedagógico. Em entrevista realizada em 27 de setembro de 2013, na ENFF, Ângelo, dirigente do MST de São Paulo, nos disse como percebeu o quanto isso é complexo e exige dos educadores e educadoras um conhecimento do projeto histórico que está sendo construído no MST:

Em 2011 na mobilização das mulheres na Praça da Sé, os homens ficaram de organizar a Ciranda em um sindicato próximo dali; isso me mostrou muitos desafios. Percebi que o planejar, o cuidar e educar as crianças Sem Terra não é tarefa simples e somente gostar de crianças não dá conta dessa complexidade que a formação das crianças numa perspectiva da emancipação humana exige de nós, educadores e educadoras. Penso que a nossa formação dos educadores e educadoras às vezes é limitada, por mais que tenho curso superior, não temos muito conhecimento de uma pedagogia da infância em luta, em movimento, isso se faz necessário, porque trabalhar a arte, desenho, pintura, luta, contação de história, a importância da agricultura, o cultivo da terra, a agroecologia etc, é muito desafiador e na maioria das vezes um curso superior não dá esses elementos para nossos educadores e educadoras trabalhar essas questões com as crianças de forma lúdica. Assim, vejo que se faz necessário que os educadores e educadoras precisam olhar e compreender melhor o MST e essa infância, para traçar estratégias de como trabalhar com as crianças sem menosprezar os conhecimentos que elas já trazem de suas realidades vivenciadas em cada assentamento e acampamento nesse nosso Brasil.

Um dos grandes desafios do MST para organizar a Ciranda com melhor qualidade, sem dúvida, é a formação dos educadores e educadoras infantis. Mesmo o Movimento proporcionando que façam curso superior, muitos desses cursos deixam lacunas no que se refere à questão agrária e à luta pela terra, como também sobre o debate do projeto histórico do Movimento, elementos essenciais para a realização da tarefa da educação infantil. Esses debates geralmente são trazidos nos cursos que o MST organiza para os educadores e educadoras infantis e nas vivências do dia a dia da própria Ciranda, complementando assim a sua formação.

É um processo lento, e quando os educadores e educadoras se apropriam desses elementos, muitos são chamados pela organização a desempenhar outras tarefas, o que não necessariamente é uma desvantagem, mas sem dúvida um limite que o Movimento precisa superar no processo de formação dos seus dirigentes, pois os educadores têm um papel importante, principalmente, se pensarmos que eles são responsáveis por conduzir o processo de formação dos meninos e meninas Sem Terra.

A tarefa educativa possibilita estar em contato com o processo organizativo do MST, o que contribui para a organicidade da Ciranda Infantil, elemento fundamental na formação humana dos filhos e filhas dos Sem Terra e para a construção do coletivo infantil. Se observarmos os objetivos da Ciranda, de formar sujeitos companheiros, críticos, solidários, que têm um pertencimento ao MST e que não tenham vergonha de ser Sem Terrinha, vemos uma complexidade muito grande, que precisa ser apropriada pelos educadores e educadoras

A vivência dos valores: a solidariedade e o companheirismo

> Bandeira, bandeira vermelhinha, o futuro da nação está nas mãos dos Sem Terrinha!

Atividade das crianças sem terra em solidariedade às crianças palestina

Desenhos dos Sem Terrinha em solidariedade às crianças palestinas

Desenhos dos Sem Terrinha em solidariedade às crianças palestinas

Imagem da Brigada do MST na colheita das oliveiras

A prática da solidariedade internacional no MST foi se desenvolvendo a partir de uma agenda de lutas que une os camponeses da Via Campesina internacional. De acordo com Augusto Juncal,[1] existem brigadas de solidariedade aos camponeses em alguns países tais como África do Sul (Brigada Samora Machel), Venezuela (Brigada Apolônio de Carvalho e brigada dos estudantes de medicina Turma Elenira Resende), Cuba (brigada dos estudantes de medicina), Palestina (Brigada Gassan Kanafani), Haiti (Brigada Dessalines) e região do Cone Sul (Brigada Iala Guarani).

Segundo Luiz Paulo de Almeida,[2] a Brigada do Haiti vem fazendo várias atividades junto ao povo camponês haitiano, con-

---

[1] Augusto Juncal é do setor de relações internacionais do MST. Anotações da palestra proferida num seminário internacional no dia 15 de maio de 2015, na ENFF. Anotações de caderno de campo.
[2] Luiz Paulo era coordenador da ENFF, fez parte da brigada em solidariedade ao Haiti, trecho do relato de experiência aos estudante do Mestrado em Desenvolvimento Territorial da América Latina e Caribe, anotações do caderno de campo.

tribuindo na construção das casas, ajudando a fazer cisternas, alfabetização, na construção de uma escola de agroecologia, recuperação do solo, instalou centros de reprodução de sementes de legumes, no plantio de arroz, fazendo viveiros de reflorestamento e ajudando na extração do carvão vegetal, a principal fonte de renda alternativa do camponês.

A partir de iniciativas dos Movimento como as citadas, o companheirismo e a solidariedade aos povos em luta são valores que os Sem Terrinha vivenciam em sua formação humana. Em 2014, os temas dos encontros estaduais dos Sem Terrinha expressaram esses valores: a solidariedade internacionalista com as crianças palestinas, a comemoração do aniversário de 30 anos do MST, a luta contra o fechamento das escolas e a luta nos municípios para garantir a educação infantil nos acampamentos e assentamentos.

Durante esse processo, as crianças fizeram cartas, desenhos, poesias e pinturas para serem enviados às crianças palestinas, junto com bolas de futebol arrecadadas pelo MST. Esses materiais foram entregues por uma brigada de dirigentes do MST que foram à Palestina ajudar no período da colheita de azeitonas, solidarizando-se com esse povo. Segundo Delwek Matheus, "foram momentos muito tensos, mas gratificantes, pois cada criança que recebia uma carta, uma bola, se enchia de alegria e brilho no olhar". Além disso, as crianças do estado do Pará gravaram uma música em solidariedade às crianças palestinas, a qual transcrevemos a letra:

> Palestina Livre
> Convidamos as crianças do mundo inteiro
> Pra pintar no muro da desigualdade.
> É os Sem Terrinha cantando e
> Ocupando com sua ginga.
> Reforma Agrária, justiça e liberdade.
> Numa canção de roda.

Palestina Livre:
Um sonho que também é brasileiro.
Oh palestina
Menino livre
Solta pipa e joga bola!
Nossa Ciranda convida tuas crianças
Pra dançar na roda.
E de mãos dadas sonhando
A liberdade a ser conquistada.

Em entrevista realizada com Daiane, educadora da Ciranda Saci Pererê, da ENFF, em outubro de 2013, ela afirma que é preciso trabalhar esses valores com as crianças, pois:

> Ao trabalhar o valor da solidariedade internacionalista, por exemplo, elas têm acesso à realidade de crianças de outros países como, por exemplo, a realidade das crianças palestinas, africanas, da América Latina. Isso é proporcionando a elas, porque a luta do movimento é uma luta internacional, e os nossos Sem Terrinha vai tendo acesso à realidade não somente local mais uma realidade internacional, ou seja, as crianças fazem parte de uma totalidade, não é um projeto fragmentado.

Para o MST (2005), os valores são princípios e convicções que movem as práticas de vida do ser humano. São eles que produzem a necessidade de viver pela causa da liberdade e da justiça. Ainda segundo este documento (2005, p. 15), "valores não são meros conteúdos teóricos. São vivências que precisam ser amadurecidas e praticadas no cotidiano". Para Caldart (2003, p. 55):

> Os valores são uma dimensão fundamental da cultura; são princípios de vida, aquilo pelo qual consideramos que vale viver. São os valores que movem nossas práticas, nossa vida, nosso ser humano. São valores que produzem nas pessoas a necessidade de viver pela causa da liberdade e da justiça. São valores que movem o empenho dos Sem Terra em fazer dos assentamentos comunidades de utopia, coerentes com a luta que os conquistou.

Assim, compreender os valores vivenciados pelos Sem Terrinha é identificar em suas ações do cotidiano esses princípios que os orientam e educam. A proposta pedagógica da Ciranda tem como objetivo educar as crianças para uma nova sociedade e um novo mundo. Desse modo, os valores se afirmam ao expressar significados capazes de responder a determinadas necessidades humanas e às vivências desses valores nas Cirandas Infantis, tendo uma intencionalidade política e pedagógica que está ligada às necessidades e aspirações do Movimento, em superar determinadas condições existenciais, e projetando uma perspectiva de vida e de mundo para essas crianças.

Então, o MST (2005) aponta a necessidade de seguir vivenciando os valores, entre os quais destaca a solidariedade e o companheirismo, para combater o egoísmo estimulado pelo capitalismo e fortalecer a indignação diante das injustiças, da exploração e do sofrimento do povo; a valorização da vida, do conjunto da natureza e do ser humano; o estudo, para compreender os rumos da história em sua dimensão de projeto; o compromisso, com os propósitos construídos e assumidos coletivamente pelo povo.

Assim, viver em coletivo, segundo o MST (2011, p. 26), é um grande aprendizado para as crianças. "No coletivo, as crianças têm a oportunidade de vivenciar os valores e princípios da classe trabalhadora, o respeito ao ser humano, às decisões coletivas e o valor da vida". São valores que se contrapõem aos valores incentivados pela sociedade capitalista, os quais têm levado à exploração, opressão e violência sobre a classe trabalhadora, As crianças Sem Terra, portanto, são estimuladas a vivenciar esses valores como princípios de vida desde bem pequenas.

Para isso, é necessário que os educadores e educadoras saibam conduzir esse processo de formação, procurando fazer com que entendam porque uns têm casa e outros não têm, uns têm terra e outros são Sem Terra, uns têm comida e outros passam fome. São questões que as crianças precisam conhecer, pois estão inseridas nessa sociedade e têm contato com todo tipo de valores pregados pela mesma. Fabinho, em entrevista, coloca a importância desse trabalho:

> Tudo que sou hoje vem da minha formação de lá da base nas Cirandas e nos encontros do Sem Terrinha e do trabalho que era feito aqui no assentamento com as crianças. Foi lá que aprendi que os valores da solidariedade, companheirismo, do respeito ao ser humano, são princípios de vida se queremos construir outra sociedade. Foi lá nos encontros dos Sem Terrinha, na Ciranda Infantil que aprendi isso, e hoje eu trabalho com as crianças esses valores que apreendi lá na minha infância. O MST tem se preocupado muito com o cultivo de valores, porque sabe que estes são traduzidos em modos de vida e, dessa maneira, as novas gerações de lutadores e lutadoras do povo têm possibilidade de vivenciá-los. Caldart (2003, p. 6) nos alerta: "valores somente existem através das pessoas, suas vivências, postura, convicções, e eles não nascem com cada um; são aprendidos, cultivados através de processos coletivos de formação, de educação".

Algumas situações ocorridas na pesquisa de campo exemplificam essa vivência de novos valores. Uma delas foi uma visita das crianças à mina em que elas tinham plantado árvores e cercado para sua recuperação. Para chegar até o local, descia-se uma ladeira bem irregular, cheia de pedras. Algumas crianças desciam com mais facilidade, e outras nem tanto. Havia no grupo uma criança em especial que tinha dificuldade de locomoção, e outras crianças ficaram junto dela, e a ajudaram na descida. Marilene, uma das educadoras, também estava com muita dificuldade para descer. As crianças já tinham descido e começaram a incentivá-la. A menina com dificuldade de locomoção gritou – Desce Marilene, você consegue, pois até eu consegui! Logo subiram algumas crianças maiores, pegaram uma em cada mão auxiliando Marilene na descida da ladeira e, quando chegaram lá em baixo, comemoraram a conquista.

A participação dos Sem Terrinha na luta pela terra, a vivência no coletivo, o cuidado mútuo, o cultivo de valores, a resistência, a pertença, a solidariedade, o cultivo da memória social, o respeito à natureza e a valorização do ser humano como sujeito histórico são práticas que contrapõem valores da sociedade capitalista. Segundo Bogo (1999, p. 138):

> Essas práticas e a participação nos coletivos contribuirão para que o indivíduo dê os primeiros passos na formação humana a partir da prática de novos hábitos e valores e através da organicidade e de sua própria participação, adquirindo a consciência política, fazendo com que se empenhe, agora não mais para transformar os aspectos da realidade que o cerca, mas toda a realidade que concentra injustiças e opressões dos seres humanos.

Soares (2005) realizou uma importante pesquisa sobre o direito de participação das crianças, principalmente direitos que abarcam o nome e identidade, de serem consultadas e ouvidas, de terem acesso à informação, à liberdade de tomar suas decisões. Neste trabalho, o autor diz (2005, p. 9):

> A avaliação que tem sido feita nos países nórdicos relativamente às consequências da participação das crianças: com uma legislação proativa relativamente à participação das crianças, desde a década de 1980, os resultados têm demonstrado que em vez de colocar as crianças em perigo, vem reforçar a capacidade das mesmas para tomar decisões sem consequências desastrosas previstas nos discursos paternalistas.

E ainda chama atenção para as tensões nessa participação (2005, p. 8):

> As tensões que existem entre o exercício dos direitos de proteção e de participação são constantes e de uma complexidade acentuada, uma vez que se apoiam em perspectivas quase antagônicas: por um lado, a defesa de uma perspectiva da criança,

como dependente da proteção do adulto e incapaz de assumir responsabilidades, por outro lado, uma perspectiva da criança como sujeito de direitos civis básicos, incluindo aí o direito de participação nas decisões que afetam as suas vidas.

Assim, o MST assume a tarefa de educar e reeducar as pessoas vivenciando o companheirismo, a solidariedade e a coletividade, propondo novos valores no cotidiano das crianças desde pequenas, e demonstrando a possibilidade de construir outro projeto de sociedade. Daiane, em entrevista, fala dessa possibilidade:

> Nós estávamos realizando um cartaz coletivamente com os elementos do que representava a ciranda para eles. No coletivo tinham crianças de várias idades desde os 2 anos aos 12 anos. Esse trabalho foi muito interessante porque tinha umas crianças maiores, que queriam fazer para os pequenos e eles não aceitavam, dizendo, 'não! Eu sei fazer, deixa que eu faço'. Penso que nós educadores e educadoras precisamos ter cuidado quando colocamos as crianças todas juntas para fazer atividades coletivas, para que realmente os pequenos possam participar sem perder sua autonomia. Isso não quer dizer que em alguns momentos as crianças maiores não vão ajudar os menores, mas é preciso ter esse cuidado, para que eles não tirem esse momento de criação dos pequenos. Esses momentos são de grande riqueza quando realmente o educador ou educadora, cria essas oportunidades para as crianças. Precisamos compreender que o papel que sai rasgado, a colocar passada por cima, a tinta espalhada e misturada com diversas cores é o jeito que o pequenino encontra para fazer sua arte, e isso é preciso ser respeitado. Além disso, nessas atividades coletivas é importante ficar atentos para vivência de alguns valores entre as crianças, como, por exemplo, se existem entre elas o companheiro, a solidariedade, a disponibilidade, o respeito à autonomia de cada um. Avalio que esses momentos são muito importantes para o processo de formação humana das crianças, pois são nesses momentos que as elas têm possibilidades de criar, inventar, recriar, enfim experimentar novas relações.

Fernanda, uma Sem Terrinha de 15 anos que atualmente contribui nas Cirandas Infantis afirma, em entrevista realizada em Itapeva, em outubro de 2013:

Desde os 3 anos de idade que participo da ciranda e dos encontros dos Sem Terrinha e de outras atividades do Movimento, acredito que todas elas contribuíram muito para minha formação porque ainda hoje cultivo valores de companheirismo, solidariedade, amor pela terra, enfim de ser uma Sem Terrinha que não tem vergonha de lutar pela terra, pois nós também somos Sem Terra como nossos pais.

Marcos, de 9 anos, também Sem Terrinha, assim se expressa, em entrevista realizada em setembro de 2013, na ENFF:

Uma coisa importante que vivemos na Ciranda é o companheirismo, a solidariedade entre nós crianças, por exemplo, quando chega uma criança na nossa Ciranda que está com dificuldade de ficar na Ciranda nós sempre ajudamos para que ela se sinta bem em nosso espaço. Isso acontece muito com as crianças que vêm de outro país, por conta da língua que ela fala. Ah, teve uma vez que chegamos a fazer um curso de espanhol para melhor comunicar com as crianças que vêm de outros países. Na Ciranda nos sentimos participantes do MST, sentimos sujeito construtor do Movimento.

Desse modo, a Ciranda vai sendo esse espaço pedagógico de participação das crianças nesse Movimento, que tem a luta pela terra, a reforma agrária e a transformação da sociedade como referências em suas ações educativas. A participação é um dos caminhos para, nesse processo, formar sujeitos construtores e construtoras da sua própria história. Anjos (2013, p. 205) afirma que:

Através da educação e da participação – ação que possibilita a formação dos sujeitos e quando os estudantes se manifestam, demonstram compreensão e sensibilidade à essência do processo educativo, [...] isso contribui para a formação de valores como a solidariedade, a responsabilidade, a afetividade e para a melhoria nas relações sociais.

Nessa mesma direção, Caldart (2000 p. 317) aponta que: "olhar para o movimento social como sujeito pedagógico significa retornar uma vez à reflexão sobre educação como formação humana e suas relações com a dinâmica social na qual se inserem os sujeitos sociais". Esses elementos nos permitem pensar que não é só tendo acesso à terra que os sujeitos estarão emancipados, mas os modos de tratar a terra, de produzir, de cuidar uns dos outros e a vivência do seu cotidiano são fatores que possibilitam um processo de formação humana mais emancipadora.

Nesse contexto, a Ciranda não é somente o espaço físico, ela tem uma intencionalidade política e pedagógica no processo de educação das novas gerações com valores contra-hegemônico. Assim, a responsabilidade de educar os Sem Terrinha não é somente do pai ou da mãe, mas é de todos e todas que fazem parte do Movimento, pois elas participam dos espaços de debate político, das relações estabelecidas com os adultos e entre elas, e do processo da luta pela terra.

Além disso, a Ciranda nos ajuda a conceber as crianças Sem Terra como sujeitos que fazem parte e constroem esse Movimento, junto com os adultos. Elas se constroem e nos constroem também, pois os meninos e meninas Sem Terra nos ajudam a repensar e a mudar nosso olhar sobre eles, nos ajudam a vê-los de outro jeito, não em uma posição de vitimização, por sofrerem todas as dificuldades que a luta pela terra os impõe, mas como crianças de um período histórico. Ter a educação como tática na luta por transformação social é colocá-la na estratégia política para se alcançar tal fim, o que implica pensá-la enquanto prática social, inserida na realidade, em que "a história da sociedade é a história de lutas de classes" (Marx; Engels, 1986, p. 81). Segundo Bogo (2008, p. 178):

> Na luta contra o poder, duas coisas nos esperam: o pântano e o mar. Se entramos indecisos, nos misturamos ao pântano da política burguesa e pareceremos afogados na lama dos desvios; mas, se atacarmos com força e determinação, abriremos os velhos

hábitos e vícios ao meio, afastando-os para as margens da política e chegaremos ao outro lado onde estará o mar, que tem o poder de jamais se deixar dominar. É a emancipação que sonhamos.

Segundo Pistrak (2009, p. 121):

> É preciso colocar na consciência da geração futura, que cada jovem será, ou melhor, já é um soldado na frente de luta, que sua tarefa é instrumentalizar–se detalhadamente para esta luta pelo conhecimento, estudar bem o instrumento do inimigo, e saber usá-lo em positivo para a revolução, saber manejar na prática seu instrumento – o conhecimento.

Nesse sentido, a história da humanidade é mais do que o simples confronto entre forças contrárias, é também a imaginação organizada contra a alienação, pois terá que se mobilizar contra a ordem capitalista, porque, de acordo com Bogo (2008, p. 181):

> As organizações revolucionárias somente se constituem e se desenvolvem se houver movimento revolucionário da sociedade civil, ou seja, forças sociais que se mobilizem contra essa ordem estabelecida, assim as ideias ganham espaço na linguagem cotidiana e as propostas facilmente ganham grandes dimensões da história, de luta, enfim, ganham corpo e expressões de um mundo melhor, pois a superação da emancipação política é uma etapa histórica no caminho da emancipação humana.

Segundo Lessa e Tonet (2011, p. 116):

> Para evitarmos mal-entendidos de toda espécie, é necessário assinalar aqui que o fato de a revolução comunista ser um ato emancipado e livre da humanidade não significa que ela deixe de ser um processo social e político de luta de classes. Ao contrário, a forma historicamente possível da revolução comunista é a vitória dos operários, da cidade e do campo, contra as desumanidades produzidas pelas classes dominantes. Esse ato livre e emancipado da humanidade possui, como sua forma historicamente concreta, a vitória dos revolucionários sobre os conservadores, a vitória dos trabalhadores sobre as classes dominantes capitalistas, a vitória do operariado sobre o capital. E todas elas possuem necessa-

riamente uma dimensão política e de luta de classes; pois o 'reino da liberdade', segundo Marx, nada mais é do que o atendimento das verdadeiras e reais necessidades humanas, postas pelo desenvolvimento histórico-social.

Assim, a Ciranda Infantil não está afastando as crianças da vida social, do trabalho, das contradições, da luta pela terra, pela reforma agrária, pela transformação da sociedade, mas trazendo essas questões para o seu dia a dia e buscando dar-lhes significado na construção do projeto histórico. Para isso, os educadores e educadoras precisam estar atentos a essas questões significativas, para construir junto com as crianças uma educação para além do capital. É nessa construção que os Sem Terrinha, desde bem pequenos, com seus gestos, olhares, choros, silêncios, abraços, festa, fome, chuva, sol, terra, ritmos, lutas, descobertas, sonhos, imaginação, vão compondo as *cem linguagens,* as quais Malaguzzi, (1999, p. 1) chama atenção:

A criança é feita de cem.
A criança tem cem mãos
cem pensamentos
cem modos de pensar
de jogar e de falar.
Cem sempre cem
modos de escutar
de maravilhar, de amar.
Cem alegrias
para cantar e compreender.
Cem mundos
para descobrir.
Cem mundos
para inventar.
Cem mundos
para sonhar.
A criança tem
cem linguagens
(e depois cem cem cem)

mas eles roubam-lhe noventa e nove.
A escola e a cultura
lhe separam a cabeça do corpo.
Dizem-lhe:
de pensar sem as mãos
de fazer sem a cabeça
de escutar e de não falar
de compreender sem alegrias
de amar e de maravilhar-se
só na Páscoa e no Natal.
Dizem-lhe:
de descobrir um mundo que já existe
e de cem roubam-lhe noventa e nove.
Dizem-lhe:
que o jogo e o trabalho
a realidade e a fantasia
a ciência e a imaginação
o céu e a terra
a razão e o sonho
são coisas
que não estão juntas.
Dizem-lhe enfim:
que as cem não existem.
A criança diz:
Ao contrário as cem existem.

Considerações finais

> E a terra feito um lençol macio se estende
> Oferecendo seu colo umedecido
> Ainda expondo os destroços da última batalha
> Mas isto é seguir em frente e querer mais
> Os olhos do sol se abrem para fazer o amanhecer
> Com marcas de latifúndio entocaiados
> Erguem-se: homens, mulheres, meninas e
> meninos.
> Riscando com um sopro a linha do destino
> E marcam as próprias mãos
> Com calos que lhes dão dignidade
> Para fazer nascer a solidariedade.
> *Senhor e tempo, Ademar Bogo, 1999*

Como já afirmado, o MST é um movimento social que está construindo seu projeto político de sociedade e desenvolvendo uma proposta de educação numa perspectiva da emancipação humana, compreendendo esta como elemento fundamental para a mudança da realidade, considerando que "[...] a educação pode ser mais do que educação, e que escola pode ser mais do que escola, à medida que sejam considerados os vínculos que constituem sua existência nessa realidade" (Caldart, 2000, p. 222).

Diante disso, retomo a questão inicial desta pesquisa, que me ajudou no caminho percorrido até aqui: a organização do trabalho pedagógico das Cirandas Infantis do MST – nos assentamentos, centros de formação, marchas, reuniões, congressos etc. – contribuem para a formação das crianças Sem Terrinha na perspectiva da emancipação humana?

Para responder a esta questão, que delineou este trabalho, levantei a hipótese de que a organização do trabalho pedagógico, que inclui as dimensões da organicidade, da auto-organização e da participação na luta pela terra, cumpre um papel fundamental na formação humana dos meninos e das meninas Sem Terra. Formação que não prioriza necessariamente formar as crianças para serem futuros militantes ou dirigentes do Movimento, mas centralmente se preocupa com a apropriação, pelas crianças, de elementos fundamentais para o Movimento, que permitam a elas pensar, lutar e entender a sociedade de hoje. Portanto, como sujeitos históricos, estarão participando da construção de uma nova sociedade e exercitando desde já a condição de dirigente, na concepção gramsciana.

Ao analisar a organização do trabalho pedagógico nas Cirandas Infantis, tendo em vista o processo de formação humana dos Sem Terrinha, as relações sociais e o projeto de sociedade que vem sendo construído pelo MST, busquei responder a questão da pesquisa e identificar as marcas essenciais que apontavam para o processo de formação humana vivenciadas pelas crianças nas Cirandas Infantis organizadas pelo MST, trazendo as contradições e as possibilidades concretas para a construção de uma educação emancipadora.

A pesquisa vem confirmar a hipótese levantada, ao constatar que as crianças Sem Terrinha têm um pertencimento à organização, lutam pela dignidade da vida de todos e todas, vivem valores contra-hegemônicos e, cada vez mais, as crianças vivenciam a coletividade construindo suas culturas infantis no seio da luta pela terra. É importante afirmar que apesar de ser uma responsabilidade coletiva – fato que possibilita às mulheres assumirem diversas responsabilidades na organização – a preocupação do cuidar e educar os filhos e filhas do MST não parte apenas do Movimento, mas é compartilhada, em boa medida, pelos pais e mães Sem Terra.

Dessa forma, as crianças Sem Terra emergem enquanto sujeitos que constroem sua participação histórica na luta pela terra, desenvolvendo e assumindo o sentido de pertença a essa luta. Observo que as Cirandas Infantis, enquanto experiências autônomas de educação, apresentam elementos que possibilitam pensar na construção de uma política pública para a educação infantil do campo numa perspectiva emancipatória.

Responder questões como as que aqui abordamos, certamente constitui uma difícil tarefa, principalmente considerando a atualidade da luta pela terra que vai além da disputa do latifúndio, uma vez que o modelo de produção agrícola do agronegócio se impõe a partir da monopolização das grandes empresas multinacionais. O avanço do agronegócio é um dos pilares de sustentação da política econômica do atual governo. Esse modelo de produção, que tem possibilitado as grandes concentrações de terra e de riquezas, afeta todos e todas que produzem sua vida no campo e na cidade.

Merece destaque, neste contexto, o valor histórico da luta pela reforma agrária empreendida pelo MST, mesmo com todos os desafios que surgem no momento em que se procura transformar as relações de produção. Compreende-se, então, que a análise da realidade perpassa valores culturais, visão de mundo, mas também a escolha de parâmetros científicos, capazes de dar sustentação a essa análise.

A pesquisa mostra que a organização do trabalho pedagógico nas Cirandas Infantis do MST possibilita um processo de formação humana das crianças Sem Terra e tem como princípio o protagonismo das crianças, levando a pensar estratégias para uma prática educativa contra-hegemônica para que elas sejam construtores e construtoras, lutadores e lutadoras, no processo de transformação da sociedade.

Reafirmando alguns desafios

Considerado todos os elementos já citados, exponho agora alguns desafios que foram sendo desvelados durante a pesquisa.

A ampliação das Cirandas Infantis nos assentamentos

As políticas públicas de produção para os pequenos agricultores são deficitárias e se refletem diretamente nas condições materiais dos assentados. Essas condições materiais não são somente a infraestrutura ou a alimentação, é também ter acesso a boa moradia, a boa escola, bons livros, ir ao museu, ao cinema, ao teatro, ou seja, ter acesso às condições materiais e imateriais que estão disponíveis para a humanidade. Ter acesso a esses espaços e bens materiais e imateriais muitas vezes é bem difícil para as crianças Sem Terra, pois boa parte desses se encontra nas cidades, das quais os assentamentos estão sempre distantes. A saudosa professora Patrizia Piozzi (2015, p. 136), no artigo "Marx, o operário e as leis da beleza" afirma que:

> Como Marx caracteriza o homem, enquanto membro do gênero humano? Como aquele que é governado também pelas leis da beleza, e que se põe diante da natureza, seu corpo inorgânico, como alguém que cria e usufrui livremente, podendo se entender por livremente não apenas a condição de não subordinação à necessidade imediata de sobrevivência e à determinação da natureza, mas, também, à necessidade gerada historicamente de transformar os objetos naturais em fontes de riquezas, mercadorias etc. Apenas nessa situação todos os sentidos receptivos e ativos estão juntos, e operam de uma forma realmente humana, os ouvidos humanos são capazes de ouvir música, os olhos são capazes de contemplar a beleza, o gosto que escolhe o alimento pelo prazer e não pela necessidade de se alimentar é um gosto propriamente humano; da mesma forma ao desenvolver as faculdades do pensar, do imaginar no campo da criação artística, da criação científica, artesanal o homem realiza plenamente sua natureza genérica.

Uma reflexão importante de ser feita é a questão da conversão das Cirandas Infantis em uma política pública do Estado. Nesse caso, provavelmente essa experiência educativa deixaria de fazer parte da proposta de educação da Ciranda Infantil e dos princípios do próprio Movimento, o que faria o projeto político--pedagógico da Ciranda Infantil passar a ser vinculado ao do sistema do ensino público do país, o que, segundo Freitas (2010, p. 91), não seria possível uma vez que "a inclusão e subordinação são faces de um mesmo processo, e a inclusão só é autorizada sob sua forma complementar, a subordinação".

As reflexões desta pesquisa também indicaram que, para construir uma educação emancipatória, não basta a intencionalidade de transformação social na programação do cotidiano, ou no projeto político-pedagógico, estes conteúdos devem também ser vinculados a um projeto de transformação da sociedade e alimentados cotidianamente mediante práticas de transformação da realidade.

Analiso que o potencial emancipatório do processo de formação humana das crianças Sem Terrinha nas Cirandas Infantis está justamente no seu projeto educativo, onde a vida, a luta pela terra, o trabalho e as brincadeiras estão vinculados ao projeto de sociedade contra-hegemônico que é vivenciado pelas crianças. Deste modo, o ato de trabalhar, o ato de lutar e o ato de brincar estão entrelaçados, e fazem parte da escola da vida dos Sem Terrinha. Em pesquisas anteriores, Rossetto (2009, p. 118) constatou que "o potencial emancipatório das Cirandas Infantis se revela a partir da compreensão de que a luta pela terra não se encerra apenas com a sua conquista, é preciso ir além, a sociedade precisa ser transformada".

Isso se expressa no cotidiano das Cirandas Infantis que vêm construindo um projeto de sociedade junto com as crianças Sem Terra e com toda a base social do MST. Esse projeto exige dos educadores e educadoras pensar a educação das crianças em outras condições, para além das necessidades da vida, pensar em outras relações, outros princípios visando transformar a sociedade. Silva (2014, p. 116) afirma que "foram os princípios socialistas influenciados pela revolução russa de 1917, [...] como uma experiência histórica concreta, que repercutiam no mundo todo, com sonhos revolucionários".

Os desafios colocados para os educadores e educadoras apresentam a possibilidade de superação em prol de uma luta bem maior, que é a transformação da realidade. Pode-se observar que, mesmo nas Cirandas Infantis que funcionam somente nos finais de semana, como é o caso da Dom Tomás, o processo de organização do trabalho pedagógico vivenciado pelas crianças em seu cotidiano vem superando as suas necessidades no processo da organização do trabalho pedagógico. Segundo Piozzi (2015, p 136-137):

> A passagem do reino da necessidade para o reino da liberdade é o que torna o homem *antropos*, e esta passagem é realizada principalmente – não somente, evidentemente – nos tempos e nos espaços livres do universo movido apenas pela necessidade de sobreviver e de ter, nos quais o usufruir e o criar, o ativo e o receptivo se fundem, perdem os contornos no livre jogo de energias humanas trocadas entre homens livres. Um indivíduo que aporta ao tempo da necessidade, levando para ele o prazer e a riqueza de suas dimensões humanas, desenvolvidas no tempo da liberdade, do livre agir e usufruir. (...) Então, a condição operária, que transforma o homem em um apêndice da máquina reduz o horizonte imenso, infinito, governado também pelas leis da beleza.

Analiso que a experiência das Cirandas Infantis é a expressão da mais pura e profunda humanidade do MST na formação humana de meninos e meninas Sem Terra, e a ampliação dessa experiência em todos os assentamentos e acampamentos se faz necessária. Isso possibilitaria que as Cirandas Infantis aconteçam em todos os momentos para que os Sem Terrinha continuem se encontrando para brincar, saltar e fazer folia, pois entendo que as Cirandas são espaços necessários para as crianças experimentarem a sua autonomia e todas as dimensões humanas, tais como: a artística, a lúdica, a do imaginário e do trabalho.

A formação dos educadores e educadoras infantis

É importante compreender que o processo de formação de educadores e educadoras infantis vem se dando na relação macro e micro da sociedade. Estes/estas não são apenas distribuidores e repassadores de conhecimentos socialmente produzidos; há uma especificidade na sua função, e suas práticas educativas dentro e fora da Ciranda Infantil são determinadas pelas relações sociais e pelas relações produtivas na luta pela terra.

O Movimento avançou com os cursos superiores em parceria com diversas universidades, mas, como colocado, ainda existem lacunas em algumas áreas de estudo como, por exemplo, no que se refere à questão agrária e a luta pela terra, e também ao debate sobre o projeto histórico da classe trabalhadora. Segundo Luiz Carlos de Freitas (2012, p. 142), "a necessidade de um projeto histórico claro não é um capricho. É que os projetos históricos afetam nossa prática política". Marx e Engels (1998, p. 72) também afirmam que:

> As ideias da classe dominante são, em todas as épocas, as ideias dominantes, ou seja, a classe que é o poder *material* dominante da sociedade é, ao mesmo tempo, o seu poder *espiritual* dominante. A classe que tem à sua disposição os meios para a produção material dispõe assim, ao mesmo tempo, dos meios para a produção espiritual, pelo que lhe estão assim, ao mesmo tempo, submetidas em média as ideias daqueles a quem faltam os meios para a produção espiritual. As ideias dominantes não são mais do que a expressão ideal das relações materiais dominantes, as relações materiais dominantes concebidas como ideias; portanto, das relações que precisamente tornam dominante uma classe, portanto as ideias do seu domínio. Os indivíduos que constituem

> a classe dominante também têm, entre outras coisas, consciência, e daí que pensem; na medida, portanto, em que dominam como classe e determinam todo o conteúdo de uma época histórica, é evidente que o fazem em toda a sua extensão, e, portanto, entre outras coisas, dominam também como pensadores, como produtores de ideias, regulam a produção e a distribuição de ideias do seu tempo; que, portanto, as suas ideias são as ideias dominantes da época.

Esses elementos são essenciais para os educadores e educadoras que estão na organização do trabalho pedagógico das Cirandas Infantis, pois os mesmos elementos estão presentes no processo de formação humana dos Sem Terrinha e, muitas vezes, como já colocado, os currículos dos cursos de graduação das universidades não dão conta da complexidade vivenciada por aqueles que estão na tarefa revolucionária de educar os meninos e meninas Sem Terra. É necessário que o Movimento organize cursos específicos sobre pedagogias descolonizadoras, pedagogias libertárias, por exemplo, proporcionando reflexões para a realização de atividades com as crianças.

Esses cursos são importantes, pois possibilitam uma formação pedagógica mais específica, voltada para realidade do campo e envolvendo a dimensão da luta pela terra, que é um elemento de fundamental importância para o cotidiano das Cirandas Infantis e o processo de formação humana dos Sem Terrinha. Além do acesso ao conhecimento, podem, assim, ter uma clareza maior do projeto político do MST, no qual está inserido, e isso ajuda a identificar e traçar as estratégias necessárias para conseguir colocar a Pedagogia do Movimento em prática. Isso implica uma reflexão mais consciente da sua experiência num mundo carregado de interesses sociais contra-hegemônicos.

Por isso a defesa de uma formação específica para os educadores e educadoras que atuam no campo, uma vez que, como já dito, esses aspectos não são trabalhos nos cursos tradicionais de pedagogia. Além de cursos específicos também se faz necessária a participação dos educadores e educadoras infantis nas lutas sociais, que também consideramos processos de formação, como já citado anteriormente, pois o processo da luta e da organização também educa. Ribeiro (2001, p. 13) afirma que: "A luta é um aprendizado de um novo modo de ser e de fazer a sociedade; a luta é também pela produção de um saber comprometido se juntando aos saberes históricos acumulados pelos agricultores, em suas lidas seculares com a terra, com o conhecimento".

Pelas questões expostas, é fundamental para a formação dos educadores e educadoras a sua participação na luta e por meio dela, compreender a realidade a nível local e global, articulando esses conhecimentos. Isto ajuda a compreender a Ciranda como um espaço de brincadeiras, de trocas de saberes, como também de luta e de resistência das crianças Sem Terra.

Nos cursos de formação as trocas de saberes são bem interessantes, entre os educadores e educadoras, entre as crianças, e entre crianças e educadores e educadoras. A participação na luta pela terra possibilita aos educadores e educadoras construírem o cotidiano das crianças e a sua participação em atividades como marchas, congressos, mobilizações infantis, ocupações etc., inserindo-as diretamente da luta social. Ao mesmo tempo, os educadores e educadoras também cumprem um papel de transformar esses espaços de luta em espaços de brincadeiras que ganham significados, cores, formas, cheiros, melodia, vida, tanto para os educadores e educadoras quanto para as crianças.

Com relação aos cursos oferecidos pelo Movimento, bem como os de nível superior que vêm sendo realizados em parceria com as universidades, possibilitam o acesso ao conhecimento dos educadores e educadoras em relação às diversas brincadeiras, histórias e músicas infantis existentes nas regiões deste país. Esse processo de formação se dá por meio da organização do trabalho pedagógico e por meio da pesquisa, elementos que têm se constituído como fatores importantes para o avanço das práticas pedagógicas nas Cirandas Infantis.

A atualização do projeto político-pedagógico, a construção e reconstrução de saberes e dos conhecimentos vinculados à proposta de educação do MST são necessidades concretas que vêm sendo trabalhadas ao longo dos 31 anos do Movimento dos Trabalhadores Rurais Sem Terra, na perspectiva de construir uma educação emancipadora. Compreendo que os educadores e as educadoras cumprem um papel importante no processo de formação humana das crianças, nesse sentido, entendo que a sua formação é uma necessidade urgente, principalmente se considerarmos as dimensões do projeto histórico socialista que está sendo construído por crianças, jovens, adultos, adultas, idosos e idosas Sem Terra.

A organização do assentamento e acampamento

Como citado anteriormente, as crianças estão na luta junto com suas famílias, mas apesar disso, nem sempre a construção de espaços para os Sem Terrinha é priorizada na organização dos acampamentos e assentamentos. Por esse motivo, as Cirandas Infantis ficam sempre mudando de lugar, como é o caso da Ciranda do Assentamento Dom Tomás, que se localizava em um espaço da saúde e mudou para a casa de um assentado. Essa questão, no caso do Assentamento Dom Tomás Balduíno, se refletiu na organização do trabalho pedagógico das educadoras e educadores, e também na participação dos Sem Terrinha na Ciranda Infantil, pois o novo local era distante para as crianças frequentarem.

Compreendendo que as crianças são protagonistas na luta pela terra e nas mudanças da realidade, e por isso necessitam ter seus espaços próprios para construção do coletivo infantil, ao organizar a vida dos assentados e das assentadas é importante pensar os espaços infantis na sua plenitude, com suas necessidades, avanços e limites, pois esses espaços ajudam a organizar a existência dos Sem Terrinhas nos assentamentos e acampamentos.

As crianças Sem Terra, seus pais e mães, são frutos de uma sociedade capitalista que fez, e continua fazendo, estragos na vida das pessoas, deixando marcas. Dessa maneira, pensar os espaços próprios para as crianças, como o parque infantil alternativo, a ciranda infantil, o campo de futebol, a creche, a pré-escola, a pracinha, os encontros dos Sem Terrinha etc., possibilita que elas continuem sendo sujeitos protagonistas dessa luta sem deixarem de ser crianças.

Estas reflexões, embora fundamentais, ainda encontram barreiras para o convencimento de sua relevância para o todo do Movimento dos Trabalhadores Rurais Sem Terra. Apesar disso, buscam a todo instante romper os desafios apresentados, construindo coletivamente possibilidades de mudanças.

Analisando a organização do trabalho pedagógico da Ciranda Infantil do Assentamento Dom Tomás Balduíno, percebi que ele é orientado pelo projeto educativo do Movimento Sem Terra, o que fica claro em seu projeto político-pedagógico e, consequentemente, nas práticas desenvolvidas com as crianças. Fato que também pôde ser observado na Ciranda Infantil Paulo Freire, no VI Congresso do MST.

Além disso, observei um cuidado especial do Movimento com os Sem Terrinha, organizando sua participação nas lutas em prol das conquistas coletivas; possibilitando a vivência de valores como companheirismo, solidariedade e auto-organização dos meninos e meninas Sem Terra, o que contribui para o seu processo de formação humana.

Portanto, fica evidente uma intencionalidade política e pedagógica no projeto de educação do Movimento, pois existe uma concepção de educação na qual o processo de formação humana está organizado para além da dimensão da escolarização. Isso não quer dizer que esta não seja importante, mas que as Cirandas pesquisadas contemplam outras dimensões como, por exemplo, a coletividade, a luta e a auto-organização. Esse projeto educativo está sendo vivenciado pelas crianças nos assentamentos e acampamentos na perspectiva da emancipação humana. Para Mészáros (2005, p. 76-77):

> A transformação social emancipadora requerida é inconcebível sem uma concreta e ativa contribuição da educação no seu sentido amplo. [...] E vice- versa: a educação não pode funcionar suspensa no ar. Ela pode e deve ser articulada adequadamente e redefinida constantemente no seu inter-relacionamento dialético com as condições cambiantes e as necessidades da transformação social emancipadora e progressiva em curso. Ou ambas têm êxito e se sustentam ou fracassam juntas. Cabe a nós todos – todos porque sabemos muito bem que 'os educadores também têm que ser educados' – mantê-los de pé, e não deixá-las cair.

Para o Movimento, portanto, é importante que os assentados e as assentadas criem condições para que seus filhos e filhas possam permanecer no campo e que lutem para que essa permanência se faça com dignidade e convicção da emancipação. Assim, a educação, no sentido amplo, não se resume à escola, mas está presente nas diferentes formas sociais, articulada ao projeto de sociedade da classe trabalhadora que almeja um projeto de emancipação humana.

Reafirmando algumas possibilidades

O fazer com, fazer para e fazer sobre
Observo que a organização do trabalho pedagógico nas Cirandas Infantis vislumbra três dimensões pedagógicas nas atividades educativas: o *fazer com as crianças*, o *fazer para as crian-*

ças e o *fazer sobre as crianças*. Essas três dimensões pedagógicas são processos de resistência para a construção de uma educação na perspectiva da emancipação humana. Adriana Alves da Silva (2014), em sua pesquisa de doutorado, *A estética da infância no cinema: poéticas e culturas infantis*, analisa as relações entre infância, cinema e memória durante as ditaduras militares no Brasil e na América Latina, trazendo reflexões acerca da história oficial e da infância clandestina. Para isso, ela faz um percurso metodológico de pesquisa e criação sobre a educação, elegendo o cinema de autor, político, de poesia, como referência. Cinema que constrói e descontrói infâncias, analisando os filmes *para* as crianças, filmes *das* crianças e *com* as crianças. Segundo a autora, (2014, p. 138), nesse contexto, ao realizar os filmes para as crianças "os/as adultos/as se comprometam politicamente em criar as condições e garantir os direitos das crianças, para as crianças".

Observo que os educadores e educadoras ao *fazerem para* as crianças nas Cirandas Infantis do MST, organizam atividades que têm uma intencionalidade política e pedagógica, pois eles também participam da luta pela terra, são comprometidos com o projeto político pedagógico das Cirandas Infantis e também com o projeto de sociedade que o MST vem construindo. Esse processo é ao mesmo tempo uma forma de ir construindo caminhos para a autonomia das crianças, e uma forma de resistência na luta pela terra, pois se vincula ao projeto de educação do Movimento.

O *fazer com* as crianças já é um grande avanço, mas, ao mesmo tempo, um grande desafio. No *fazer com* as crianças, a participação delas tem outro significado, cria possibilidades de fortalecimento da identidade Sem Terrinha, pertencimento e resistência na luta. Silva (2014, p. 185), também analisando o campo do cinema, afirma que em:

'filmes com crianças' elas são protagonistas coautores/as de suas estéticas cinematográficas, com novas e constantes possibilidades para se pensar a infância, do passado e do futuro, mas, sobretudo a do presente, que pulsa em nós e em nosso compromisso histórico com a vida.

O *fazer com* é educar sujeitos que valorizem o modo de vida, a memória histórica, a cultura. É criar possibilidades das crianças serem protagonistas do processo de transformação da realidade. Como mostrou esta pesquisa, a elaboração do jornal das crianças na Ciranda Infantil Dom Tomás é um exemplo desse *fazer com* os Sem Terrinhas. Quando as crianças passaram a debater os temas para a elaboração do jornal, ele ganhou outra importância, ganhou vida na comunidade, deixou de ser elaborado pelas educadoras para as crianças e passou a ser elaborado com elas.

O *fazer com* é também demonstrar que os Sem Terrinha têm capacidade de elaboração, de defender e construir um projeto de sociedade sem perder a dimensão lúdica e revolucionária da sua classe. E, por parte dos educadores e educadoras, demonstrar a responsabilidade de construir coletivamente o processo de formação humana das crianças.

Entendo que no *fazer sobre* as crianças, os movimentos sociais do campo têm muitas dificuldades de sistematizar suas experiências. Geralmente quem faz esse trabalho são outros pesquisadores e pesquisadoras que não fazem parte da organização. Estes trabalhos externos ao Movimento não devem ser desvalorizado, entretanto, a sistematização por parte dos educadores e educadoras se faz necessária, para melhor se apropriarem do processo e avançar em seus desafios. Também é uma forma de resistência e protagonismo daqueles/as que se dedicam nesta importante tarefa, buscando analisar os limites e desafios de sua prática político-pedagógica. Entretanto, Silva (2014, p. 189) em seus estudos afirma que: o "Filme das crianças são filmes necessariamente políticos, com determinada concepção política, porém são transgressores ao trazerem a perspectiva de análise histórica pela ótica da infância inserida no determinado contexto".

Observo que a produção acadêmica de dirigentes das organizações no tema da educação constitui uma forma de luta e de resistência para externalizar as contribuições das crianças e do próprio Movimento e como se dá a participação dos Sem Terrinha na luta pela terra. Essas pesquisas também permitem que os próprios dirigentes reflitam e produzam conhecimento a partir de sua prática no Movimento, e construam esse conhecimento considerando as. demandas da classe trabalhadora, que é fundamental para o crescimento individual dos dirigentes e da coletividade que está na luta pela transformação da realidade.

Embora as pesquisas sejam realizadas em um contexto contraditório, elas têm possibilidade de contribuir para a construção de outra ordem social, que altere a essência da sociedade capitalista. Essa luta no MST pelo acesso ao conhecimento socialmente acumulado caminha lado a lado com a luta pela terra, como um bem necessário à sobrevivência e resistência dos homens, mulheres, jovens e crianças do campo. Nesse sentido, Gramsci (1991, p. 20) define o intelectual orgânico como aquele que surge em ligação direta com os interesses da sua classe. O grande pensador italiano afirma que:

> A filosofia da práxis não busca manter os 'simplórios' na sua filosofia primitiva do senso comum, mas busca, ao contrário, conduzi-los a uma concepção de vida superior. Se ela afirma a exigência do contato entre os intelectuais e os simplórios não é para limitar a atividade científica e manter a unidade no nível inferior das massas, mas justamente para forjar um bloco intelectual, que torne politicamente possível um programa intelectual de massa e não apenas de pequenos grupos intelectuais.

Dessa maneira o fazer *com*, o fazer *para* e o fazer *sobre* as crianças Sem Terra se coloca como possibilidades e desafios permanentes para os educadores e educadoras, na elaboração da formação das crianças mas também da sua própria. Por fim, é importante colocar que essas três dimensões pedagógicas não acontecem separadas, estão interligadas entre si e têm vínculo com a luta e com as resistências da classe trabalhadora. Entender esse processo se faz necessário para melhor saber conduzir coletivamente o processo de formação humana das crianças, contemplando-as no interior dos grandes objetivos do MST: a luta pela terra, a luta pela reforma agrária e a luta pela transformação da sociedade.

Companheirismo e solidariedade aos povos em luta

São valores que os Sem Terrinha vivenciam em sua formação humana a cada momento no processo da luta pela terra. São solidários e companheiros com todos e todas que sofrem injustiças proporcionadas pelo sistema capitalista. Fábio de Accardo de Freitas (2015, p. 205), em sua pesquisa de mestrado sobre as Cirandas Infantis do MST, afirma que:

> As crianças são capazes de mobilizar e ser solidárias com as crianças do acampamento que são despejadas, elas carregam uma inconformidade, um sentimento de injustiça perante as desigualdades sociais e, por isso, mobilizam-se, enxergando na luta social possibilidades de mudar as condições em que vivem. Como também são solidárias com as crianças do mundo, que sofrem as injustiças da exploração do capital, como, por exemplo, as crianças palestinas.

Os Sem Terrinha se mobilizam simplesmente para ajudar o companheiro a fazer o dever de casa ou, como fizeram, para escrever cartas, arrecadar bolas e compor músicas em solidariedade à luta pela terra das crianças palestinas. Durante a pesquisa, presenciei nas atitudes das crianças a vivência muito forte desses valores, que são princípios, modo de vida coerente com a luta pela terra e pela transformação da sociedade. São valores contra-hegemônicos, tendo uma intencionalidade política ligada às necessidades e aspirações do Movimento em superar determinadas condições existenciais, projetando uma perspectiva de vida e de mundo para todas as crianças Sem Terra.

Observa-se, ainda, que as crianças Sem Terra são muito solidárias e companheiras da classe trabalhadora, apesar de estarem inseridas numa sociedade capitalista que não cultiva esses valores. Elas estão imersas nesse mar de contradições, num processo vivo de transformação de suas realidades em que os valores capitalistas e os valores contra-hegemônicos se chocam, convivem, negam-se e se inter-relacionam.

A organicidade dos assentados e acampados

A organicidade do Movimento é uma referência para a organização da vida nos assentamentos e acampamentos, principalmente para as crianças. As vivências coletivas contribuem para o processo de formação humana dos Sem Terrinha. A Ciranda Infantil, ao organizar a participação das crianças conforme a organicidade do Movimento, como por exemplo, em núcleos de base, está possibilitando que os meninos e meninas experimentem desde bem pequenos o processo organizativo da base social e política do MST.

Essas vivências favorecem que as crianças participem do debate da coletividade. Nesse processo do coletivo infantil, as brincadeiras e a dimensão do trabalho se misturam, os alimentos produzidos viram brinquedos, ganham novos significados na cultura infantil camponesa. Durante a pesquisa, presenciei algumas vezes as crianças brincando com a *carriola*, ou o carrinho de mão, como também é conhecido, que virou brinquedo para carregar os colegas em corridas, ou simplesmente brincando com as raízes de mandioca ou com a espiga de milho, que se tornou uma boneca naquele instante da brincadeira. Segundo Camini (2014, p. 4):

> Os Sem Terrinha muitas vezes precisam criar e inventar seus brinquedos, utilizando materiais reciclados da própria natureza, muitas vezes únicos disponíveis nas precárias condições da vida de quem está em luta. Esta experiência que as crianças Sem Terra vão experimentando no seu processo de formação humana.

Dessa forma, a produção da vida está vinculada à luta, à coletividade, à sobrevivência dos Sem Terrinha, que se reconhecem enquanto sujeitos protagonistas na luta pela terra, como construtores e construtoras da história e da cultura. As crianças, no coletivo infantil, vão produzindo saberes e vivenciando processos de cooperação e auto-organização e uma prática educativa cujo propósito político e pedagógico é a transformação da realidade.

Acredito que esse modo de viver na coletividade é relevante para a construção de alternativas educativas emancipatórias. A organicidade das crianças possibilita a resistência, o fortalecimento da identidade Sem Terrinha, o pertencimento ao MST, a participação na luta, e gera uma indignação contra as desigualdades sociais provocadas pelo sistema capitalista.

As mobilizações infantis

A mobilização no MEC foi muito importante para as crianças que estão na luta pela terra e pela educação. Ao saírem da Ciranda Infantil Paulo Freire, as crianças tinham como objetivo serem vistas pelo MEC, pela sociedade e pelo próprio MST. Serem vistas pelo MEC no sentido da conquista, na prática, de uma política pública de educação voltada para as crianças do campo; vistas pela sociedade no sentido do reconhecimento de que no campo existem crianças, com jeitos e culturas diferentes daquelas da cidade, e que necessitam políticas específicas; e finalmente vistas pelo próprio MST, no sentido de que estão mobilizadas, e também são capazes de lutar pelos seus diretos, e de construir esse Movimento a partir do seu jeito de criança.

Outro ponto muito interessante que foi demonstrado nessa mobilização foi a capacidade de organização e o cuidado das crianças. Elas sempre estavam cuidando umas das outras, sempre perguntavam onde estava a amiga, a colega, a companheira. Ao voltarem para a Ciranda Infantil era possível ouvir as crianças fazendo a contagem, junto com educadores e educadoras, das crianças que estavam no ônibus, para conferir a presença de todas. Os Sem Terrinha buscavam sempre estar em pequenos grupos e mais próximos das crianças que estavam no seu núcleo de base, ou com as do mesmo estado de origem. Na mobilização do MEC, como já citei anteriormente, participaram 850 crianças de todos os estados do Brasil e nenhuma criança ficou perdida. Essa mobilização demonstrou, acima de tudo, a capacidade de organização das crianças Sem Terrinha.

Analiso que as mobilizações infantis são espaços que propiciam às crianças exercitarem a autonomia e a auto-organização, elementos complexos e que exigem tempo e dedicação, que vão além de uma vivência coletiva, na construção de suas pautas de reivindicações. É nas mobilizações infantis que os Sem Terrinha têm a possibilidade de lutar pelos seus direitos e cobrar o que falta nos lugares em que vivem, contribuindo para a sua formação ainda que não tenham conquistas imediatas.

As experiências dos Sem Terrinha em mobilizações exigem que as crianças aprendam a tomar decisões, respeitem a organização coletiva, participem do debate, fiquem atentas e desenvolvam o sentido de pertença à organização. Dessa forma, as crianças aprendem a planejar, executar e avaliar as atividades político-pedagógicas como, também, aprendem a organizar o coletivo infantil para suas brincadeiras. Foi vivendo a luta com suas famílias que elas aprenderam a lutar: o jeito é movimentar-se, mobilizar-se, partir em busca do que se quer, do que é direito e do que é necessário para viver com dignidade.

A participação das crianças Sem Terra nas mobilizações vem sendo apontada como uma atividade que tem contribuído no processo de formação humana delas, pois, enquanto crianças do campo, estão construindo junto com suas famílias um projeto da classe trabalhadora.

Acolhimento das demandas das crianças na agenda do MST

Atualmente é quase impossível algum estado em que o MST está organizado ousar passar o mês de outubro sem organizar os Encontros dos Sem Terrinhas. Estes se tornaram parte da cultura do Movimento. Não importa se o encontro é local, regional ou estadual, o importante é que ele aconteça. Essa é uma grande conquista, pois já fazem parte da agenda de lutas do Movimento. Assim, também as Cirandas Infantis vêm sendo cultivadas na agenda do MST. Atualmente não se pode organizar qualquer atividade (seja reunião, seminário, curso, marcha, congresso etc.) sem pensar no espaço da Ciranda Infantil Itinerante para as crianças, que já é considerada um pressuposto para as mães que participam desses espaços.

O cuidado com os Sem Terrinha

Durante a pesquisa no Assentamento Dom Tomás Balduíno, percebe-se que não existem crianças em situação de rua, ainda que alguns pais tenham vivido essa realidade. Observa-se um cuidado coletivo com as crianças que faz com que os assentados e assentadas cuidem das crianças da comunidade sejam elas seus filhos ou não. Este cuidado coletivo também está presente na Ciranda Infantil Dom Tomás entre as próprias crianças. Ele é demonstrado em algumas atitudes como, por exemplo, esperarem para irem embora juntas, perguntar se falta comida, cuidarem dos amigos que têm mais dificuldades de locomoção etc. Também há um cuidado muito especial dos adultos com as crianças, no sentido de olhar para as suas necessidades, como alimentação e cuidado com as brincadeiras a serem organizadas, por exemplo.

Essa forma de organização das Cirandas Infantis é fundamental para as crianças vivenciarem as suas experiências, principalmente com os valores e relações sociais que contribuem no processo de formação humana dos/das Sem Terrinha, como também estabelecem relações sociais com a sociedade, o que as ajuda a compreender o mundo em que estão inseridos/as.

No Movimento dos Trabalhadores Rurais Sem Terra todos e todas consideram as crianças como filhos e filhas da luta, por isso, como já dito, a responsabilidade de cuidar e educar os Sem Terrinha não é somente dos pais e mães, mas de todo o coletivo. Essa é uma grande conquista, principalmente se observarmos que atualmente nos grandes centros urbanos está naturalizada a existência de crianças, jovens e adultos em situação de rua. É uma contradição do sistema capitalista que gera uma grande indignação nos Sem Terrinha. Fábio de Accardo de Freitas, em seus estudos de mestrado sobre a Ciranda Infantil do MST (2015, p. 203), afirma que:

> A partir das suas experiências, os sujeitos sem terra se formam para a inconformidade, carregando o sentimento de injustiça perante as desigualdades sociais e, por isso, mobilizam-se, enxergando na luta social possibilidades de mudança da sociedade. A inconformidade, a luta social e a possibilidade de transformação da ordem vigente são processos pedagógicos intensos pelos quais passam as crianças Sem Terra.

Diante de todas as questões colocadas anteriormente, afirmo que os meninos e meninas Sem Terra mostram para os adultos que não é somente a teoria que faz deles/as protagonistas no seu tempo, como produtores/as de culturas infantis, mas também a prática pedagógica vivenciada por eles/elas na luta pela terra e na Ciranda Infantil. Elas expressam isso nos seus desejos, nas suas artes, nas suas brincadeiras, nas mobilizações, na luta pela terra, na resistência e pertencimento, e também nos seus modos de ser e conhecer o mundo.

Dessa maneira, a Ciranda Infantil apresenta possibilidades de garantir um espaço de formação humana e de liberdade aos Sem Terrinha, e um lugar de viverem todas as dimensões da infância.

Na construção de relações educativas emancipatórias é imprescindível não desconsiderar que nesta sociedade capitalista, o direito a viver como sujeitos autônomos do seu próprio processo educativo tem sido usurpados das crianças, mas que ainda assim, percebemos que as crianças Sem Terra são capazes de erguer suas próprias bandeiras, organizando-se com autonomia, educando-se na luta e construindo sua própria história.

Assim, podemos dizer que educar os Sem Terrinha é sempre começar de novo o caminhar. É a preservação do projeto de sociedade que o MST está construindo junto com as crianças. É cuidar dos pequenos, pois eles e elas têm possibilidades de continuar levando em frente a história do Movimento e mesmo a história da humanidade.

A Ciranda Infantil, ao colocar no eixo central de sua proposta pedagógica a questão agrária, a luta pela terra e pela transformação de sociedade, desenvolve coletivamente um avanço na direção de uma educação emancipatória para o sujeito do campo.

A Ciranda Infantil no MST não é um lugar somente para "liberar" pais e mães para o trabalho ou para ações de militância. É certamente um local de encontros, brincadeiras, de realização do coletivo infantil; é também um espaço que possibilita a participação dos/das Sem Terrinha na luta pela terra empreendida pelo Movimento. Essas vivências dos meninos e meninas Sem Terra diferem da vida das crianças que vivem em grandes cidades, como também se distanciam e se aproximam da infância imersa nas populações empobrecidas espalhadas pelo mundo. Ainda é importante reafirmar que os Sem Terrinha dos assentamentos e acampamentos refletem as especificidades vividas pelas crianças que estão inseridas num movimento social de luta, uma infância que articula as dimensões do brincar, trabalhar e lutar, ou seja, o revolucionário e o lúdico fazem parte do seu processo de formação humana. Assim, o processo de formação humana das crianças Sem Terra se delineia na própria luta pela terra, mas também nas suas brincadeiras, nas dimensões do trabalho, nos coletivos infantis, e na vivência da Pedagogia do Movimento, na busca da emancipação humana. Como afirma Bogo (2008 p. 214):

> Caminhar voltados para o horizonte é tarefa de sonhadores, que a recebem das mãos da história. É a capacidade de imaginar que, embora não se alcance o seu fim, a viagem vale a pena. O lugar a chegar é abstrato, mas a viagem é concreta. Por isso os sonhos não ocupam lugar em todo o tempo, mas de um ou outro modo, o tempo todo de nossa existência.

Também o saudoso Eduardo Galeano, (2002, p. 66) no *Livro dos Abraços,* afirma:

> Os sonhos anunciam outra realidade possível, e os delírios, outra razão. Somos o que fazemos para transformar o que somos. A identidade não é uma peça de museu, quietinha na vitrine, mas sempre assombrosa síntese das contradições nossas de cada dia.

Espero que as reflexões tecidas aqui possam suscitar inquietações em outros/as pesquisadores/as, no sentido de desafiá-los/las a elaborar novos estudos sobre as Ciranda Infantis do MST, pois os achados e respostas desta pesquisa não estão prontos e acabados, não são definitivos e exclusivos, e os Sem Terrinhas estão espalhados em todos os assentamentos e acampamentos, em todas as regiões do país, construindo, no processo de luta pela terra, uma educação emancipadora articulada com o um projeto da classe trabalhadora, para todas as crianças que brincam, cantam, vivem, sonham e constroem um Brasil sem latifúndio, um Brasil que é de todos nós, porque, como disse o cantor e militante do MST, Zé Pinto na canção *Ordem e Progresso*:

Esse é o nosso país
Essa é a nossa bandeira
É por amor a essa pátria Brasil
Que a gente segue em fileira
Queremos que abrace essa terra
Por ela quem sente paixão
Quem põe com carinho a semente
Pra alimentar a nação
Quem põe com carinho a semente
Pra alimentar a nação
Amarelos são os campos floridos
As faces agora rosadas
Se o branco da paz se irradia
Vitória das mãos calejadas
Se o branco da paz se irradia
Vitória das mãos calejadas
Esse é o nosso país [...]
Queremos mais felicidades
No céu deste olhar cor de anil
No verde esperança sem fogo
Bandeira que o povo assumiu
No verde esperança sem fogo
Bandeira que o povo assumiu
A ordem é ninguém passar fome
Progresso é o povo feliz
A Reforma Agrária é a volta
Do agricultor à raiz
A Reforma Agrária é a volta
Do agricultor à raiz

Referências

ABRAMOWICZ, Anete. "Direito das crianças à educação infantil". *Pro--Posições*. Dossiê: Educação Infantil e gênero, v. 14, n. 3, (42), p. 13-24, 2003.

ALVES, Suzy de Castro. "As experiências educativas das crianças no acampamento Índio Galdino do MST". 2001. Dissertação (Mestrado em Educação), Universidade Federal de Santa Catarina (Faculdade de Educação, UFSC), Florianópolis.

ALENTEJANO, Paulo e FRIGOTTO, Gaudêncio (orgs.). *Dicionário da Educação do Campo*. Rio de Janeiro, São Paulo: Escola Politécnica de Saúde Joaquim Venâncio, Expressão Popular, 2012, p. 265-271.

ANDRÉ, Marli e LUDKE, Menga. *Pesquisa em educação: abordagens qualitativas*. São Paulo: EPU, 1986.

ANJOS, Marlene Gonzaga dos. "O Sistema participativo da avaliação institucional e as contribuições na formação dos estudantes: Estudo de caso de uma escola da Rede Municipal de Campinas". 2013. Dissertação de mestrado (Mestrado em Educação), Universidade Estadual de Campinas (Faculdade de Educação, UNICAMP), Campinas.

ARAÚJO, Maria Nalva Rodrigues. "As contradições e as possibilidades de construção de uma educação emancipatória no contexto da luta pela terra". 2007. Tese (Doutorado em Educação), Universidade Federal da Bahia (Faculdade de Educação, UFBA), Salvador.

ARAÚJO, Djacira Maria de Oliveira. "A Pedagogia do Movimento Sem Terra e as relações de Gênero: Incidências, contradições e perspectivas em movimento". 2011. Dissertação (Mestrado em Educação)

Universidade Federal da Bahia (Faculdade de Educação, UFBA), Salvador.

ARELARO, Lisete Regina Gomes. "Não só de palavras se escreve a educação infantil, mas de lutas populares e do avanço científico", *in:* FARIA, Ana Lúcia Goulart; MELO, Suely Amaral de. *O Mundo da Escrita no universo da pequena infância.* Campinas: Autores Associados, 2005, p. 23-50.

ARENHART, Deise. *Infância, educação e MST:* Quando as crianças ocupam a cena. Chapecó: Editora Argos, 2007.

ARROYO, Miguel Gonzalez. "Pedagogias em movimento – o que temos a aprender dos Movimentos Sociais?" *Currículo sem Fronteiras*, Belo Horizonte, v. 3, n. 1, p. 28-49, jan./jun. 2003.

BAHNIUK Caroline. "Educação, trabalho e emancipação humana: um estudo sobre as escolas itinerantes dos acampamentos do MST". 2008. Dissertação (Mestrado em Educação) Universidade Federal de Santa Catarina, (Centro de Ciências da Educação- UFSC), Florianópolis.

BARBOSA, Maria Carmen Silveira. "A ética na pesquisa etnográfica com crianças: primeiras problematizações". *REVISTA Práxis Educativa*, Ponta Grossa, v. 9, n. 1, p. 235-245, jan./jun. 2014. Disponível em: <http://www.revistas2.uepg.br/index.php/praxiseducativa>. Acesso em: 14 out. 2015.

BARROS, Monyse Ravenna de Sousa. "Os Sem terrinha: uma história da luta social no Brasil (1981-2012)". 2013. Dissertação (Mestrado em História) Universidade Federal do Ceará (Faculdade de História, UFC), Fortaleza.

BENJAMIN, Walter. "Programa de um teatro infantil proletário", *in:* BENJAMIN, Walter. *Reflexões sobre a criança, o brinquedo e a educação.* São Paulo: Summus, 1984, p. 83-88.

_____. "Uma pedagogia Comunista", *in:* BENJAMIN, Walter. *Reflexões sobre a criança, o brinquedo e a educação.* São Paulo: Summus, 1984, p. 89-92.

BERTAGNA Regiane Helena e BORGHI Raquel Fontes. "Possíveis relações entre avaliação e sistemas apostilados privados em escolas públicas". *Educação: Teoria e Prática,* . Rio Claro, v. 21, n. 38, p. 132 a 146, out/dez. 2011.

BIHAIN, Neiva Marisa. "A trajetória da educação infantil no MST: De ciranda em ciranda aprendendo a cirandar". 2001. Dissertação (Mestrado em Educação), Universidade Federal do Rio Grande do Sul (Faculdade de Educação, UFRGS), Porto Alegre.

BOGO, Ademar. *Lições da Luta pela Terra.* Salvador: Memorial das Letras, 1999.

_____. *Identidade e luta de classes*. São Paulo: Expressão Popular, 2008.

_____. Poesia "Sonho e Tempo". 1999. Disponível em: <http://www.land-less-voices.org/vieira/archive-05.php?rd=DREAMAND815&ng=p&sc=1&th=13&se=2>. Acesso em: 17 dez. 2015.

BRASIL/MEC. *Diretrizes Operacionais para a Educação Básica das Escolas do Campo*. Resolução CNE/CEB N. 1, de 3 abr. 2002.

_____. INEP/PNERA/MEC, *Pesquisa Nacional da Educação na Reforma Agrária*. Brasília, 2005.

_____. RESOLUÇÃO n. 2, de 28 abr. 2008.

_____. DCNEI – Diretriz Curricular Nacional da Educação Infantil, 2010.

_____. *Oferta e Demanda da Educação Infantil do Campo*, 2012.

_____. Lei nº 12.960, 27 de março de 2014.

_____. *Constituição da República Federativa* do Brasil de 1988.

_____. *Estatuto da Terra Lei n. 4.504*, de 30 de novembro de 1964.

CALDART, Roseli Salete. *Pedagogia do Movimento Sem Terra: Escola é mais do que escola*. Petrópolis: Vozes, 2000.

_____. "O MST e a escola: concepção de educação e matriz formativa. II Encontro Nacional de Educadoras e Educadores da Reforma Agrária (II ENERA). Textos para estudo e debate". *Boletim da Educação*, n. 12, Edição Especial, Dezembro, 2014, p. 101-113.

_____. "Movimento Sem Terra: lições de Pedagogia". *Currículo Sem Fronteiras*, v. 3, n. 1, jan./jun., 2003, p. 50-59.

_____. Educação em movimento: formação de educadoras e educadores no MST. Petrópolis, Vozes, 1997.

CALDART, Roseli. DAROS, Diana *et al. Escola em movimento no Instituto de Educação Josué de Castro*. São Paulo, Expressão Popular, 2013.

CAMINI, Isabela. "A Infância no MST – debate atual". *Anais* do I Seminário Internacional e I Fórum de Educação do Campo da Região Sul do RS: Campo e cidade em busca de caminhos comuns/Conceição Paludo, Diego da Luza Nascimento, Rogéria Aparecida Garcia – Pelotas: Ed. Da UFPEL, 2012.

_____. "Crianças com infância no MST: Novos sujeitos entraram e permaneceram em cena", texto de circulação interna (mimo), 2014.

CHEPTULIN, Alexandre. *A dialética materialista*: Categorias e leis da dialética. São Paulo: Alfa-Ômega, 1982.

CORREIA Luciana Oliveira. "Os filhos da luta pela terra: As crianças do MST. Significados atribuídos pelas crianças moradoras de um acampamento rural ao fato de pertencerem a um movimento social". 2004. Dissertação (Mestrado em Educação), Universidade Federal de Minas Gerais (Faculdade de Educação, UFMG), Belo Horizonte.

CORSARO, W. A. "Entrada no campo, aceitação e natureza da participação nos estudos etnográficos com crianças pequenas". *Educação e Sociedade*, Campinas, v. 26, n. 91, p. 443-464, maio/ago., 2005.

DALMAGRO, Sandra Luciana. "A Escola no contexto das lutas do MST". 2010. Tese (Doutorado em Educação), Universidade Federal de Santa Catarina (Faculdade de Educação, UFSC), Florianópolis.

DALMAZ, Dayane Santos Silva e SCARMOCIN, Daiane. "Ciranda Infantil do Movimento Sem Terra no Brasil: formação política da infância". 2011, TCC (Especialização em Educação do Campo, Unicentro), Paraná.

DEMARTINI, Zeila de Brito Fabri. "Infância, pesquisa com relatos orais", *in:* FARIA, Ana Lúcia Goulart de; DEMARTINI, Zeila de Brito Fabri; PRADO, Patrícia Dias (orgs.). *Por uma cultura da infância:* metodologias de pesquisa com crianças. 2ª edição, São Paulo: Autores Associados, 2005, p. 1-17.

FAGUNDES, Magali Reis. "A creche no trabalho... O trabalho na creche: um estudo do Centro de convivência Infantil da Unicamp trajetórias e perspectiva". 1997. Dissertação (Mestrado em Educação), Universidade Estadual de Campinas (Faculdade de Educação Unicamp), Campinas.

FARIA, Ana Lúcia Goulart de. "O espaço físico como um dos elementos fundamentais para uma pedagogia da educação infantil", *in:* FARIA, Ana Lúcia Goulart de e PALHARES, Marina Silveira (orgs). *Educação Infantil pós-LDB*: rumos e desafios. 5ª Ed., Campinas-SP: Autores Associados, São Carlos-SP: Ed. UFSCAR, Florianópolis: Ed. UFSC, 2005, p. 67- 99.

_____. "Pequena infância, educação e gênero: subsídios para um estado da arte". *Cadernos Pagu*: diferenças em jogo, Campinas, n. 26, p. 279-287, jan./jun. 2006.

_____. *Infância, educação e classe operária. In:* FARIA, Ana Lúcia G de. Pré-escolar e cultura. Campinas, SP: Cortez, 2002, p. 55-100.

_____. "Políticas de regulação, pesquisa e pedagogia na educação infantil, primeira etapa da educação básica". *Educação e Sociedade*, Campinas-SP, vol. 26, n. 92, p. 1013-1038, Outubro, 2005.

_____. (org.). *O coletivo infantil em creches e pré-escolas.* São Paulo: Editora Cortez, 2007, p. 7-13.

FELIPE, Eliana da Silva. "Entre campo e cidade: infâncias e leituras entrecruzadas". 2009. Tese (Doutorado em Educação), Universidade Estadual de Campinas, (Faculdade de Educação, Unicamp), Campinas, São Paulo.

FERNANDES, Bernardo Mançano. "Gênese e Desenvolvimento do MST". *Caderno de Formação*, n. 30. MST. 1998.

_____. "Diretrizes de uma caminhada", *in:* ARROYO, Miguel Gonzales; CALDART, Roseli Salete; MOLINA, Mônica Castagna (orgs.). *Por uma educação do campo*. Petrópolis: Vozes, 2004, p. 36-48.

FERNANDES, Florestan. *Folclore e mudança social na cidade de São Paulo.* 3ª ed. São Paulo: Martins Fontes, 2004.

FERREIRA, Marcelo Pereira de Almeida, "O lúdico e o revolucionário no Movimento dos Trabalhadores Rurais Sem Terra: A experiência pedagógica no encontro dos sem terrinha". 2002. Dissertação (Mestrado em Educação), Universidade Federal de Pernambuco (Faculdade de Educação, UFPE), Pernambuco.

FINCO, Daniela. "A educação dos corpos femininos e masculinos na educação infantil", *in:* FARIA, Ana Lúcia Goulart (org.). *O coletivo infantil em creches e pré-escolas:* falares e saberes. São Paulo: Cortez, 2007, p. 94-119.

FINCO, Daniela e OLIVEIRA, Fabiana. "A sociologia da pequena infância e a diversidade de gênero e de raça nas instituições de educação infantil", *in:* FARIA, Ana Lucia Goulart e FINCO, Daniela (orgs.). *Sociologia da Infância no Brasil*. Campinas: Autores Associados, 2011, p. 55 – 80.

FONEC – Fórum Nacional de Educação do Campo. "Notas para análise do momento atual da Educação do Campo", texto de circulação interna (mimeo). Brasília, ago. 2012.

FONSECA, Claudia. "Quando cada caso não é um caso: pesquisa etnográfica e educação". *Revista Brasileira de Educação*, 1999, n. 10, p. 58-78. Disponível em: <http://educa.fcc.org.br/scielo.php?pid=S1413-24781999000100005&script=sci_abstract>. Acesso em: 15 ago. 2014.

FREITAS, Luís Carlos de. "A luta por uma pedagogia do Meio: Revisitando o Conceito", *in:* PISTRAK, Moisey Mikhaylovich. *Escola – Comuna*. São Paulo: Expressão Popular, 2009, p. 9 – 103.

_____. *Crítica da organização do trabalho pedagógico e da didática*. Campinas: Papirus, 2012.

_____. "Materialismo histórico-dialético: pontos e contrapontos". *Cadernos do Iterra*, n. 3, MST e a pesquisa, 2006, p. 31- 48.

_____. "Organização do trabalho pedagógico". *Revista Estudos*, Novo Hamburgo-RS, v. 13 n. 1, p. 10-18, jul. 1991.

_____. "Formação de quadros técnicos ou formação geral? Risco de um falso dilema para o MST", *in:* VEDRAMINI Célia Regina e MACHADO, Ilma Ferreira (orgs.). *Escola e Movimento Social:* uma experiência em curso no campo brasileiro. Expressão Popular, 2011, p. 109-132.

_____. "Avaliação: Para além da "forma escolar", *in: Educação: teoria e prática*, v. 20, n. 35, jul./dez. 2010, p. 89-99.

FREITAS, Fábio Accardo de. "Educação infantil popular: possibilidades a partir da Ciranda Infantil do MST campinas". 2015. Dissertação (Mestrado em educação) Universidade Estadual de Campinas, (Faculdade de Educação, UNICAMP). Campinas, SP.

FREITAS, Marcos Cezar de. Prefácio. "O coletivo infantil: o sentido da forma", *in:*

FREIRE Paulo. *Pedagogia da esperança*: Um reencontro com a pedagogia do oprimido São Paulo: Paz e Terra, 1997.

_____. *A Educação na Cidade*. São Paulo: Cortez, 1991.

_____. *Educador de Rua*: uma abordagem criticacrítica – alternativas de atendimento aos meninos de rua, . UNICEF, 1989.

FRIGOTTO, Gaudêncio. "Fundamentos científicos e técnicos da relação trabalho e educação no Brasil de hoje", *in:* LIMA, Júlio César França; NEVES, Lucia Maria Wanderley. *Fundamentos da Educação Escolar do Brasil Contemporâneo*. Ed. Fiocruz: ed., 2006, p. 241-288.

_____. Cidadania e formação técnico-profissional: desafios neste fi de século. In: SILVA, Luiz Heron et al. (Org.) Novos mapas culturais, novas perspectivas educacionais. Porto Alegre: Sulina, 1996.

_____. Trabalho como princípio educativo: por uma superação das ambiguidades. *Boletim Técnico do Senac*, Rio de Janeiro, v. 11, n. 3, set.--dez. 1985, p. 175-182.

_____. "Educação omnilateral", *in:* CALDART, Roseli; PEREIRA, Isabel;

GALEANO Eduardo. *Livro dos Abraços*, Coleção L&PM e-books, 2002. Disponível em: <http://delubio.com.br/biblioteca/wp-content/uploads/2014/03/O-Livro-dos-Abrac_os-Eduardo-Galeano.pdf>. Acesso em: 10 jan. 2016.

GOBBI, Márcia Aparecida. "Meninas e menino nas Cirandas Infantis: Alteridade e diferença em jogos de fotografar", *in:* GOBBI, Márcia Aparecida; NASCIMENTO, Maria Leticia Barros Pedroso. *Educação e Diversidade Cultural:* desafios para os estudos da infância e da formação docente, 2012. Editora Junqueira & Marin Araraquara/ São Paulo, p. 20-43.

GOBBI Márcia e FINCO Daniela. "Todos na foto: meninos e meninas fotografam o cotidiano no assentamento dom Tomás Balduíno". *Revista TRAMA INTERDISCIPLINAR* – n. 2 – 2011, p. 44-57.

GODÓI, Elisandra, "Educação Infantil: Avaliação Escolar antecipada?". 2000. Dissertação (Mestrado em educação), Universidade Estadual de Campinas (Faculdade de Educação, UNICAMP), Campinas.

GOMES, Maria Suely Ferreira. "Construção da organicidade no MST: a experiência do assentamento 26 de março – Pará". 2009. Dissertação de Mestrado (Faculdade de Educação), Universidade Federal de Campina Grande. Campina Grande.

GONÇALVES, Carolina Abrão. "Ser criança no MST: fotografias da infância do movimento dos trabalhadores rurais sem terra". 2013a. Monografia (curso de pedagogia, UNIFESP), São Paulo.

GONÇALVES, Raphaela Dany Freitas Silveira. "O estado da arte da infância e da educação infantil do campo: debates históricos, construções atuais". 2013b, Dissertação (Mestrado em Educação) Universidade Estadual de Feira de Santana (Faculdade de Educação, UEFS) Feira de Santana.

GRAMSCI, Antônio. *Escritos Políticos*, v. I e II. Edição de Carlos Nelson Coutinho. Rio de Janeiro: Civilização Brasileira, 2004.

_____. *Os intelectuais e a organização da cultura*. Tradução de Carlos Nelson Coutinho. 8ª edição. Rio de Janeiro: Civilização Brasileira, 1991.

GREIN, Izabel. "O lugar da infância sem terra: breve histórico. II Encontro Nacional de Educadoras e Educadores da Reforma Agrária (II ENERA). Textos para estudo e debate", *Boletim da Educação*, n. 12, Edição Especial, Dezembro 2014, p. 125-130.

MST/ITERRA, Instituto de Educação Josué de Castro. Método Pedagógico. *Caderno* n. 9, Veranópolis, 2004.

KOLLING, Edgar J. VARGAS Maria Cristina, CALDART Roseli Salete. "Educação do MST", *in*: CALDART, Roseli; PEREIRA, Isabel; ALENTEJANO, Paulo & FRIGOTTO, Gaudêncio (orgs.). *Dicionário da Educação do Campo*. Rio de Janeiro, São Paulo: Escola Politécnica de Saúde Joaquim Venâncio, Expressão Popular, 2012, p. 502-509.

_____. "Queremos uma escola onde os alunos não sejam meros objetos e os professores uma figura autoritária". *Revista Sem Terra*, edição especial da educação, 2014, p. 21-23.

KOSIKKOSÍK, Karel. *Dialética do concreto*. Rio de Janeiro: Paz e Terra, 1995.

KRUPSKAYA, Nadezhda Konstantinova. "Prefácio da edição Russa", *in*: PISTRAK, Moisey Mikhaylovich. *Escola – Comuna*. São Paulo: Expressão Popular, 2009, p. 105-109.

LERENA, Carlos. "Trabalho e formação em Marx", *in:* TOMAZ, Tadeu da Silva, *Trabalho, Educação e Pratica Prática Social: por uma teoria da formação humana.* Porto Alegre: Artes Médicas, 1991, p. 119- 133.

_____. "Prólogo", *in:* ENGUITA, Mariano F. *Trabalho, Escola e Ideologia: Marx e a crítica da educação.* Porto Alegre: Artes Médicas, 1993, p. 1-10.

LESSA, Sérgio. "A emancipação política e a defesa de direitos". *Revista Serviço Social & Sociedade.* São Paulo: Cortez Editora, n. 90, p. 35-57, jun. 2007.

LESSA, Sérgio e TONET, Ivo. *Introdução à filosofia de Marx*, Editora Expressão Popular, 2011.

LISBOA, Mariana Mendonça e PIRES, Giovani De Lorenzi. "Reflexões sobre a imagem e a Fotografia: possibilidades na pesquisa e no ensino da Educação Física", *Revista Motrivivência,* 2010, n. 34, p. 72-86.

LÜEDKE, Ana Marieli dos Santos. "A formação da criança e a Ciranda Infantil do MST no Paraná". 2013. Dissertação (Mestrado em Educação), Universidade Federal de Santa Catarina (Faculdade de Educação, UFSC), Florianópolis.

MAB – Movimento dos Atingidos por Barragens. "Textos de aprofundamento e debate". *Caderno Pedagógico,* Coletivo de Educação do MAB, São Paulo, jun. 2008.

MALAGUZZI, Loris. "Ao contrário, as cem existem", *in:* EDWARDS, Carolyn *et al. As cem linguagens da criança: a abordagem de Reggio Emília na educação da primeira infância.* Porto Alegre: ArtMed. 1999, p. 1.

MARX Karl e ENGLES Friedrich . *Textos sobre Educação e Ensino. Edição Eletrônica (e-book)* Campinas, SP: Navegando, 2011.

_____. *Manifesto do Partido Comunista.* Editora. Novos Rumos: São Paulo, 1986.

_____. *A ideologia alemã.* 2. ed. São Paulo: Martins Fontes, 1998.

_____. *Salário, preço e lucro.* São Paulo, Centauro. 2008.

_____. *Sobre a questão judaica.* São Paulo: Boitempo, 2010.

_____. *O Capital: crítica da economia política.* São Paulo, Abril Cultural. 1985. Livro 1, v. 1, t. 1.

MATHEUS, Delwek. "Uma outra concepção de Assentamento de Reforma Agrária: A Comuna da Terra". 2003. Monografia (Curso Realidade Brasileira, UFJF). Juiz de Fora.

MARTINS, Marinete Souza Marques. "A infância do movimento em movimento: linguagem e identidade sem terrinha". 2006. Dissertação (mestrado em educação) Universidade Federal do Espírito Santo (Faculdade de educação, UFES), Vitória.

MÈSZÁROS, István. *A Educação para além do capital*. São Paulo: Boitempo, 2005.

MIGUEL, Antônio. "Infâncias e pós -- colonialismo". *Educação e Sociedade*, v. 35, n. 128, p. 629-996, Jul.-Set. Campinas/São Paulo, 2014.

MORAES, Elisangela Marques. "A infância pelo olhar das crianças do MST: ser criança culturas infantis e educação". 2010. Dissertação (mestrado em educação) Universidade Federal do Pará (Faculdade de educação, UFPA), Belém.

MORISSAWA, Mitsue. *A História da luta pela terra e o MST*. São Paulo: Expressão Popular, 2001.

MOVIMENTO SEM TERRA. "Princípios da educação no MST". *Caderno de Educação*, São Paulo: MST, n. 8, set. 1998.

_____. "Educação Infantil: Movimento da vida, Dança do Aprender". *Caderno de Educação*, São Paulo: MST, n. 12, novembro 2004.

_____. "Normas Gerais do MST", *Caderno de Formação*, São Paulo: 1989.

_____. "Método de Trabalho de Base e Organização Popular". *Caderno de Formação*, n. 38. 1ª ed. Setor de Formação. São Paulo, 2005

_____. "Plantando Cirandas 3". *Caderno de Canções*. São Paulo, 2014.

_____. "Como fazer a escola de educação fundamental". *Caderno de Educação*, São Paulo: MST, n. 9, 2ª ed., fevereiro de 19992001.

_____. "MST. Dossiê MST e Escola – Documentos e Estudos 1990-2001". *Caderno de Educação*, n. 13, edição especial, 2005.

_____. "Educação da infância sem terra: orientações para trabalho de base". *Caderno da Infância*, n. 1 edição especial, 2011.

_____. *Jornal das Crianças do Assentamento Dom Tomás Balduíno*, n. 1, Franco da Rocha, 30 abr. 2011.

_____. *Jornal das Crianças do Assentamento Dom Tomás Balduíno*, n. 2, Franco da Rocha, 11 jun. 2011.

_____. *Jornal das Crianças do Assentamento Dom Tomás Balduíno*, n. 3, Franco da Rocha, 10 set. 2011.

_____. *Jornal das Crianças do Assentamento Dom Tomás Balduíno*, n. 4, Franco da Rocha, 19 nov. 2011.

_____. *Projeto político pedagógico da Ciranda Infantil do assentamento do Dom Tomás Balduíno*, 2011.

_____. *Planejamento anual da Ciranda Infantil do assentamento Dom Tomas Balduíno* 2012

_____. "Texto em construção para o VI Congresso Nacional". *Cartilha do Programa Agrário do MST*, São Paulo, MST, 3ª Edição, set. 2013.

NETO, Antônio Júlio de Menezes. *Além da terra: cooperativismo e trabalho na educação do MST*. Rio de Janeiro: Quartet, 2003.

OLIVEIRA, Renata Cristina Dias. "'Agora eu...' Um estudo de caso sobre as vozes das crianças como foco da pedagogia da infância". 2011. Dissertação de mestrado (Mestrado em Educação), Universidade de São Paulo (Faculdade de Educação, USP), São Paulo.

PINTO Zé. Canção *Ordem e Progresso*, 2002. Disponível em: <http://www.landless-voices.org/vieira/archive-05.php?rd=ORDERAND 791&ng=p&sc=1&th=49&se=1>. Acesso em: 2 dez. 2015.

PIOZZI, Patrizia. "Marx, o operário, e as leis da beleza". *Mouro-Revista Marxista*. Núcleo de Estudos d'*O Capital*, São Paulo, ano 6, n. 9, p. 132-143, jan., 2015.

PIRES Cristiane Lima A. "Escola Itinerante Pés na Estrada: espaço educativo na Marcha Nacional pela Reforma Agrária". *Revista espaço acadêmico*, n. 119, abr. 2011, p. 36-44.

PISTRAK, Moisey Mikhaylovich. *Fundamentos da Escola do Trabalho*. 2ª ed. São Paulo: Expressão Popular, 2002.

_____. *Escola – Comuna*. São Paulo: Expressão Popular, 2009.

PRADO, Patrícia Dias. "As crianças pequeninas produzem cultura? Considerações sobre educação e cultura infantil em creche". *Pro-Posições*, v. 10, n. 1, 1999, p. 110-118.

_____. (orgs.). *Por uma cultura da infância:* metodologias de pesquisa com crianças. 2ª edição, São Paulo: Autores Associados, 2005, p. 19-47.

QUINTEIRO Jucirema. Infância e educação no Brasil: um campo de estudo em construção, in: FARIA, Ana Lúcia Goulart de; DEMARTINI, Zeila de Brito Fabri; PRADO, Patrícia Dias (Orgs.). *Por uma cultura da infância:* metodologias de pesquisa com crianças. 2ª edição, São Paulo: Autores Associados, 2005, p. 19-47.

RAMOS, Márcia Mara. "A significação da infância em documentos do Movimento dos trabalhadores rurais sem terra". 2013. Monografia (Especialização Trabalho, Educação e Movimentos Sociais), Escola Politécnica de Saúde Joaquim Venâncio – Fiocruz, Rio de Janeiro.

_____. "Sem Terrinha, semente de esperança". 1999. Monografia (Conclusão de curso: Magistério), ITERRA/MST, Veranópolis.

SCHIFINO, Reny Scifoni. "Direito à creche: um estudo das lutas das mulheres operárias no município de Santo André". 2012. Dissertação (Mestrado em educação) Universidade Estadual de Campinas (Faculdade de Educação, UNICAMP), Campinas.

SHULGIN, Viktor Nikholae Vich. *Rumo ao Politecnismo* (Artigos e Conferências),). Expressão Popular, São Paulo, 2013.

RIBEIRO, Marlene. "Emancipação *versus* cidadania", *in:* CALDART, Roseli; PEREIRA, Isabel; ALENTEJANO, Paulo & FRIGOTTO,

Gaudêncio (orgs.). *Dicionário da Educação do Campo*. Rio de Janeiro, São Paulo: Escola Politécnica de Saúde Joaquim Venâncio, Expressão Popular, 2012, p. 301 -306.

_____. "Uma escola básica do campo como condições estratégicas para o desenvolvimento sustentável". *Caderno de Conferências*: II Conferência Estadual do Rio Grande do Sul: Por uma Educação Básica do Campo. Rio Grande do Sul: Editora Kenya Ribeiro, abril 2002.

ROSA, Marcelo Carvalho. "Ocupações de terra", *in*: CALDART, Roseli; PEREIRA, Isabel; ALENTEJANO, Paulo; FRIGOTTO, Gaudêncio (orgs.). *Dicionário da Educação do Campo*. Rio de Janeiro, São Paulo: Escola Politécnica de Saúde Joaquim Venâncio, Expressão Popular, 2012, p. 509-512.

ROSSETO, Edna Rodrigues Araújo. "Essa ciranda não é minha só, ela é de todos nós: a educação das crianças sem terrinhas no MST". 2009. Dissertação (Mestrado em Educação), Universidade Estadual de Campinas (Faculdade de Educação Unicamp), Campinas.

_____. "Da pedagogia do Movimento ao Movimento da infância Sem Terra". Monografia (curso de pedagogia da terra, Unijuí). Ijuí, Rio Grande do Sul, 2001.

_____. "A educação das crianças sem terrinha nas cirandas infantis: a construção de uma alternativa em movimento", *in*: FARIA, Ana Lucia Goulart e FINCO, Daniela (orgs.). *Sociologia da Infância no Brasil*. Campinas: Autores Associados, 2011, p. 81-103.

SILVA, Adriana Alves da. "A estética da infância no cinema: poéticas e culturas infantis". 2014. Tese (Doutorado em Educação), Universidade Estadual de Campinas (Faculdade de Educação, UNICAMP), Campinas.

SILVA, Ana Paula Soares da; PASUCH, Jaqueline; SILVA, Juliana Bezzon da. *Educação Infantil do Campo*. 1ª edição. São Paulo: Cortez, 2012.

SILVA, Ana Paula Soares da, Silva Isabel de Oliveira e, Martins, Aracy Alves. *Infâncias do Campo*. Belo Horizonte, BH: Autentica, 2013.

SILVA, Janaine Zdebski da; VERDÉRIO, Alex. "A dimensão educativa da organicidade na formação de militantes do MST". 2013, p. 1-12. Disponível em: <http://www.histedbr.fe.unicamp. br/acer_histedbr/jornada/jornada11/artigos/8/artigo_simposio_8_487_janainezs@yahoo.com.br.pdf>. Acesso em: 17 jun. 2015.

SILVA, Luzia Antônia de Paula. "A educação da infância entre os trabalhadores rurais Sem Terra". 2002. Dissertação (Mestrado em Educação), Universidade Federal de Goiás (Faculdade de Educação, UFG), Goiânia.

SILVA, Paula da. "O processo de implementação de Políticas Educacionais e suas implicações para a Comuna da Terra Dom Tomás Balduíno: Uma reflexão a partir da Educação do Campo". 2007. Monografia (curso de pedagogia da terra, Unioeste), Francisco Beltrão/Paraná.

SILVA, Sara da. "Infância sem terra: A Ciranda Infantil na Comuna da Terra Irmã Alberta". 2011. Monografia (curso de pedagogia da terra, UFSCar). São Carlos/São Paulo.

SOARES, Natalia Fernandes. "Os Direitos das Crianças nas encruzilhadas da Proteção e da Participação". *Revista Zero-a-seis*, v. 7, n. 12 2005. Disponível em: <https://periodicos.ufsc.br/index.php/zeroseis/article/view/2100/1780>. Acesso em: 15 maio 2015.

SORDI, Mara Regina Lemes de e SILVA, Margarida Montejano. "A organização do trabalho pedagógico: limites e possibilidades do curso de pedagogia". GT: Formação de Professores / n. 08. Disponível em <http://29reuniao.anped.org.br/trabalhos/trabalho/GT08-2334>. Acesso em: 28 mar. 2014.

TRAGTENBERG Maurício. "Introdução, uma pedagogia socialista", *in:* PISTRAK, Moisey Mikhaylovich. *Fundamentos da Escola do Trabalho*. São Paulo: Brasiliense, 1981, p. 7-23.

_____. "A escola como organização complexa", *in:* GARCIA, Walter. (org.) "Educação Brasileira Contemporânea: organização e funcionamento". São Paulo, McGraw-Hill do Brasil, 1976, p. 15-30. Disponível em: <http://www.espacoacademico.com.br>. Acesso em: 17 dez. 2015.

TONET, Ivo. *A propósito de "Glosas Críticas"*. São Paulo: Expressão Popular, 2010.

VARGAS, Luiz Américo Araújo. "Por uma pedagogia da luta e da resistência: a educação como estratégia política no MST". 2012. Tese (Doutorado em Educação) Universidade Federal do Rio de Janeiro, Faculdade de Educação. Rio de Janeiro, RJ.

ZEIHER, Helga. "O tempo no cotidiano das crianças", *in:* BONDIOLI, Anna (org.) *O tempo do cotidiano infantil:* perspectivas de pesquisa e estudo de caso. Cortez. São Paulo, 2004, p. 173-189.